U0070390

奇蹟課程釋義

正文 行旅

Journey through the Text of A Course in Miracles

第一冊（序～第四章）

肯尼斯・霍布尼克博士（Kenneth Wapnick, Ph.D.）◎著

若　水◎譯

奇蹟課程基金會授權出版

目　次

序

　　《正文行旅》，和前面兩部《行旅》一樣，是根據我在基金會的三十二堂演講錄音帶，經過聽打和編輯，然後再加以增補而成；所不同的，這回我沒有採用〈練習手冊〉、〈教師指南〉，以及「序言」那種逐句解說全文的釋經方式，而改用主題式的講解，將〈正文〉三十一章的主旨編寫成一首交響曲，挑選相關的章句來闡釋重要的奇蹟理念。此外，一些受限於演講時間而無暇細述之處，我也連帶作了完整的補充。

　　可以說，《正文行旅》的寫作，特意採用交響樂的形式來呈現整部《奇蹟課程》精深博大的思想體系，依循各章節的主題，為奇蹟學員作一個全面性的導覽。它好似音樂老師，引導學生欣賞一首偉大的樂曲是如何推出音樂的主題，如何將它們進一步發展延伸，再如何與整部作品交相輝映。事實上，這套書不僅僅是介紹了奇蹟交響樂而已，它本身也堪稱為一首交響樂，主題篇章迴旋交盪，一步一步將讀者領上《奇蹟課程》的旅程。

　　《奇蹟課程》在人類靈性進化史上的貢獻可謂史無前例，而《正文行旅》乃是《奇蹟課程釋義》三部曲的完結篇，我祈願這一套工具書能幫助學員深得奇蹟三昧，沉浸於智慧與慈悲之海。此刻，我深愛的貝多芬銘言再度浮現心中：

　　　　　　它，發自心靈，願它流向心靈。

　　每一冊《行旅》的附錄都提供了完整的索引，以及我反覆引用的思想體系圖表。我還另闢了一個小單元，列出經常引用的課文章句，當我重複引用時，便無需每次都標記章節代碼了（當然，偶爾難免有例外）。接著要說明的是，書中特別以斜體字來凸顯奇蹟語彙，比如**小小瘋狂一念**，雖然它們在《課程》中未必標示為斜體字，但在本書內，我特意改為斜體字而不加引號〔譯註〕。

　　最後再補充一句，每當我重複使用某些引言時，不論是其中一部分或全部，我都不再另作聲明了。

〔譯註〕原文的斜體字在中譯本一概採用粗體字。

致　謝

　　在此，我要向所有促成本書問世的朋友致謝。首先是參與 2001 及 2002 年期間我在德美鎮（Temecula）那三十二堂課的學員，他們在《奇蹟課程》理論及實修上長年不熄的熱忱，成了這一系列演講的靈感之源。

　　其次，則要感謝慨然負起聽打逐字稿以及初步整編的義工，他們刪除了口語演講中常見的冗詞贅字，讓閱讀更加通順。我還要感謝接手下一棒事工的基金會出版主任羅玫莉（Rosemarie LoSasso），她把逐字稿脫胎換骨成曉暢流利的行文，大幅提升了書籍的可讀性。多年來，這些浩大的工程全歸功於她忠誠不渝、無怨無悔的治學精神；連現場錄音及卡帶的初步整理出版，她都事必躬親。基於她的編輯之功，我才能全面且徹底地審核修訂全文，最後成為你捧讀在手的這套書。再多的感謝也無法道盡她的貢獻。

　　我還要感謝基金會所有的職員，不厭其煩的參與手稿成書每一環節的繁瑣工作。此外，我也不曾忘記審讀的義工，他們目光敏銳，思維細膩，在演講內容形諸為文稿之際，為我們抓出了不少訛誤。最後，對愛妻葛洛莉，我要表達最深的愛與感恩，在我整個教學生涯中，她始終伴隨在旁，激勵我、啟發我，若說我這一生的工作多虧她的全力協助，一點也不為過。

前奏曲——《正文行旅》系列

　　在開始這三十二篇解說之前，我要先概略說明自己撰寫這套書的初衷，即是幫助學員更深入體會《奇蹟課程》這部鉅作劃時代的意義及價值，尤其是〈正文〉部分。我發現，不少學員操練一段時日以後，往往模糊了焦點，感受不到本書的博大精深。故我希望藉由這篇導論，不僅幫他們領會奇蹟思想體系的浩瀚偉大，同時也能欣賞《課程》的藝術手法——它如何在**形式**與**內涵**兩方面展開論述，雙管齊下，造就了這部不朽的曠世鉅作。

　　這篇「前奏曲」分成兩部分，第一部分聚焦在〈正文〉特有的書寫形式或風格，第二部分則深入探討本課程真正要傳達的內涵。除此之外，我還在整套《奇蹟課程釋義》反覆強調形式與內涵的區別，因為它正是貫穿《奇蹟課程》的關鍵要旨。所謂形式，指的是形相世界一切有形可見的外在事物；而所謂的內涵，則是指形式背後所蘊藏的心念或意義。我心中還有一個大願望，就是讓學員具體感受到《課程》是如何完美無間地

整合了形式與內涵兩種層次。也就是說，〈正文〉的書寫風格本身，成了訊息的一部分，兩者密不可分，令人難以區別哪部分屬於風格，哪部分在傳遞訊息。縱然如此，在這篇前奏曲，我仍然打算分成兩部分，分別解釋形式與內涵。讓我們先從《奇蹟課程》的形式說起。

奇蹟課程的形式

文學風格

首先，我要從文學的角度來解說耶穌在〈正文〉傳遞訊息的藝術筆法，然後再深入這種筆法的音樂特質或交響樂特色。如果我們懂得欣賞〈正文〉文學藝術的音樂特質，對耶穌的訊息必有更深的體會。這是我最大的心願。

就文學的角度來說，《奇蹟課程》是從幾個不同的層次交替開講，這種寫作風格往往帶給學員不少挑戰。但話雖如此，我們也需明白，追根究柢，學員的真正挑戰不在於《課程》講述形式的錯綜複雜，而在於它真正要傳遞的內涵。即便如此，我們還是得承認，《課程》的書寫方式確實會令奇蹟學員（尤其是剛入門的讀者）望之卻步。

兩種層次的論述法

我在1970年中葉開始解說《奇蹟課程》時，最常強調的一個重點就是：這部課程是環繞著兩個層次展開論述的，而這種風格在〈正文〉裡尤其明顯。那時我已提出「層次一」與「層次二」的分別。層次一屬於形上層次，它要點出的是：物質宇宙純屬幻相，絕非真實；我們並非真的活在世上。講得更露骨一點，創造出我們的造物主根本不認識小我打造出來的個體之我——祂怎麼可能知道一個既不真實也不可能存在之物！但我也同時說過，要一群堅信自己活在世間的人，從層次一的角度去領受奇蹟觀念或操練奇蹟原則，是非常吃力，或者說不知所云的。雖然《奇蹟課程》在全書中不僅暗示甚至也講明了：上主根本不知道世界的存在，更別說我們在世間演出的悲歡大戲了。但是在涉獵未久的學員耳裡，這種說法簡直驚世駭俗，根本無所適從；為此，《課程》同時給出層次二的訊息，讓我們能在現實生活中有個下手處。這一層次的教誨所著重的不再是真相和幻相之別，而是面對著幻相，同時並存聖靈正念與小我妄念，兩種不同眼光的分別，也就是聖靈的寬恕以及小我的罪咎判斷，這兩種截然不同的心態。

最令學員感到挫折的，就是這部課程本身不曾明文釐清這兩種層次。耶穌的確在〈正文〉第一及第二章中提過不同的層次，但他指的是心靈與身體層次，並非我們在此說的層次一與層次二。這兩種層次不僅沒有明言標示出來，更令人困

惑的是，它們還不斷交替穿插於整部課程中，有時甚至同時出現在一個長句裡。然而，細想一下，這種狀似錯亂的寫法卻隱含深意，層次交錯的論述方式其實是針對心靈旅程的各種經歷。耶穌用「攀登階梯」的意象來比擬靈性的進展過程（T-28. III.1:2），〈頌禱〉的前半部詳述了這個意象的深意（S-1.II）。階梯的底層影射的是自以為活在物質世界、認同身體、視自己有獨特身心結構的那個我，而階梯的頂層則象徵旅程的終點，代表我們最終親自領受救贖而抵達的真實世界。一旦臻此境界，階梯頓時消失，聖子終於回歸自己不曾片刻離開的天堂了（T-28.II.12:7）。

　　《奇蹟課程》這套靈性思想體系最精彩的一點，就是針對歸鄉旅程不同階段的人，提出了不同層次的教法，故它對任何一層階梯的人都大有助益，讀者只需透過下面幾個詞彙便可一窺究竟：

上　主

　　「上主」一詞，在《奇蹟課程》有多種說法。對於階梯底層的人而言，祂是一個具有「位格」的神，而且還是一位「父親」。《課程》也曾用模範父親的特質來描繪祂，比如慈愛、良善、撫慰、寬恕；祂是在危急之際隨時伸出援手的好爸爸。但當我們從階梯底層慢慢拾級而上，會在書中讀到另一類大不相同的說法：這位上主根本不知道活在世間的我們；祂不是一

「位」神，也不是二元對立世界中的主體或客體。即使《課程》稱呼上主為「造物主」，也不過是遷就我們二元經驗的一種說法而已，因為在天堂，沒有造物主和受造物的分野，只有那個生生不已的一體生命。這一點，本文的後半部還會加以補述。簡言之，整部課程之所以用如此不同的語言來描述上主，完全是因應我們在靈性階梯所處的不同層次。

容我再澄清一次，針對階梯底層之人的需要，《奇蹟課程》有時採用二元筆法，把上主說成具有位格的神，連聖靈或耶穌也會在人間助我們一臂之力。然而，當《課程》轉向階梯頂層之人發言時，描述方式頓時顯得十分抽象，反覆重申實相「非具體」的本質；連聖靈或耶穌和我們的關係都變得很「不」具體，《課程》常把祂們形容成分裂心靈裡僅存的正念。這一點，我也會在後文詳述。

對上主的祈禱

《奇蹟課程》不乏「上主聆聽我們的祈禱」這類說法，甚至還說，只要我們向上主求助，祂必會俯允我們的祈求。但在此同時，《課程》又給予一個更究竟的教誨，即上主根本聽不見人間的禱詞（W-183.7:3~5），因為我們造出語言的目的，正是為了助長我們與上主的分裂（M-21.1:7）。縱然如此，〈練習手冊〉的下篇卻出現一篇又一篇的優美禱詞，還要我們以這種方式向上主祈禱。各位應該明白，這些禱詞並非真的說給上

主聽的，它們不過是為另一套思想體系發聲，讓原本可恨的上主，經此「修正」，成了慈愛的天父。

奇　蹟

　　〈正文〉第一章有好幾處似乎暗示奇蹟是我們的某種作為，這類說法非常接近我們習以為常的觀念，把奇蹟看成某種行為或外在現象，例如《聖經》中把紅海一分為二，或耶穌救死治癱，乃至驅鬼等等的神蹟。確實，〈正文〉第一章有一部分談到這一層次的奇蹟，而且後文也多次出現類似的口吻，但整體而言，《課程》更為強調另一個至高的原則：奇蹟純屬心念層次，和身體或行為毫無關係；它代表小我的妄念在心靈層面得到了修正。耶穌這種不同層次忽焉跳躍交錯的筆法，在整部課程裡，可謂屢見不鮮，只因他得處處遷就我們自認為所處的境地及心態。

耶　穌

　　《課程》對耶穌的描述也前後頗為不一，有時把他形容成我們心目中那位具體的人物，與現實生活息息相關；有時又說，耶穌根本不是一個人，只是一個幻相。比較允當的看法，是把他視為永遠臨在心靈內的愛之象徵，而不是《聖經》裡那一號人物。

聖　靈

　　這是另一個容易引發爭議的名稱，〈頌禱〉特別討論了這一弔詭（S-1.I）。《課程》有時將聖靈描繪成解決一切問題、答覆所有疑難、滿全所有需求的「有求必應公」。但在《課程》的其他地方，耶穌卻明確告訴我們，只有一個問題，故只需一個答覆。他不斷耳提面命，我們真正的問題和需求跟這個世界一丁點關係都沒有；唯一真正的問題就是相信分裂，而唯一的解答則是聖靈的救贖原則。

詞彙的含意

　　《奇蹟課程》也沿用了一些慣用術語，但它們的含意卻與我們約定俗成的理解截然相反，這是造成誤解的另一個原因。「救贖」（atonement）一詞便是最顯著的例子。救贖在猶太教與基督教傳承裡，意味著人必須為自己冒犯真神的罪付出犧牲的代價，而本課程卻完全翻轉了這個含意。在〈正文〉第三章「救贖無需犧牲」那一節裡解釋得很清楚：救贖乃是上主透過聖靈而給予的「修正」，它只要求我們接受「分裂從未發生，故我們無罪可贖」這個真理，從不要求任何犧牲補償。

　　另一極具代表性的例子，即是「上主之子」。一般讀者會直覺地認定就是耶穌，那位兩千年來獨一無二的上主之子；《奇蹟課程》卻刻意修正這一誤解，反覆重申我們全是上主之子，耶穌只是聖子奧體的一份子而已。

其餘諸如基督、寬恕、罪，以及理性等等術語，《課程》也都賦予了新的意義。有鑑於此，當我們研讀此書時，務必重新思考這些術語的全新內涵，讓舊的認知接受新的挑戰，如此，「修正」才能真正奏效。

詩體風格—— 無韻詩體

本課程另一文學特色，即是全書大多以詩體寫成，讀者只要撐得過前四五章，立刻會感到文風的顯著變化（這一點留待我進入第一章時再詳加解釋）。前面幾章寫得有點彆扭，文筆稱不上優美，理念也說得略嫌含糊；大約要到第五章左右，筆風丕變，漸入佳境，直到最後幾章，終抵詩境的巔峰。〈正文〉從下半部開始，一直到結束，大多以無韻詩體寫成，採用了莎士比亞的抑揚格五音步詩風。

無韻詩體著重節拍，卻不押韻；抑揚格通常是一節五拍，每一拍是由一組「抑揚」式的短促輕音和長重音所構成：ba/bup，ba/bup，ba/bup，ba/bup，ba/bup〔譯註〕。〈正文〉愈到後面，抑揚頓挫的節拍更為顯著，最後兩章幾乎通篇都是無韻詩。

以下，我要簡略介紹一下〈正文〉另外兩種寫作藝術，即

〔譯註〕原文所舉示之「ba/bup」即是「短促輕音／長重音」之意，例如：re/peat，I/see。

文字遊戲以及押頭韻的筆法：

文字遊戲

　　《奇蹟課程》善於文字遊戲，為整部的奇蹟訊息增添了不少力道。比方說，在某章節裡，question這個字，時而當成名詞「問題」，時而又作為動詞「質疑」，同一個字以兩種不同的詞性相繼登場。（例如：只要提出「問題」，便會獲答覆；或是我「質疑」你所說的話）。下面這段引言就是典型的例子〔譯註〕：

> 上主親自照亮了你的心靈，並以祂自己的光輝維繫你的心光不滅，因為祂的光輝正是你心靈的本來真相。這是**不容置疑**的事，只要你**一起疑**，答覆即刻來臨。這一「答覆」只會「化解」**疑問**，而讓你看出**質疑**真相是多麼荒謬的事。為此之故，聖靈從不**質疑**。祂的唯一任務只是「化解」**疑慮**，將你帶入**肯定無疑**之境。**肯定無疑**的人自然寧靜而篤定，因為他們心中無**惑**。他們不再**質疑**，因為任何**可疑**之物再也進不了他們心裡。如此，他們方能活在完美的寂靜中，這是他們想要與人分享之物，因為他們知道這是自己的天性

〔譯註〕由於單一中文詞彙無法表達出英文同形異義詞與詞尾變化之妙，故中文只能以不同詞彙譯出，例如：起疑、質疑、不容置疑、肯定無疑。又，上面的引言中，question一詞的各種中譯，特以黑體字標示之。

使然。（T-7.III.5）

再來看看它是怎麼玩different這個字的：「只有**相異**（different）之物才會彼此攻擊。你便理直氣壯地下結論：既然你們能夠攻擊，表示你與弟兄必是兩個**不同**（different）的生命。聖靈的詮釋恰恰**相反**（differently）。」（T-22.VI.13:1~3）

另外再以英文字light為例，它在論及光明與黑暗時說：「……你可以**卸下心頭重擔**（travel light），**輕裝上路**（journey lightly）……」（T-13.VII.13:4），源於同樣的light一詞，藉由詞類變化，同時傳達了由黑暗到光明以及卸下罪咎恐懼之重擔的雙重含意。

頭韻詩體

《奇蹟課程》還喜歡玩英文字的頭韻，在此，我只提出印象比較深刻的兩例。一是用三個s開頭的字來描述恐懼：savage search for sin（無情地四處搜尋罪的蹤跡）（T-19.IV.一.12:7）。另一個例子，它一口氣用了三個d開頭的字來形容我們轉向神聖關係時的心理衝擊：disturbed, disjunctive and even quite distressing（造成你關係的動盪，產生摩擦，讓你深感挫折）（T-17.V.3:3）。

音樂結構

　　《奇蹟課程》的另一大特色，就是它的寫作形式近乎樂曲的結構，繞著華格納所稱的「主導旋律」（leitmotif，又譯作主導動機）而揮灑成篇。主導旋律這一概念並非華氏首創，卻是由他發揚光大，其貢獻可說前無古人後無來者，他常用某種主導旋律來代表某個角色或某種情緒。在他早期作品中，某種旋律非常具體地指向劇中角色或某物，像是天鵝或寶劍等等。到了後期，他的音樂主題愈來愈抽象，常常影射某種角色的複雜心理，樂曲自然顯得更加豐富而細緻。例如他最後一部歌劇《帕西法爾》（*Parsifal*），全劇貫穿著信仰的音樂主題；而他登峰造極之作《崔斯坦與伊索德》（*Tristan und Isolde*），主題更是直指人心的欲望和死亡，主旋律每重現一次，在和音、節拍以及音程上都產生若干微妙的變化，反映出劇中人物內在心態的轉變。

　　這種手法在《奇蹟課程》中也屢見不鮮。在此僅舉一例：wrest（扭鬥、較勁）一詞出現的次數並不多，但它每次出現，都極具震撼的效果——與他人「較勁」，影射出某種強烈的敵意。在〈正文〉第十六章「選擇圓滿之境」那一節中，它特別談到我們如何利用特殊關係來助長小我勢力，盜取天堂真相而據為己有，與真理放手一搏（T-16.V.11:3）。第二十三章第二節把這種較勁心態說得更加露骨，描述我們如何搶奪他人的特殊性，把它變成自己的寶貝，而且是 wrested in righteous wrath

（義憤填膺地搶回的）（T-23.II.11:2）。我們不只看到 wrested 這一字再度出現，它還挾著頭韻體之力捲土重來，更加顯得勢不可擋。

當然，懂得欣賞這類修辭形式之美，並非了解或操練《奇蹟課程》的必備條件，卻能讓我們體會本課程不只是部靈修經典，更是一部精美絕倫的藝術作品。只要感受得到前文所提的音樂特質，必會被它的文字魅力所震撼，它不只觸動了我們的美感神經，還為我們的學習過程灌注一股活力。這是我初次閱讀這部課程便大為動容的原因之一，音樂一向是我心靈成長的一大動能，至今仍是我的最愛，是它，幫我更深刻領會這部靈性與文學作品的偉大。

經過反覆地閱讀〈正文〉，我才逐漸領會箇中文采的高妙，它令我想起湯瑪斯·曼（Thomas Mann）的《浮士德博士》（*Doktor Faustus*），再次注意到書中的音樂主題。湯瑪斯·曼是德國當代文學泰斗（1875~1955），曾獲諾貝爾文學獎的殊榮。他在1930年代的末期，開始構思一部現代版的浮士德傳奇，描述小說主人翁天才作曲家阿德里安（Adrian Leverkuhn）的生平。由於湯瑪斯·曼在著書期間重病纏身，全書直到1947年，二次大戰結束後才完成。我就是受到此書的啟發才開始欣賞《奇蹟課程》的寫作風格。這部小說最引人入勝的手法是它從三個層面分頭展開敘事。第一層描寫這位作曲家從1885年到1940年的生活，特別是他在人生的最後十

年，眼睜睜地看著自己像尼采一樣逐漸陷於瘋狂。第二層是根據阿德里安童年密友塞裡納斯（Serenus Zeitblom）的敘事，講述1943到1945年二次大戰打得如火如荼的那一段事蹟。第三層描寫作者本人在大戰期間以及戰後撰述這部小說的過程。除了這三層的敘事之外，整部小說還隱含了讀者的那一層視角。幾層故事從頭到尾交錯進行，這種佈局極具象徵意義，因它描寫的不僅是一位偉大作曲家的生平事蹟，以及他陷入瘋狂的內心歷程，同時也隱喻著納粹德國的興起與滅亡、希特勒的掌權得勢與他最後徹底瘋狂這段歷史。

湯瑪斯・曼在世時已多次對法西斯及納粹主義大加撻伐，曾在1920年末期寫過一篇短篇小說《馬里奧和魔術師》（*Mario and the Magician*），預警納粹勢力的坐大。在非猶太籍的德國知識份子中，他是第一位嗅出了希特勒即將帶給人類的浩劫，遂於1933年遠走他鄉，最後移民到美國。如前所說，《浮士德博士》是影射德國命運的一個寓言故事，以當年的德國為背景，寫出這位陷於精神分裂的音樂天才的成就及末路。湯瑪斯・曼非常推崇華格納，更將華氏的「主導旋律」技巧發揮到極致，將各種議題以不同的形式推陳出新，使這部二十世紀的寓言小說充滿了撼動人心的戲劇張力。

此書以描寫阿德里安與魔鬼對話的那一章最為精彩。湯瑪斯・曼的筆法令讀者搞不清阿德里安的瘋狂究竟是肇始於妓院，還是源自他與魔鬼的交鋒（傳聞中，尼采就是因為年輕時

在妓院染上梅毒而發瘋的）。作者曲折隱晦的描述手法，強化
了這一場景的戲劇張力，幫助我後來閱讀《奇蹟課程》時認出
了類似的筆法。《課程》裡的一段話，常常可有一種，兩種，
甚至三種解讀；最上乘的讀法當然是同時讀出三層含意。《浮
士德博士》到了劇情推向高峰的這一章，我驚喜地發現它竟然
是以奏鳴曲的形式寫成的，文中含括了典型的樂曲三部結構，
即呈示部（exposition）、展開部（development）以及再現部
（recapitulation）。在此之前，我從未由這個角度來解讀《奇蹟
課程》，但我猜，整部的《奇蹟課程》必有不少章節隱含這類
的音樂結構。

　　下面是我摘錄的一段論述文字（作者不詳），描繪了湯瑪
斯‧曼具有強烈音樂性質的寫作技巧，這種手法與〈正文〉的
舖敘結構可謂相映成趣。雖然作者是在談浮士德博士這一角
色，但我私下把文中湯瑪斯‧曼的名字換為耶穌，同時把書名
《浮士德博士》改換為〈正文〉，結果如下：

> 耶穌有意探究神話文學的種種要素（包括了小我的誕生、
> 淪落以及我們的回歸）。〈正文〉幾乎沒有採用線性敘
> 述，大都以蒙太奇的技巧以及樂曲形式來呈現每個主題。
> 它仿照樂曲的結構，逐步推出每個單元，再進一步將各單
> 元交錯組合為複雜壯麗的樂章。讀者要到最後才能看出每
> 一單元如何前呼後應，勾勒出一幅完整的畫面，全書的中
> 心思想頓時水落石出。每個單元都扮演了極其關鍵的角

色，而它們之間的內在關聯又架構得如此天衣無縫。

佛洛伊德在他的《精神分析引論》（*Introductory Lectures on Psycho-Analysis*）一書中，也提到這種筆法，這位心理分析的開山祖師特別在該書的序言中點出他的演講及文章裡的交響樂風格：

> 基於（演講）現場的需要，當我介紹某一特定主題時，免不了會重複說明。例如，我詮釋夢境時，可能提到這一主題；後來談到神經症候群時，又會再度提起。演講內容經此安排的結果，某些諸如「潛意識」這類重要概念……很難一次就交代徹底，只能靠反覆解說，然後予以擱置，等另一個適當場合出現，再補充更多的內容。

《奇蹟課程》的〈正文〉，跟湯瑪斯・曼的小說十分類似，並不採用按部就班由一個理念帶出下一個理念那種線性敘述法。耶穌的教學方式著重的是每個觀念的內在關聯，而非線性的因果發展。可以說，〈正文〉的結構即是典型交響樂式的呈現；每當他反覆回到某種意象或觀念時，不光是為了強調那一主題，而更在創造主題之間相互共鳴的美學效果。我二十多年前撰寫《奇蹟課程詞彙索引／暫譯》（*Glossary-Index for A Course in Miracles*）時，有一段文字相當類似上述針對湯瑪斯・曼作品的描述；如今重讀此文，十分驚異兩者竟然如此肖似。我當時想要表達的也是《奇蹟課程》非線性的音樂結構，特別節錄於下：

《奇蹟課程》與許多學派不同，它不採用線性的鋪陳方式，循序漸進地架構出一套理論體系。反之，整部課程的敘述是用迴旋往復的手法，以交響樂的形式呈現出每個主題，然後暫予擱置片刻，再次引進，推向另一高潮，交織成一個結構緊密的宏篇鉅作；每首旋律成了整部樂曲不可或缺的一部分，而每一部分又能具體而微地呈現整部樂曲。

這種結構不只展現了整套理論體系，而且為我們指出了學習的軌跡，引導讀者沿著一座向上伸展的螺旋階梯迴旋推前。每繞一圈就向上推進一層，直到登頂，全然向上主開放為止。因此我們會看到同樣的訊息反覆出現，不只是為了重申《課程》的思想體系，同時也給予我們在生活中反覆操練的機會。每次的迴旋，便將我們向靈性目標推進一步。〈正文〉第一章最後兩段也曾特別強調：學員需要反覆研習課程內容，累積經驗，才能得其精髓。

奇蹟學員不只需要用心研讀〈正文〉，還要每天如實操練〈練習手冊〉，才可能慢慢體會到《奇蹟課程》所揭示的上主境界。一味鑽研奇蹟理念，不足以徹底轉化知見；這種徹底的轉化，才是本課程的目標所在。（奇蹟課程詞彙索引 P.1）

當我開始接觸《奇蹟課程》，尤其是閱讀〈正文〉時，內心浮現的是名聞遐邇的貝多芬第五號交響曲。音樂史上幾乎沒

有一部作品能像這首交響樂那樣,以幾個音符開場,無比生動有序地發展成一首完整的樂曲。之所以提到貝多芬,因為他的音樂藝術與《課程》頗有異曲同工之妙。他不僅開展一個音樂主題,描繪自己內心的旅程,而且還能深深感動聽眾,彷如親身經歷了相同的轉化過程。貝多芬最偉大的作品都能展現這種強大的靈動力,每當我們聆聽他的樂曲時,不只是在欣賞音樂,更是在體會生命。

回頭來說第五號交響曲,它的「啟動旋律」只有四個音符,其中三個還是重複的音符呢!三個Sol,一個降半音的Mi。這首C小調的主題本身可說是平淡無奇,不足為道,但貝多芬卻能化平庸為神奇,由幾個簡單的音符開場,生氣勃勃地發展成一大交響曲,呈現出自己大半生的心路歷程。我們若真能聽出其中三昧,第五號交響曲和《奇蹟課程》一樣都能震撼我們的心靈。貝多芬是一位有使命感的人,據說他曾把自己比喻為酒神巴克斯(Bacchus)〔譯註〕,負責為人類釀造出葡萄美酒;貝多芬之所以如此自況,冥冥中一定知道他的作品超乎音樂本身。任何人聽到這位音樂巨擘的作品,尤其是他後期的樂曲,是不可能認不出他浩瀚的視野與胸懷的。

十九世紀知名的法國作曲家埃克托‧白遼士(Hector Berlioz)十分仰慕這位德國前輩,他曾說過一件趣事:有人在

〔譯註〕Bacchus為拉丁語,是羅馬神話裡的酒神;相應於此而更廣為人知的是戴奧尼索斯(Dionysus,希臘語),為希臘神話中的酒神。

聽完第五號交響曲的演出後，被音樂震撼得失魂落魄，出場時
想戴上帽子，竟然找不到自己的頭。白遼士又說過一段他自己
出席貝多芬音樂會的經驗（我不確定那場演出的是不是第五號
交響曲），他聽到一半，開始啜泣，他的朋友跟他說：「要不
要出去休息一下？」白遼士一把抓住朋友，用法國人典型的不
屑口吻說：「誰說我是來這兒找樂子的？」他說的沒錯，沒有
人能夠「享受」貝多芬的偉大音樂；同理，也沒有人能夠「享
受」《奇蹟課程》的〈正文〉的。讀《課程》絕不是一件賞心
樂事，因它**存心**要把我們搞得天翻地覆。正如貝多芬當年不惜
自陷於心靈的無底深淵，最後才可能破繭而出，凱旋重生；這
部課程也要我們跟隨耶穌譜寫的交響樂前進，直到最終的光榮
勝利現前。

　　音樂帶給我們的挑戰，和閱讀書籍或欣賞繪畫有所不同，
因為它需要人來演奏詮釋。只有極少數的專業音樂家在看樂譜
時耳朵真的聽到音符的樂聲，絕大多數的人必須靠別人演奏
才聽得到音樂。也因此，演奏家或指揮家的角色極其關鍵，因
為他們不折不扣地成了我們和天才作曲家之間的媒介。如果這
位負責詮釋者的程度不夠，我們就聽不到真正的精彩之處。容
我說幾句題外話，若想欣賞貝多芬的音樂，最重要的是選對指
揮，他的靈魂必須與貝多芬共鳴合一才行；唯有如此，你所聽
到的才是貝多芬的心靈之耳當年所聽到的音樂。

　　華格納曾寫過一篇〈談音樂指揮〉的文章，是現代指揮家

必讀的「聖經」，也是華氏比較值得一讀的少數佳作之一。他編寫的長篇樂曲非常華麗動人，但他那些連篇累牘的論述文字，大多是囉嗦冗雜的長篇大論，不只充滿謾罵，而且好惡分明，除了對崇拜他的人語多稱讚，對其餘人則一概嗤之以鼻。縱然如此，這篇文章仍可謂稀世珍品，成了新一代指揮家所遵循的範本。此文發揮了華氏的典型雄風，罵盡當代指揮家，說他們只知死守節拍、指揮音符而已：「這些人把作品的精魂搞丟了！」華氏刻意用希臘文melos來形容「精魂」，而melos正是melody（旋律）的字根，他強調的是音樂的靈魂（內涵），而非音符（形式）。他還不時以第五號交響曲為例，要樂團指揮徹底把握作品的精魂（melos），只要能抓住真正的內涵，樂曲其餘的部分自然會顯得順理成章且渾然天成。可惜，大部分的指揮家缺乏宏觀的視野，雖然把每個段落、每個音符都處理得毫無差錯，卻失落了整首樂曲的精氣。他們只是照本宣科，一段接一段地演奏，讓你感覺不到每段樂曲之間聲息相通的生命整體，因為樂曲的精魂不在了。

可以說，能夠呈現樂曲精魂的指揮家幾乎如鳳毛麟角，德國指揮家威廉‧福特萬格勒（Wilhem Furtwengler 1886~1954）即是其中之佼佼者，他成了詮釋貝多芬的最佳代言人。當你聆聽他的現場指揮時，他會把你帶入那種意境，令你切身感受到那首樂曲一體無間的生命（可喜的是，他指揮的音樂大多錄製下來了）。你聽到的不是音樂，而是超乎音樂的境界，那些音符脫胎換骨，成為愛的化身；而愛正是所有偉大作品的靈感泉

源，一如《奇蹟課程》，也是從這一源頭流出的曠世鉅著。

　　的確，指揮決定了音樂的詮釋，但大多數的指揮家在偉大的音樂作品前缺乏一種謙虛。他們認為自己的領會已經登峰造極，又具備了精湛的技巧，足以駕馭整個樂團，令每位樂手都臣服在他的指揮棒下，但這種片面獨斷的詮釋往往讓整首作品聽起來缺乏靈氣；我們要非常小心，這種自以為是的心態也正是《奇蹟課程》最不樂見的事。不論你是奇蹟讀者、奇蹟教師，或兼具兩種身分，面對這部課程，最好謙虛一點。正如指揮家在面對貝多芬、莫札特或巴哈這些音樂巨擘時應有的謙遜，或是我們瞻仰米開朗基羅的作品時油然而生的敬畏之心。這位文藝復興大師可說是另一位藝術的表範，他的雕刻已然超越了形相，名聞遐邇的大衛像為我們體現出超乎形體的完美境界。我們學習《奇蹟課程》時，實在應懷有這種崇敬及謙虛，意識到自己所面對的是一部遠遠超越自己的偉大鉅著。《課程》在「卑微與偉大之別」這一節（T-15.III），要我們向耶穌求助，才可能從卑微的小我中脫身，與自己偉大的基督自性認同。一旦缺乏這種謙虛，只把《奇蹟課程》當成當代靈性修持的一門新興學派，雖然還是可以從這部經典獲得啟發，但絕對無法登堂入室而一窺究竟的。

　　《奇蹟課程》特別震撼讀者之處，就是它的開場，簡直和第五號交響曲若合符節，劈頭就推出「奇蹟沒有難易之分」這句石破天驚的首要原則（T-1.I.1:1），《課程》的整套思想體系

就是從這顆了不起的種子萌發出來的。順道一提，這部課程原本並不是由目前的「導言」開始的，而是在命中註定的那個十月的夜晚，耶穌向海倫說出的第一句話：「這是闡述奇蹟的課程，請你記錄下來，有關奇蹟，你需要謹記於心的第一原則，就是所有的奇蹟沒有難易之分。」這幾句話成了整部秘傳的基調；能夠真正領會第一條奇蹟原則的奧義，就掌握了開啟奇蹟思想體系的金鑰，它不僅揭發了小我的底細，同時也示現了徹底化解小我的聖靈之道。

明白了《奇蹟課程》與音樂的類比性，自然就會了解音樂是需要時間醞釀的。我在前文已經分析過，貝多芬的交響樂如何展現他的主題旋律，其實所有偉大的樂曲也都一樣少不了這種藝術。但奇妙的是，這些音樂一到了登峰造極的指揮家、獨奏者或演奏家手中，立即超越了時間的限度。本課程亦復如此，不論是研讀或操練，都需要假以時日，才能在道理上與體驗上層層深入，浸潤日久之餘，透過靈光一現，窺見超越時間之境，《課程》稱之為「神聖一刻」。〈正文〉及〈練習手冊〉裡，多次論及「神聖一刻」，都在暗指心靈由橫向／線性的人世經驗，提昇至縱向／非線性經驗的那種領悟。也就是說，它要帶領我們超越文字與邏輯的層面，而進入耶穌真正要給我們的體驗。問題是，每當我們驚鴻一瞥這種境界時，常會激起內心的恐懼，隨而自甘掉回現實的時空世界與特殊關係裡；直到我們再度意識到這種人生的貧乏空虛、索然無味，才肯回頭接受此書暗藏的深意。可以說，學習《課程》絕對少不了在聖靈

與小我之間來回擺盪的經驗。

　　貝多芬的交響樂和後期作品充滿了內心的掙扎，尤其是第五號交響曲，深刻描繪出人心光明與黑暗兩種力量的強烈衝突，以及光明最終得勝的凱旋結局，這也是他的作品如此膾炙人口的原因。貝多芬的音樂透露出《奇蹟課程》一個重要觀念：我們一旦把黑暗弄假成真後，勢必得穿越這團黑暗，否則是不可能抵達光明的。這就是心靈成長的必經**歷程**。

　　講了一段題外話，目的並不是要談論音樂或文學本身，而是顯示《奇蹟課程》與音樂或文學的相通特質，尤其是〈正文〉，字裡行間處處流露出完美一體之愛的**精魂**（melos）。這正是我寫《行旅》系列的目的所在，不僅要幫助學員深入了解本課程真正要傳遞的訊息，還能進一步體會出訊息傳遞的形式也成了訊息本身不可分割的一部分。過去，音樂對我的影響之所以如此重大，只因它幫我看清內在靈性的成長過程。我讀《奇蹟課程》時，音樂為我的靈性經驗提供了形式的架構藍圖，音樂以非言之言為我照亮了這部課程的靈性道路。課程所呈現的文字藝術，就如同莎士比亞、歌德或湯瑪斯‧曼的文學鉅作，將我們推向超乎言詞的境界，帶領我們越過文字，越過音樂，越過所有藝術**形式**，臻至**內涵**層次的大愛，那是超越一切文字及非文字的藝術境界。

　　研讀《課程》需要一步一步緩慢前進。貝多芬許多偉大樂曲裡就常常特別標明「慢板」或「極慢板」（adagio，molto

adagio）。著名的小提琴家艾薩克・史坦（Isaac Stern）說過，不論是賞樂者、指揮家或演奏者都必須聽得見音符之間的無聲寂靜。史坦和華格納也曾異口同聲地指出，不論演奏什麼音樂，都要給音樂的精魂「呼吸的空間」，要從容不迫；我們在研讀《奇蹟課程》時，也理當如此。它在藝術層次以及靈性教誨上得以傲視古今，原因並不在於它的文字，不少熱愛此書的學員研讀了一輩子，雖然未必明白它真正在說什麼，卻仍能從書中感到某種力量。同理，即便我們不是音樂學者，依舊能欣賞巴哈、莫札特及貝多芬的偉大；只要用心去聽，必能聽出那些音樂的不同凡響。同樣的，你不必是音樂高材生，照樣能從福特萬格勒指揮的貝多芬交響樂中聽出演奏的獨到之處。《奇蹟課程》正是如此，這本書有它特殊的魅力，它的高明、偉大、壯麗，甚至神聖，遠超過文字所能表達的。然而，若要真正領會它的莊嚴偉大，我們務必要徹底的謙虛，承認它裡面有個東西遠遠超乎我的存在之上，而內心油然生出「**我要提升到它的境界**」之大願。

　　李斯特（Franz Liszt）在世時曾對華格納的音樂做了一段中肯的評論，與我的觀點十分接近。李氏在音樂史上也占有一席之地，雖稱不上是偉大的作曲家，卻是一流的鋼琴演奏家。他另一個特殊的貢獻，就是成了華格納早期的推手之一（後來成為華氏的岳父大人）。當樂壇對華氏一片抨擊貶抑時，他代表擁戴華氏的一股力量。當時對華氏最大的詆毀，即是他的歌劇對大多數聽眾來講太過冗長了，《紐倫堡的名歌手》（*Die*

Meistersinger）以及《帕西法爾》（*Parsifal*）幾乎長達五小時，而《諸神的黃昏》（*Götterdämmerung*）則遠超過五小時。1870年李氏在給他的情婦（一位蘇俄的公主，Carolyn Sayn-Wittgenstein）的一封信中這樣說：「人們不該一味在華氏作品的長度上找碴，反倒應該把自己提昇到他的水準，去了解他的音樂，而不是把他從他的水準拉到我們的卑微層面。」

說到底，這也是奇蹟學員常幹的事。我們很懂《課程》的形上理念，熟諳所有奇蹟術語，然而，不論碰到什麼問題，只會隨口給出奇蹟的陳腔濫調：「只要寬恕就成啦！」卻絲毫感受不到對方的悲傷、痛苦或焦慮。有些學員善於引經據典來掩飾自己小我的攻擊及判斷，還自鳴得意地認為自己在操練奇蹟呢！也有些學員只練完一遍的三百六十五課〈學員練習手冊〉，就自以為畢業了，其實他們連這部課程的皮毛都沒摸到。《奇蹟課程》真的是「仰之彌高，鑽之彌堅」的曠世鉅著。我前面說過，這套課程之所以從不同層次寫出，就是針對我們不同的學習階段而痛下針砭的。學員通常都要讀上好幾年後，才逐漸體會出它的高深，意識到自己在道理以及體驗上才剛入門！《奇蹟課程》的世界和我們的世界根本是兩回事，因為它的源頭遠遠超乎小我的時空世界之上。

容我再用音樂打個比方，我們對《課程》逐步深入的那種體驗，真的十分近似欣賞偉大的音樂。我們幾經反覆聆聽，突然間領會了先前從未聽出的精彩之處。偉大的演奏家都有這

種特質，他們每次的演出（演奏或指揮），絕不老調重彈，每一回都是一個全新的展現，音樂好似重獲新生，只因演奏者本身不斷蛻變成長。比較一下福特萬格勒1950年代的錄音和他在1920或1930年代的演奏，你會很驚訝，它們都是一流的演出，味道卻大不相同，因為每一回的演出都是一場活生生的經歷，反映出指揮家隨著歲月日益成長。這也是奇蹟學員該有的努力方向，讓自己的研讀、領悟以及操練不斷反映出自己生生不息、與時俱進的成長與蛻變。

奇蹟課程的內涵層次

　　這篇「前奏曲」的後半篇著力於《奇蹟課程》白紙黑字背後所要傳遞的訊息，也就是它整套的思想體系。我會根據附在書後的圖表來逐步說明。雖然〈正文〉前半部一直在強調本課程的非線性特質，不過，我的圖表卻是以線性方式來描繪〈正文〉這首交響曲，同時，全書三十一章反覆出現的重要主題幾乎都囊括在這張圖表裡了。我在此只能概略地解說，細節則留待後文詳述。這篇「前奏曲」的用意只是勾勒出耶穌教誨的交響樂式結構與重要主題，特別著墨於每個主題如何在圖表中發揮「啟動」的作用，以及它們是如何一章一章地推陳出新，帶領讀者走過寬恕的歷程而完成〈正文〉更高的目標。也許可以這樣說，我有意扮演音樂指揮的角色，希望能夠稱職地為大家

合奏出這首偉大壯麗的交響樂。

這張圖表把《課程》的思想體系劃分為三大塊：(1) 天堂，就是〈正文〉前幾章所說的「一心之境 / 唯一天心」（One Mind）；(2) 小我，是指妄念之心的層次；(3) 聖靈，則指正念之心的境界。**一心、妄心、正心**，雖然只出現於〈正文〉最前面幾章（最後又重現於〈詞彙解析〉），但這三個名詞卻為我們釐清了心靈的幾個面向，其中有真實的，也有虛幻的。

回到音樂「啟動旋律」（motif）的比喻，我特別採用義大利指揮家的術語來標示每段樂章的旋律，幫助讀者感受整篇的樂曲風格以及樂章進行的速度。

比方說，一心之境（天堂或上主之境），可以標示為「莊嚴板」（maestoso），意思是，這首樂曲應以雄偉、大氣又莊嚴的形式來演奏。

小我的思想體系，我標示為「激動的快板」（Allegro agitato），因為小我那一套是在瞬間爆發出來的，充滿躁怒的火氣（這麼形容它，還算是客氣的了）。

修正小我之道即是聖靈的寬恕思想體系，它只能以甜美的慢板演奏。我先前說過，貝多芬的慢板樂章通常都美得「此曲只應天上有」，特別是他標示為極慢板或慢板的樂章。同樣的，當我們切入《奇蹟課程》的核心，開始化解小我思想體系時，也應刻意放慢腳步，安撫一下內心的恐懼，才可能聽到聖

靈的天音。如果我們操之過急，反倒會遮掩了小我的罪咎及怨尤，如此，真理之光便沒有機會溫柔地驅散小我的黑暗了。

唯一天心——一體上主：莊嚴板

天堂—真知

我們先從天堂說起。《奇蹟課程》用**真知**（Knowledge）來指稱天堂；這個「真知」和我們一般所說的知識是兩回事。人間的知識通常是針對某個議題、當前的事件或某個人物而發的，但Knowledge（真知），在本課程中卻有希臘諾斯替派（Gnosticism）的**靈知**（gnosis）內涵，屬於真知或真理層次。真知與天堂在《課程》裡屬於同義詞，經常交替使用。

天堂屬於上主統轄的領域。有意思的是，〈正文〉全書屢屢提到天堂及上主，卻從未正面描述過祂們，只因天堂實相遠遠超乎人間的語言與觀念。可還記得〈練習手冊〉那句名言：「我們只能說：『上主永恆如是。』然後便緘默不語，因任何言語在那真知之前完全失去了意義。」（W-169.5:4）既然人間沒有任何言語足以道出上主的真相，我們只能退而求其次，借用知見世界的二元思維以及時空架構下的語言來描述那全然超越思維概念的境界。我先前解釋過，每當《課程》不得已而採用二元概念，並非因為它們是真的，只因為那是人類唯一能懂的交流形式，故耶穌只能透過這種說法來跟我們溝通。

　　耶穌在〈正文〉第二十五章說得明明白白，他之所以使用二元性的語言，是為了遷就自認為活在分裂之境的我們（T-25. I.7:4）。相關的細節等我們講述到那一章時再深入討論。為此之故，我們才會用「**創造**」或「**推恩**」這種詞彙來形容天堂的「活動」；上主的聖愛與旨意以這種方式無限地延伸，這種延伸徹底超越了時間與空間。上主聖愛延伸而出的基督（或說推恩為基督），乃是祂所創造的真實的上主之子。在《課程》裡，**基督**與**自性**是同義詞，純屬靈性，代表我們的真實本性。聖愛不斷自我延伸，故基督也只會自我延伸，延伸的結果就成了所謂的**造化**。「造化」一詞究竟何所指，《奇蹟課程》從沒解釋過，只是每隔一陣子就提到這個詞，然後一筆帶過，因為那不是我們所能知曉的境界。但有一點我們**必須**了解，就是真實的造化和人間萬象沒有任何關連；比方說，世上所推崇的創造或創新力，和《課程》的**創造**或**造化**觀念根本就風馬牛不相及。本課程的創造純粹是指一體不二之愛的延伸或推恩。

　　由此可知，上主，基督，造化，這三個術語或概念構成了《奇蹟課程》的天堂觀。我們不妨將祂們想像成父、子、孫的關係，雖然《課程》從未如此形容。上主與基督都是出於聖愛的延伸，兩者同出一源，故也一體不分，活在分裂之境的我們怎麼可能明白「由愛延伸出去，但仍在愛裡」這種奧秘？只因我們的認知必然受限於分裂的存在狀態。活在有形可見的宇宙中的我們，至多只能了解生命在時空內延伸是怎麼回事，例如父母的生命延伸到他們的兒女身上，兒女長大成人，繼續將

自己的生命延續到下一代身上，生命就這麼祖孫相傳，代代接續。這種「延伸」方式，我們一聽就懂，因為它完全符合我們的人間經驗；然而，天堂裡的生命則根本是另一回事，正因如此，我們對於圖表上方實線上面的術語所代表的意涵其實一無所知。

心　靈

　　《奇蹟課程》另外一個關鍵詞：**心靈**（mind），同樣超乎人間的知識。圖表最上方的心靈（Mind）一詞，特別用英文大寫形式呈現，代表上主之心或基督之心（這兩者其實無二無別）；心靈即使分裂了，天心依舊存在於妄心內。這一點留待後文細述。由於一切的問題皆由「心」所衍生，因此，了解天心與妄心之別，會讓我們的學習更上一層樓。要知道，天心或純靈永遠一體不分，至於妄心，不僅一分為二，還在不斷分化之中。

一　體

　　只要將小我的分裂思想體系以及上主的莊嚴一體境界作個對比，「一體」觀念對我們的靈修便有了舉足輕重的影響。縱然我們永遠不可能真正懂得「合一與一體」這類境界（T-25.I.7:1），仍然可能透過神聖關係而窺見一體在人間的倒影。在整套《奇蹟課程釋義》中，我們會不斷提到「神聖關係」這個重要術語。

　　小我世界中的一切全都變化無常；而上主的世界，毫無疑問，是永恆不易的。明白了這一點，我們立即了解為什麼小我的世界永遠不可能混入實相。永恆不易之境如此完美不朽，無常世界哪有立足其中的可能？更何況，任何與上主實相對立之物怎麼可能和永恆之境產生任何瓜葛？天堂中沒有對立，故無常世界只可能在幻境中苟且偷生。唯有真理才是真的，它永遠完美，永遠**偉大莊嚴**。

妄心──分裂小我：急快板

小我──一念無明以及分裂妄心

　　現在，我們可以把上主擱置一旁了，因為對祂，我們真的無可置喙一言半語；然而，對那「不曾發生過」的原始分裂，我們可有得說了。耶穌是這樣描述那一事件的：「在時間領域內，那是發生於很久以前的事。在實相裡，它從未發生過。」（M-2.2:7~8）

　　「那一事件」，就是後文所謂的「小小瘋狂一念」（T-27. VIII.6:2）。上主之子的心靈恍兮惚兮中生出一個念頭，以為造物主之外可能還有其他的存在方式，在一體和聖愛以外還有其他的活法。就這樣，「我們可能從上主那兒獨立出去」的那一念，成了夢境之始。試問，和造物主圓滿一體的完美聖子，怎麼可能真正生出與圓滿一體生命相反的念頭？「這種不可能的

事怎麼可能發生？」針對這一「天問」，《奇蹟課程》的答覆是：「這事根本不曾發生。」（T-4.II.1; M-2.2; C-in.4; C-2.2~3）它甚至反過來揭發這一質問背後的陰謀：這個問題先假定了天人分裂是既定的事實，然後要上主答覆這事怎麼發生的！真正有智慧的人絕不會中小我的詭計而答覆這類問題的，缺乏智慧的人才會為此絞盡腦汁，殊不知自己的答覆恰恰賦予了這個問題的合理性而正中小我（或質問者）下懷。最務實的答案是：「何苦針對一個不曾發生的事拼命追究它是怎麼發生的！如何從眼前的分裂泥淖抽身，才是當務之急。」這正是本課程的宗旨。但在跳脫這片泥淖之前，我們必須先把人間苦海看得明白透徹才行。《奇蹟課程》的首要目標即是幫助我們看透自己的人生現實。

話說回來，倘若真要追問「那不曾真正發生的一刻」，究竟是怎麼一回事？我們只能勉為其難地描述如下：基督的天心內**好似**出現了裂痕，冒出一個帶有分裂之念的心靈，我們稱之為分裂妄心（split mind），乍看之下，它好似上主及基督的天心之外的另一個東西，而且不能不忠於自己的源頭而繼續分裂下去。至於上主的天心，祂只能愛，因為愛永遠只會延伸愛；反之，分裂之念只可能分裂，而且爆發於一瞬之間，其力道瘋狂激動到了極點，故我將它形容為「激動的快板」。

這一妄心內部又分裂為三部分。我在後面還會解釋它如何分化為無量無邊的碎片，在此，我們暫且先把焦點放在最原始

的三部分吧。不過，我必須再度重申，我們此刻討論的或圖表顯示的前因後果全是「神話」，是小我虛構出來的，並未真正發生在基督天心之內。我的圖表只是設法以線性及系統化的方式來呈現《奇蹟課程》交響樂的全像式理論架構。這個涵蓋宇宙的大「神話」，可說是人間經歷的最佳寫照了。但請務必謹記於心，我這兒所講的以及圖表所呈現的，只是以幻解幻，並非真有其事！

　　妄心分裂為代表妄念的小我思想體系，以及代表正念的聖靈思想體系，這兩者分別代表了心靈針對**小小瘋狂之念**截然相反的兩套反應心態。請記住，小我和聖靈純屬思想層次，是指我們針對分裂之念所產生的兩套認知、詮釋以及反應的方式，這一點非常重要。在這兩套體系之間，既然還有選擇的可能，表示分裂妄心內必然存有一個抉擇主體，雖然《課程》並沒有給它一個專門術語，卻處處暗示它的存在，我們稱之為「抉擇者」。耶穌在書中不斷呼籲：「重新選擇吧！你可以在小我與上主，在十字架與復活，在判斷與寬恕之間，重新作個選擇。」這番話顯然是針對尚有能力抉擇的那一部分心靈而說的。思想體系圖表中，那個介於小我與聖靈之間的黑色圓點，就代表具有抉擇能力的那部分心靈。耶穌在書中把活在分裂之境的我們稱為上主之子，他指的也是聖子心內具有改變心念能力的那一部分心靈。由此可知，《課程》中的**上主之子**和**抉擇者**其實是同義詞。

　　這部課程一直到了相當後面才告訴我們，睡得天昏地暗而且開始作夢的正是這位抉擇者；為此，抉擇者、上主之子以及作夢的我根本是同一人。終有一天，當我們看透了小我分裂之夢的恐怖，才會轉向自己的正念之心，學習以另一種眼光看待這場噩夢；於是，夢者轉為觀者，抉擇者才能發揮它選擇的作用──究竟是要繼續昏睡作夢，還是認清自己原是作夢之人？不消說，若想跳出夢境，抉擇者得有勇氣看清自己究竟在作什麼夢才行。因此，我們可以這樣說，當抉擇者聽從小我時，它只是夢者；當它聽從聖靈時，就變成了觀者。

　　抉擇者好似一位法官，聆聽立場相反的兩造律師各自陳述自己的案由。〈正文〉如此形容小我這位律師的：它永遠搶先發言，而且必錯無疑（T-5.VI.3:5;4:2），它口若懸河、理直氣壯，所說的不外乎圖表下方那套分裂性、個體性以及特殊性的邏輯。小我和所有人間的律師一樣，必會使出渾身解數，向法官（即抉擇者）陳情，爭取法官或陪審團的同情。小我極力吹捧人類為了逃離上主這個殘酷無情的暴君而爭取獨立自主的壯烈史蹟，因為在上主的國度，我們沒有發言的自由，祂也不容許異議分子存在。小我如此向法官陳述：「法官大人，我們終於自由了，能夠活出那曾被上主剝奪的獨特生命，這是何等偉大的成就！」小我力爭「**觀念能夠離開它的源頭**」──這句話可說是小我的命根子，也是理解〈正文〉思想架構的關鍵。小我不斷重申：「上主之子真的脫離了他的生命源頭，並且擁有一個與造物主完全不同的獨立生命。」

　　法官（聖子或抉擇者）聽了小我的陳情，不禁為之動容，他很享受扮演法官的角色，也知道法官在天堂內沒有一席之地，於是馬上意識到自己若站在小我這一邊，就能保有判斷的權利，也擁有特殊的價值。但他還得裝出公正無私的樣子，向另一位律師說：「輪到你發言了，你想要說什麼？」我借用《李爾王》劇中的情節來說明，小女兒科迪利亞（Cordelia）面對父王的追問，一言不發；同樣的，聖靈這位大律師也一言不發，因為愛是寧靜沉默的。但法官不會就此放過：「開口啊！我的法庭不允許緘默。小我給了強而有力的證詞，現在換你說了。」聖靈仍然微笑以對，始終一言不發。祂的寧靜無言恰恰反映出〈正文〉對完美靈性的描述：愛內沒有對立（T-5.II.7）。

　　於是法官只好轉向小我，這時小我進一步向法官示惠：「你若選擇我，便能擁有你被上主奪走的一切能力；你若選錯了邊，那真抱歉，你會失落自己獨有的力量與特殊價值。」在另一邊，由於真愛的力量永不對立，聖靈只會微笑地說：「法官大人，我無話可說。」祂平靜又溫柔的答覆，流露出救贖的力量，成了**觀念離不開它的源頭**最有力的聲明。這一答覆所要傳達的是：上主生命的一部分，也就是聖愛天心中的一念，永遠不可能與自己的源頭分裂而活成一個獨立的生命。如果聖靈開始和小我爭辯，只會坐實問題的真實性；而「分裂不曾發生過」才是唯一的真相，亦即救贖的原則，這是聖靈以寧靜無言答覆的原因所在。

　　這位法官（抉擇者），陶醉在自己獨特生命的光環下，決定放棄聖靈，採納小我的說詞，宣判小我「無罪」，整套分裂思想體系於焉誕生。至此，聖靈從我們的意識中消失（但祂依舊臨在分裂妄心內，只是隱而不現罷了）。〈正文〉是這樣詮釋「意識」的：「天人分裂之後在心靈內所形成的第一道裂痕。」（T-3.IV.2:1）由此可知，意識和分裂妄心其實是同一回事。我們一旦**意識到**其他東西，便落入了二元領域；這種事情是不可能發生在天堂內的。從此，上主之子只能意識到小我的存在，而埋葬了自己對聖靈所有的覺知。

　　我們必須牢記，自從抉擇者選擇了小我之後，小我所有虛張聲勢的能力，全都是憑靠聖子對它的**信念**所賦予的。因此，圖表內分裂妄心方框上的那個黑色圓點，代表了信念的力量。我們進入〈正文〉後，還會深入探討這個最重要的主題。小我心知肚明，自己的存在全靠聖子心靈的選擇能力；換句話說，它的存在所仰賴的不是分裂之念，而是聖子**相信**這個分裂之念（請記住，我們採用神話的語言，才能把小我比喻成一個會起心動念的人）。認清上述微妙的差異，正是了解《奇蹟課程》的關鍵所在。既然分裂不曾發生過，小我怎麼可能藉由分裂而存在！它靠的是聖子**相信**分裂幻相這個信念的力量。小我非常清楚，聖子一旦改變心念，它的小命就岌岌不保了。為此，《課程》告訴我們，小我深知真正的威脅所在（T-4.VI.1:1~2），它怕的不是上主，不是聖愛，也不是救贖（反正它根本不知這些玩意兒是怎麼回事）。小我終日提心吊膽的

是：抉擇者有一天可能不再相信它，而選擇認同聖靈，它便會徹底消失於自己的虛無源頭（C-4.4:5）。這才是小我寢食難安的真正原因。

罪、咎、懼

　　為了防止這一末日浩劫，小我啟動了一套極其高明的對策，《奇蹟課程》針對這套令人歎為觀止的計畫著墨甚多，而且是以激動的快板演奏。我們一旦看清了小我的整套策略，不僅世界存在的目的昭然若揭，它還會為我們解開「為什麼我們會降生於一具肉體內」這道千古謎題。套句哈姆雷特的話：「那個策略可真夠瘋狂的了！」小我只有一個目的，就是不惜一切代價也要確保聖子永遠不會改變他的想法或心念。它像軍隊的統帥，為完成任務而推出種種攻防戰略。目標一經確認，完成的手段自然應運而生。小我志向明確，決意令上主之子淪於「失心狀態」。不知道自己還有一顆心的聖子，自然談不上回心轉意，再也無從選擇「聖靈的救贖」了；而小我為了完成這一壯舉，打造出大千世界與這具身體，企圖把我們永遠困於「失心狀態」。

　　但有一件事始終令小我感到芒刺在背，因為聖子的生命本質原是心靈，小我必須說服聖子相信那絕非自己生命的真相。於是，小我為它的「去心」大計推出第二道殺手鐧：務必讓聖子相信自己倘若沒有心靈，日子反而會更好過一點，就這樣，

小我開始為他編織一個故事。我們知道，除非聖子自甘放棄心靈，否則他是不可能失心的，因此小我狡猾地放出一個誘餌，迫使聖子作出這一選擇。這一點極其重要，因為人間的生活無一不是為了將我們永遠打入失心狀態，也因此，耶穌這套課程的宗旨是要我們明白，唯有把「心」找回來，我們在人間才有希望。

現在該回頭看看，老謀深算的小我如何一展它的雄才大略。它告訴聖子：「**觀念離開了它的源頭**，你真的與上主分裂，而且擁有一個特殊的個體生命了。」它又接著說：「你確實做到了，但你得為此付出慘重的代價；因你為了掙脫上主，不能不把祂幹掉，這可是滔天大**罪**呢！你必須為獨立付出『純潔無罪』的代價，現在的你真的罪孽深重！」罪的觀念一出現，必會在心理層次激發出罪惡感，**咎**便這麼形成了；咎一出現，尾隨而來的則是「任何懲罰對我都是罪有應得」的**懼**，難怪我們一生都活在極度恐懼之中。小我內在的**罪咎懼**就是如此形成的。

聖子的心靈，前一秒還在歡天喜地慶祝自己獨立的生命，轉眼間，新家變成了戰場，危機四伏，隨時都有滅頂之災。小我斬釘截鐵地警告聖子：「因著你的罪，上主被你犧牲掉了，因為你的獨立等於毀滅了上主。如今，祂回頭懲罰你，迫害你，豈非理所當然、天經地義！」這恐怖的故事，一言以蔽之，就是《課程》所說的「**非此即彼，非你即我**」之原則。別

忘了，這整套戲碼只可能發生於小我的神話裡。聖子埋葬天父後，憤怒的上主從墓中還魂，活了過來，開始向聖子討債，索回他所竊取的生命。上主一旦索回被偷走的生命，聖子就必死無疑。對這個「非此即彼」的原則，〈教師指南〉如此描述：「*憤怒的父親開始向他罪孽深重的兒子討債了。你若不痛下殺手就得坐以待斃，……*」（M-17.7:10~11）。

　　從此聖子處境堪憂，下場堪憐。自立門戶的聖子，原本以為可以過上太平富足的日子，萬萬沒料到自己竟會處處捉襟見肘，《奇蹟課程》稱之為「匱乏原則」。小我對聖子說：「我們活得如此困窘，都是上主害的，祂企圖奪回原本屬於祂的東西。」可還記得，這一切都是小我信口雌黃捏造出來的，也是它「去心」大計最高明的一招。它虛構出一套罪咎懼的神話，為的是要聖子相信心靈確實是殺戮戰場。我們都知道，小我一向是不達目的絕不甘休的，果不其然，聖子相信了小我的說詞，認定自己若還戀棧心靈，必定死無葬身之地，還是三十六計走為上策，跟心靈一刀兩斷才能高枕無憂。

　　由於聖靈的天音早已被逐於覺知之外，窮途末路的聖子只能向小我求助，同時，這也成了他唯一聽得到的聲音，且不說小我最愛喬裝神聖、代天發言了。在這種絕境中，對小我言聽計從顯然成了聖子唯一的選項。這讓我們聯想到極權國家對媒體新聞的嚴厲管制，就是要確保百姓只聽得到一種聲音。這種伎倆可說源遠流長，直可追溯到我們的「小我」祖宗那兒，它

要上主之子只聽到它的聲音。然而，追根究柢，還是跳不出**非此即彼**的原則：不是聖靈的救贖之音，就是小我的分裂之音；兩種聲音當中，只有一個是真的。

世　界

　　當聖子轉向小我求助時，他是這麼哀號的：「你得趕緊幫我想個辦法，我快要被滅口而回歸虛無了，快呀！」小我則胸有成竹地回答：「別怕！解決辦法很簡單，只要牽住我的手，和我一起溜到心靈之外，把自己投射成一個世界然後藏身其中，上主就再也找不到我們了。」聖子喜出望外地答應了。就在這一刻，與上主分裂之念頓時往外投射出去，於是，一連串罪咎懼與個體性的信念，以及「**非我即你、勢不兩立**」的戰場就拉開帷幕了。這也是為什麼我們圖表裡的「分裂世界／知見層次」和上面的「妄心層次」這兩個方框裡的解說文字幾乎一樣；沒錯，兩種必然相同，因為不論小我怎麼扭曲，**觀念畢竟離不開它的源頭**。

　　不僅如此，聖子向外投射之後，小我立刻在心靈罩上一片遺忘或否認的面紗，令聖子徹底遺忘自己從何而來，只能意識到自己如今**變成**的模樣。意思是說，我們一旦進入世界，就不得不信賴感官所提供的訊息，形成「這就是我」的自我意識。從此，我們只認識活在身體內的自己，一生受大腦而非心靈的主宰。〈正文〉這首大交響曲到了後面還會詳述心靈和大腦的

區別，因為這個觀念太重要了，大腦只是身體的一部分，而心靈卻是全然超乎身體的一念，兩者根本不可同日而語。

　　從此，為了躲避他的造物主，世界成了聖子的藏身之地。〈練習手冊〉是這麼描述世界的：「世界是為了攻擊上主而形成的。……為此，世界成了上主無法插足之地，聖子在此是可能與上主分庭抗禮的。」（W-PII.三.2:1,4）自從淪為一具身體以後，我們徹底忘了自己是怎麼掉到這兒來的，絲毫記不得我們是為了逃避上主的義怒而打造出這個物質宇宙的，只因小我不斷警告我們，天父必會對罪孽深重的聖子大發雷霆。換句話說，宇宙星系的誕生，可以說是源於大霹靂之前的那一念，也就是聖子決心放棄聖靈而聽信小我的那個選擇；這才是萬有之「因」，世界只是它的「果」而已。從此，分裂之念（內涵）被壓到心靈底下，聖靈也隨之銷聲匿跡，代之而起的是徒具「形式」的失心世界。人類的認知能力純粹受限於小我的程式設計，就像電腦的功能完全離不開程式設計師編寫的程式；電腦無法獨立思考，只能按照程式運作，這可說是人類處境的最佳寫照。我們的大腦就是根據分裂信念以及由此衍生的罪咎懼所寫出的一系列程式。小我打造出一具身體，一套感官，只能感知心靈以外的世界，再配上一副大腦，負責詮釋感官收集的資料，把所知所見的一切東拉西扯地串連出某種「意義」來。小我最大的任務即是把我們的注意力支使到問題「所不在」之處，故意避開心靈當初選擇小我而放棄聖靈的那個決定；而那才是問題之所在。

　　因此，世界絕不會給我們重新選擇的機會，因世界就是為了遮掩分裂妄心而形成的。小我存心把小我及聖靈的兩套思想體系搞得人不知鬼不覺，這就是〈正文〉所說的「雙重防衛機制」。小我的第一重防衛：以罪咎懼的**念頭**抵制正念之心的救贖原則；第二重防衛：用罪咎懼的**世界**抵制整個妄念思想體系。小我先把罪咎懼弄假成真，然後將它們逐出心外，變成外面（或他人）的問題。我們一旦覺得罪不在己，一切均非自己之過，那麼，我們對外界處處戒慎恐懼自然顯得合情合理。再說一次，圖表中那個妄心方框裡的一切必會設法在世界方框內落地生根。世間的運作當然不會像圖表所呈現的那麼單純，只因芸芸眾生各顯神通，才會顯得如此錯綜複雜。罪咎懼一旦由我們心靈跑到別人身上，世界便好似成了**觀念離開了源頭**之最佳見證。

　　問題還不僅止於此，小我不會這麼輕易放過我們的。人類一旦掉入身體世界裡，立刻面對層出不窮的種種問題，不得不耗盡一生解決身體的問題，包括生理及心理各方面的需求。為此之故，我在圖表裡把「大腦」和「心理」緊貼在「身體」的旁邊。我們終其一生都會感到前一個問題剛解決，新的問題接踵而至，永遠沒完沒了。直到有一天我們從心底喊出：「這不是辦法，人生不該是這樣的，應該另有出路才對！一定還有另一位老師，給我們另一種答案。」這一呼求等於向聖靈發出了邀請，邀請寬恕的奇蹟發揮它的療癒力量，逆轉小我向下沉淪的輪迴業力。

正念之心——聖靈（救贖）：甜美慢板

奇蹟—寬恕

　　回到我們的圖表，從那黑點（抉擇者）射向世界的弧線箭頭，代表**投射**，意味著心靈決定將妄心的內涵投射於外。從世界方框另一邊返回黑點的弧線箭頭，則代表**奇蹟**，屬於《奇蹟課程》的正念思想體系。由此可見，奇蹟和我們在世間的所作所為毫無關係，而僅僅憑靠重新選擇的心靈。正念方框下面那一串詞彙，即是我們在人間可能經歷的境界，同樣全屬於心念的層次。我們將它們置於正念方框內，正是要強調寬恕、神聖一刻、神聖關係以及療癒只會發生在心靈裡，表示心靈已經選擇與聖靈一起觀看，不再附和小我的判斷了。

　　《奇蹟課程》的要旨，一言以蔽之，即是幫助我們認清世界不過是一場夢，它之所以看起來真實無比，所憑藉的，並非我們的五官所見或是世界表相的本身，它的「真實性」完全奠基於我們的心靈相信世界真的存在。為此，奇蹟的作用只是喚醒「我是作夢的人」這一覺知而已。耶穌曾說：「『你』，才是世界大夢的夢者。除你以外，世界沒有其他的起因，而且永遠都不會有。」（T-27.VII.13:1~2）作夢的既然是我，不是世界，世上便沒有一個人左右得了我的決定，只因一切都是心靈虛構出來的，而整部課程就是要讓我們明白，自己為什麼會作這樣的夢。這一點，無疑正是《奇蹟課程》在靈性發展史上最獨到

的貢獻了。它不只描述了世界的虛幻本質，還進一步分析我們
打造世界的動機，包括了個人與群體對痛苦及災難的渴求。除
非我們看透深藏人心的隱衷，否則，我們是作不出真正明智的
選擇的。

　　耶穌或聖靈的任務不過是教導我們由不同的角度看待世
界，藉此喚醒我們，意識到自己原是心靈，曾幾何時作錯了選
擇，如今終於可以回頭作出正確的選擇了；這一選擇足以化解
小我所有的錯誤，因為我們撤回了自己對小我的信念。至於**寬
恕**，最上乘的解釋是：它代表「從罪咎和判斷的牢獄轉向療癒
與解脫」的學習過程，逆轉了小我的投射軌跡，也就是圖表中
返回心靈的那個弧線箭頭。寬恕可分為三個步驟（W-23.5），
首先，把我們投射到世界以及他人身上的咎，收回自己心中。
其次，回到心內以後，才知道這個咎原來只是一種防衛機制，
目的是防止自己作出新的選擇。一旦看清這點，表示我們已經
決心拜聖靈為師了。心靈這一轉變本身便等於**第三步**，它甚至
稱不上是一個步驟，因為就在我們「不」選擇罪咎之際，寬恕
便已完成，其餘的就留給聖靈之愛去完成它自己了。

　　聖靈引導我們由身體之我回歸心靈之我時，特別體諒我們
心內的恐懼，因此始終保持著輕柔、緩慢、甜美卻堅定的步伐
前進；這一過程確實近似「甜美慢板」的樂章。我們若想跳過
身體層次的經驗，是無法抵達心靈那兒的。套用佛洛伊德的名
言：世界成了回歸心靈的「康莊大道」（royal road），不只幫

助我們意識到自己擁有心靈,而且這心靈是具有重新選擇的能力的。

　　寬恕或奇蹟代表的正是埋藏在心靈深處的正念伏流,始終不離不棄,即使我們決定聆聽小我罪咎與攻擊的噪音,它仍在一旁輕聲喚著我們:「重新選擇吧!」容我再度引用貝多芬的音樂來解說這道伏流。我先簡短地介紹一下《大賦格》四重奏(*Grosse Fuge*),這是大師晚年的巔峰之作,尤其是「後期四重奏」中的第15號,13號,以及14號,堪稱為三位一體的聖品(貝多芬樂曲的編號,不代表作曲時間的先後,而是按照出版的順序)。這首大賦格,原本是第13號四重奏的最後一個樂章,當時的出版社認為這首樂曲簡直無法演奏,不宜發行,因此拜託貝多芬重寫;向來不理會旁人意見的貝多芬竟然答應了,很快就寫出另一篇樂章取代之。他說:「這一樂章(大賦格)還要再等五十年才會被接受。」如今將近三百年了,大賦格仍是音樂史上最難演奏的曲子,若無專業的音樂素養,會認為這一旋律瘋狂透頂,像一個天才精神病發作似的。其實這首曲子在極端喧囂狂躁的音樂下,隱藏了絕頂高明「賦格曲」(Fugue)架構,把小我面臨毀滅前的最後掙扎描繪得淋漓盡致。這一樂章一開始就推出幾個簡短的主旋律,按著賦格曲的形式推進,其中有一段柔美得有如仙樂,在整首荒涼絕望的旋律中帶來充滿希望的清明一刻,聽眾就是靠著對這段旋律的記憶撐過整整五分鐘的瘋狂喧囂。接著,這段仙樂慈悲地捲土重來,慢慢在樂曲中鋪展成主流,直到最後的大結局,真可

謂「人間哪得幾回聞」，那種超絕人寰的寧靜與平安，為第14號四重奏揭開序幕。在我心目中，它代表了人間所有藝術創作的巔峰。

　　當我在思考救贖、寬恕或奇蹟這類正念思想體系所扮演的角色時，心中激盪的正是這首大賦格。它印證了我堅定不移的信念：在小我的瘋狂叫囂下，在戰爭與死亡的仇恨哀歌中，愛的正念始終臨在我們心中，就像一盞指路明燈，一步一步帶領我們穿越陰森的小我迷宮，和充滿罪咎及攻擊的人生苦海。聖靈之愛臨在的一刻，為人生帶來了安慰與希望，支撐著我們完成這趟漫長艱辛的旅程，而不至於被小我的恐懼漩渦所吞噬（T-18.IX.3:7~4:1）。為此，《奇蹟課程》告訴我們，小我的思想體系只騙得了傻子，卻騙不了上主（T-5.VI.10:6）。對上主的記憶，也就是對自性的記憶，不斷在心底提醒我們重新選擇。正因小我也純粹是一種選擇，毫無實質可言，因此整部〈正文〉反覆言說的全是：如何從小我這虛妄的思想體系解脫出來。這一主題貫穿了我們即將聽到的奇蹟大交響曲。若回到「階梯」的比喻，我們是從二元且具體的小我世界一步一步攀登到上主非二元性的抽象境界。一路上藉著耶穌教導的寬恕及奇蹟，照亮我們的前程，指引我們如何以正念來取代妄心，基督自性的一心境界便指日可待了。最後，這趟旅程終會在「燦爛光明中」欣然結束（C-4.7:4）。

結　論

　　現在，我要引用《奇蹟課程》的「導言」來總結這篇前奏曲。導言提出的兩大主題，可說預告了整部〈正文〉的宗旨。我一開始便已點出，《課程》最初並非以此導言開篇的，海倫曾告訴我，她當年跟耶穌說：「你怎能一劈頭就用第一原則來開始一本書，你該用點心寫得像樣一點。」耶穌一向順著海倫，便給了這篇導言。這又讓我聯想到貝多芬，他把自己鋼琴作品的登峰造極之作《第29號奏鳴曲》（*Hammerklavier*）交付出版社後，又增補了兩個和弦（chords），作為第三樂章的開端；這好似遲來的靈感，竟把第三樂章甚至整首樂曲串連得天衣無縫。同樣的，這篇追加的導言也發揮了相似的功能，把耶穌全部的訊息一以貫之，言簡意賅地道盡了《奇蹟課程》的「非二元思想體系」以及「化解小我」這兩大主旨。

　　音樂史上許多樂曲佳作最後都會附加一節所謂的「終曲」（coda），此字源於拉丁語的 *cauda*，意思是尾巴。你若在大學的生物課解剖一條魚，不可能對尾部的鰭（也就是魚的尾巴）視而不見的。終曲的性質也是如此，雖然位居交響樂、協奏曲或奏鳴曲的結尾，卻能獨立於整首樂曲之外而自成一格。儘管結構可能不同，但必定跟前面的主題相互呼應，不僅提綱挈領地重現整個樂章的主旨，還為它作了完美的總結。在此，我們也應把《奇蹟課程》簡短的導言視為音樂的終曲，它為我們上

述的解說作了最好的結語〔譯註〕：

> 這是闡釋奇蹟的課程。是一門必修的課程。只有投入
> 的時間是隨你的意的。隨自己的意願並不表示你可以
> 自訂課程。它只表示在某段時間內你可以選擇自己所
> 要學習的。本課程的宗旨並非教你愛的真諦，因為那
> 是無法傳授的。**它旨在清除使你感受不到愛的那些障**
> **礙；而愛是你與生俱來的稟賦。與愛相對的是恐懼；**
> **但無所不容之境是沒有對立的。**

> 因此，本課程可以簡單地歸納為下面這幾句話：
> > 凡是真實的，不受任何威脅；
> > 凡是不真實的，根本不存在。

> 上主的平安即在其中。（T-in.）

　　這篇導言可歸納成兩大宗旨：（一）**本課程重在化解之**
功。我曾說過，《奇蹟課程》的焦點不是愛，它對上主或天堂
也著墨不多。全書的宗旨不是在教導我們愛的真諦，因為那並
非活在幻境的我們所能學會甚至了解的。它意在幫助我們移除
心靈的障礙，重啟天堂的記憶。為了達此目標，它不能不先幫
我們透視小我的思想體系，看清我們為什麼會選擇小我，即使
受盡折磨也要與它生死與共。有了這樣的體認，我們才會痛定
思痛地拒絕與小我聯手打擊聖愛，給愛一個重現的生機。就在

〔譯註〕引言裡的粗體字是肯恩所特意強調的。

瓦解負面思想體系的過程中，我們的生活逐漸反映出純正面的
境界。《課程》本身絕非致力於「正面思考」，這同時也不是
寬恕的目的所在。話說回來，那些正面特質雖然同屬幻境，但
它們具有化解負面幻相的功效，這也是所有正面修持唯一的意
義與價值。

　　（二）**《奇蹟課程》屬於非二元的思想體系**。「*與愛相對
的是恐懼；但無所不容之境〔也就是唯一真實之境〕是沒有對
立的*」。眾所周知，二元體系永遠是善惡對立，天堂的靈性世
界與物質的形體世界也彼此對立。根據《聖經》的說法，兩者
皆出於上主的創造，故兩者皆真實存在。依據這種神學而衍生
出來的猶太教及基督教便成了二元思想的最佳代言人。相形之
下，《課程》則是徹底的非二元，「*凡是不真實的，根本不存
在*」，短短一句話就把上主實相之外的一切全盤否定掉了。

　　若說（一）（二）兩段是〈正文〉最重要的兩個主題，絕
對不為過。因為唯有奇蹟才化解得了心靈的障礙，令我們憶起
唯有天堂之愛是真實的。這等於在為第一章開了先聲——「*凡
是不真實的，根本不存在*」乃是「**奇蹟沒有難易之分**」的真正
理由。這一句話頓時把我們所有的問題與掛慮打入幻境，原來
它們只是小我防衛機制的一道調虎離山之計，誘使我們避開真
正而且唯一的問題，就是心靈當初決定選擇小我而捨棄聖靈的
那個原始錯誤。不幸的是，我們至今仍然不斷重複這一選擇。

　　我在序中有言在先，《正文行旅》不會像其他兩部《行
旅》那樣逐句解說，而是沿用這篇「前奏曲」的手法，採取主
題式的講解，提綱挈領地帶出每一章的重要主題，為我們的學
習助以一臂之力。最後，在進入第一章以前，我要交代一下海
倫・舒曼早期的筆錄狀態，因為它直接牽涉到目前〈正文〉前
四章的品質。〔原註〕

早期筆錄的風格、編輯以及訊息

　　話說從頭：海倫是以速記方式筆錄她聽到的內容，然後唸
給比爾聽；比爾邊聽邊打字，打出了我們所知道的 *Urtext*（原
始打字稿）。Urtext是德文，一般是指文學作品的原始手稿；
在奇蹟圈裡，特別用它來指稱比爾根據海倫速記本而打出的最
早打字版。

　　〈正文〉是海倫跟比爾重新打字兩遍才定稿下來的；這當
然不是最後的定稿，卻是我初遇到他們兩位時所看到的版本。
海倫和我就是根據這一版本重新編輯完稿，並在1976年正式
出版。海倫當初聽到並記錄下來的內容，幾乎全收錄在原始打
字稿（*Urtext*）裡，其中包含了不少私人的談話內容。我們都
知道，海倫開始筆錄的頭幾週，非常緊張焦慮，訊息的**內容**已

〔原註〕讀者若想進一步了解《奇蹟課程》的筆錄過程，請參閱《暫別永福——
海倫・舒曼的故事以及筆錄奇蹟課程的經過／暫譯》（*Absence from
Felicity: The Story of Helen Schucman and Her Scribing of A Course in
Miracles*）。

足以令她坐立不安了，但真正令她抓狂的是，那訊息竟然來自
耶穌！那段期間，她幾乎隨時都能聽到耶穌的聲音，他們聲息
互通的密切程度，令她再也無法佯裝若無其事。然而，在筆錄
最初的幾週，海倫聆聽的能力仍未上道。我借用生鏽的水管作
個比喻，想像我們住在一間老房子裡，遠行歸來後，打開水龍
頭，通常會流出一灘污水；只因為離家期間，水管累積了不少
鏽蝕雜質，我們得讓水龍頭流一陣子，沖掉所有的雜質，水才
會逐漸清澈。這就是海倫最初筆錄時的心理狀態。海倫曾跟我
說過，她在奇蹟訊息來臨之前看過一個「異象」，影射出她接
收秘傳的能力已經荒廢很久很久了。

　　在那個異象裡，海倫獨自散步於海灘，發現一條荒置已久
的小木船，木船裡有一部狀似「古老的訊息收發器」之物。海
倫一直到她開始筆錄《課程》才恍然大悟，那部接收器象徵的
是她**接收**耶穌訊息的心靈能力，而發送器則象徵她記錄訊息的
傳達能力。在那個靈異景象中，身邊不時出現一位陌生人，過
好一陣子，海倫才認出他是耶穌。最先耶穌跟她說：「先別用
這個機器，你還沒有準備好。」這話顯然是指海倫的內心仍然
有待清理，才能如她後期所聽到的那麼清晰純粹。她初期的記
錄不僅沒有達到應有的品質，還犯了不少錯誤，耶穌後來還得
回頭替她修正。總之，早期的筆錄風格相當粗糙，中間還夾雜
了許多耶穌給海倫的私人訊息，除了安撫海倫接受這一任務，
還得幫助她療癒與比爾的關係。

　　最前面幾章裡，有些訊息是給比爾的，有些訊息不只針對他倆的關係，甚至涉及他們與其他人的關係。又有一些訊息是針對他們的心理學專業，為傳統而保守的「精神分析學」與《奇蹟課程》的心理學搭橋，因此文中不時提到佛洛伊德、榮格、奧托・蘭克（Otto Rank）以及其他新佛洛伊德學派的學者。此外，還切入海倫的專業，答覆她有關心理疾病與智能障礙的問題。1965年的春天，海倫開始經歷一些非比尋常的異象，同時間比爾則迷上了一位通靈師艾德格・凱西（Edgar Cayce），並且開始閱讀他的資料。比爾不只催促海倫閱讀凱西的作品，還不理會海倫的抗議與抱怨，硬把她拖到維吉尼亞海灘鎮（Virginia Beach），會見艾德格的兒子休・林・凱西（Hugh Lynn Cayce）。這就是為什麼我們會在原始打字稿（Urtext）的最前面讀到有關凱西的資料，有趣的是，那幾段的筆法都有凱西的「調調」。凱西的資料中有不少上乘教誨，但筆法卻很古板拙重，同時，《課程》最前面幾篇，在選詞用字上都顯現出同樣拙重彆扭的風格。

　　每一次，海倫唸給比爾打字，她唸出自己記下的所有內容（當然，她會跳過涉及她個人隱私的部分），然後她和比爾一起刪去與課程無關的題外話，因為耶穌曾經明確交代過，凡是具體指陳或純屬個人性的訊息不該留在這些**筆記本**裡，這是耶穌給予海倫額外指點時所提的條件。因此，讀者不會在我們出版的版本中看到有關凱西、佛洛伊德等等的資料，因為它們純粹是耶穌為了回應海倫與比爾的提問而答覆的，不屬於耶穌

原本要傳達的《課程》內容。不幸的是，當我們剔除大量個人資料以後，剩下的斷簡殘篇，在措詞及筆法上顯得更加生澀笨拙。由此可知，最早的筆錄資料絕非我們想像中那樣，耶穌拿著麥克風站在海倫身邊口述給她聽，它其實更像一篇對話，耶穌說了幾句、海倫提出疑問，然後耶穌答覆，海倫還不時岔到其他話題，難怪耶穌偶爾會充滿憐愛地輕聲責備海倫存心逃避他所傳的訊息。一旦剔除了上面這些片段，前後文更加銜接不起來，我們只好設法填入一些無關緊要的連接詞句，然而，不論我們如何絞盡腦汁，前面這幾章讀起來仍是疙疙瘩瘩的。

　　我已說過，原始資料裡原本並沒有包括這篇導言。《奇蹟課程》的開篇之言是：「這是闡述奇蹟的課程，請你記錄下來。」緊接著說：「有關奇蹟，你需要謹記於心的第一條原則，就是所有的奇蹟沒有難易之分。」過了幾個禮拜，海倫向耶穌抱怨，他傳遞的訊息內容令人難以消受，接著打趣說：「我猜這是一部選修的課程。」海倫顯然在指大學選課制度裡的「必修課」和「選修課」。她不經意的一句話換來耶穌相當正經的回應：「不，這可不是選修課程，而是必修的。」他接著補充一句：「只有投入的時間是隨你的意的。」這正是導言那幾句話的來源。請留意，耶穌並不是說世上每個人都必須研修《奇蹟課程》，這幾句話當初是針對海倫與比爾說的，是他們的「必修課程」。當初兩人被人世間的關係搞得焦頭爛額，這部課程正是他們求來的「另一條路」。然而，如今我們都得

承認，若想改善人世間的關係，沒有比《課程》所提的「放下判斷、批評或攻擊」更高明的辦法了。

　　總而言之，我們目前看到的導言及前面的四、五章，並不是逐字逐句秘傳下來的文字。順道一提，奇蹟原則本來也不是**五十條**，更不是目前乾淨俐落的條列形式。最初的筆錄是先舉出一條原則，然後附加一番討論，有時還會離題。但即使離題了，也絕不表示它沒有價值，因此，我們把奇蹟原則解說的某些部分移到目前第一章接續五十原則之後的內文裡。我最早接觸的是經過海倫與比爾編輯的初稿，在我的記憶中，奇蹟原則本來有五十三條，比爾覺得五十條就夠了，他們便把其餘的三條改寫一下再安插到後文裡。我之所以提出當年軼事，是期盼後來的讀者別把《奇蹟課程》視為神聖不可侵犯之天書。不幸的是，確實有不少人把課程的一字一句都視為神聖無比、不可更改的天條，海倫當初可沒這種想法。但她非常清楚，書中的關鍵術語不可輕易更動，至於無關教學內涵的「這個那個」語助詞或連接詞，她確實動了一些手腳，不過，連這類改動也只限於筆錄的初期階段。這充分顯示海倫是懂得**形式**與**內涵**之分的；她很清楚，《課程》的關鍵在於超乎語言文字的聖愛內涵，而不是文字的表達形式。

　　我們目前看到的《奇蹟課程》是耶穌心目中想要呈現的形式，這是海倫、比爾和我一致的想法。我們把原本不屬於《課

程》的內容剔除，使得前四章變得不太好讀，但我在前面也說過，《課程》的文學藝術是「漸入」佳境的，到了後半部，許多章節才逐漸化為動人的無韻詩篇。相對的，前面四章的水準就遠遠不及了，對此，海倫深以為恥。猶記當年，海倫從不輕易示人這部課程，當她願意展示給極其少數朋友時，也從不展示全部內容，只給對方某些詩意盎然的片段。的確，海倫對前四章的羞愧真的很深，在我們一起著手編輯時，我曾對她說：「你知道的，如果你請耶穌重新秘傳前四章，我們會省下很多時間與精力。」我當時只是隨口說說而已，但海倫卻表示她無論如何受不了再經歷一遍那個過程了。於是，前面的四章就以目前的形式傳流至今。

　　說完了當年一些憾事，我們還是必須承認，這幾章的內涵依舊舉足輕重，縱然有些敘述顯得彆扭艱澀，不像後面的章節行雲流水地闡釋每個觀念，奇妙的是，它仍然深刻地傳達了《奇蹟課程》整套的思想體系，充滿了智慧與寶藏，等待我們挖掘。

　　此刻，交響樂即將開場了。臺上的指揮舉起他的指揮棒，示意樂團準備演奏。奇蹟的仙樂緩緩響起，莎士比亞的詩句由我心中升起，讓我們一起輕聲默唸，迎接甜美和諧的天籟降臨。

　　　　　　我們靜靜地坐在這兒，
　　　　　　音樂的旋律流進耳裡，

如此輕柔，寧靜，

夜晚，

已化為甜美和諧的天籟。

　　　　　——《威尼斯商人》第五幕，第一景

第一章

奇蹟的真諦

導　言

　　《奇蹟課程》這部曠世之作，不只開門見山便由「奇蹟」一詞破題，更直接用「奇蹟」來命名，只因奇蹟這個觀念為我們道盡了化解分裂信念的整個過程。這個過程可說是一趟**從失心到覺心**的旅程，也就是說，奇蹟的任務就是把我們的焦點由失心的身體移轉回心靈。這個移轉，在〈正文〉後面的章節又稱為「從夢境移向夢者」的過程；唯有透過這一移轉，我們才可能看清人生的虛幻。由此可見，本書的奇蹟理念完全奠基於導言中「一體不二」及「化解過程」這兩大主題。現在，讓我們從奇蹟第一條原則說起：

奇蹟第一原則——奇蹟沒有難易之分

(I.1) 奇蹟沒有難易之分。一個奇蹟不會比另一個奇蹟「更難」或「更大」。它們全是同一回事。全都表達了愛的極致。

　　我實在很想把這一冊《行旅》全部用來探討奇蹟第一原則，原因無他，正是我在「前奏曲」中所說的：第一條原則幾乎涵蓋了整套的奇蹟思想體系。同一理念，我們在第四十九條再次看到了：

(I:49) 奇蹟從不區分妄見的等級或程度。它是修正知見的教具，它的功能絲毫不受錯誤的大小或類別的影響。堪稱為道地的「平等心」。

　　讓我再解說一下附在後面的圖表：小我打造出世界與身體，引發了層出不窮的問題，唯一的企圖，就是牢牢地將我們困鎖於失心狀態，永遠不得翻身。它無所不用其極地將我們困在世界與身體裡頭，令我們無緣與心靈照面，如此一來，心靈自然無從施展選擇的能力。小我最怕的，莫過於我們回到抉擇者那兒，認出那原初一刻所犯下的慘痛錯誤，看清自己是怎麼放棄了聖靈的詮釋，而誤信了小我那小小的瘋狂一念。一旦有這番領悟，我們必會重新選擇，對小我而言，那就大事不妙了。為了確保不落此下場，小我便設法將我們的注意力轉向外界，從肉身誕生的那一刻起，就讓我們面對永無止盡的問題，除了要照顧自己的身體，還得為別人的問題操心。

　　圖表中，妄念那一區塊裡的核心信念即是匱乏原則，我們認定自己的生命失落了某個重要的東西，因而活得惶惶不可終日。雖然**匱乏**（scarcity）一詞在書中出現的次數不多，這一觀念卻貫穿了整部《奇蹟課程》；書中常以同義詞「**缺乏**」（lack）代表匱乏。這種缺乏感到底源自何處？說穿了，它其實來自我們當初抵制上主與基督自性的那個原始抉擇；正是那個決定，讓我們深信自己不僅毀了上主圓滿一體的生命與聖愛，簡直就是親手謀殺了聖子！難怪我們會感到失落了一個寶貝，也就是失落了自性生命的純潔無罪。小我為了掩飾這種匱乏，不斷安撫我們說：「自己掙來的這個獨立自主的特殊之我，才值得我們驕傲。」然而，就在沾沾自喜之餘，我們竟感到危機四伏，因小我同時發出警告：「被我們氣瘋了的上主必會追討我們的滔天大罪，祂會搶回我們盜取來的那一點點東西。」這正是人心最深的恐懼。

　　由缺乏之念所投射形成的物質世界，必然籠罩於無所不在的缺乏感中，因為**觀念離不開它的源頭**，故分裂世界之念絕對離不開分裂之心這一源頭。可想而知的，由生理與心理所構成的我，自然也處處反映出匱乏原則。想一想，嬰兒自呱呱落地那一刻開始，就得面對缺乏的窘境，不得不馬上學會自己呼吸，否則心肺缺氧勢必難以存活。幸好，嬰兒天生具備了這種本能，但腸胃裡那種缺乏感，它就沒法靠自己了，這時它必須和另一個體生命建立第一個特殊關係（通常是母親或是褓母），因為嬰兒得完全倚賴他人提供自己需要的養分。此外，

嬰兒還會發展出另一種需求，當父母沒抱著自己或不在身邊時，他心理上立即感到某種缺乏（縱然心理的缺乏感可能也牽涉到一些生理因素）。然而，仍是嬰兒的我們很快就找到了填補這種缺乏的辦法，只要放聲大哭，父母馬上會衝過來，看看發生了什麼事，然後把我們抱起來，安撫我們的心。這種被溫暖撫慰的感覺真好！可以說，為了滿足內心的缺乏與失落感，我們一生下來就得學習與這類特殊關係種種微妙的互動。

回到圖表最下面一行的「**問題：苦樂，疾病**」。我們的身體就是為了經歷生理及心理上迫在眉睫的問題而特別打造出來的，餓了要找食物，渴了要找水喝，寂寞時，便要些手段，引誘別人陪伴。小我（其實就是**我們**）之所以會打造這種身體，就是為了時時刻刻吸引我們的關注，令我們意識不到心靈的存在而淪於失心狀態。前文已解釋過，小我的伎倆即是造出永無止盡的問題，令我們永遠奮鬥下去。有些問題是可以一時緩解的，例如利用心理分析學家與行為心理學家提倡的「減壓法」。佛洛伊德曾說，欲樂快感乃是壓力減低的結果。這可說是佛氏學說的一大貢獻。壓力不除便會痛苦不安；既然減壓可以帶來快感，我們一定很快精通此道──活得愈苦，愈快學到減壓息苦之法，因為減壓與快感是同一回事。

若說世界只是一場夢，而我們又是作出這場夢之人，背後一定有其理由。只因世界層出不窮的問題，令我們自顧不暇，我們對上主的記憶便如此永埋心底；更糟糕的是，連「這全是

自己虛構的」那個事實也一併被埋藏了。從此,我們只能意識到生理及心理層次的「我」,受控於大腦,受制於苦樂原則,終日都在為沒完沒了的問題尋求速解速成之計。甚至,我們還會變態扭曲到「享受痛苦」,只因那是操控別人最有效的方法。只要看看一個嬰兒多快就學會予取予求的本事,便可見一斑了。長大成人後,這種本事又會變化出種種花招,比方說,我的伴侶如果不夠愛我,我就病給他看,讓他不得不全心全意照顧我。說得露骨一點,只要能歸咎他人,讓別人為我的慘況負責,再大的苦我都甘之如飴,甚至生出無比的快感──儘管我們未必意識到自己正在玩弄那樣的把戲。〈正文〉第二十七章一針見血地描述了這種心態:「看看我吧,弟兄!我是死在你手中的。」(T-27.I.4:6)我們日後還會不斷回到這一主題。

我們終日面對的不只是個人的問題,還有人類集體的問題,包括種族的、社會的、宗教的、經濟的、國家的,乃至於全球的問題;它們最終的目的就是要耗盡我們所有心力,再也沒有精力往心內看去。對此,奇蹟則反其道而行,它設法點醒我們,問題絕對不在外邊,真正的問題其實只有一個,就是我們在原初一刻所作而且延續至今的那個決定──選擇小我而拒絕了聖靈。由此可知,奇蹟所關注的焦點與外界一點關係都沒有(究竟地說,根本沒有外界這一回事)。〈練習手冊〉講的再清楚不過了:「世界根本就不存在!這是本課程一直想要傳達的中心思想。」(W-132.6:2~3)從這張圖表我們也不難看出,奇蹟只是逆轉小我的妄造軌跡,把我們的焦點從世界拉

回心靈的抉擇者那一部分。故說「奇蹟沒有難易之分」，因為「它們全是同一回事」。正因如此，陪伴海倫筆錄本課程的比爾常說，奇蹟第一條原則根本就可以改寫為「解決問題沒有難易之分」。確切而言，所有的奇蹟（miracle）只會針對問題的癥結（心靈）痛下針砭；所有的怪力亂神（magic），則都在忙著解決圖表底層的世界或身體那個方框裡的問題，其實問題根本不在那兒。

如果從世界的角度去看，問題的確有輕重之分，有些比較容易解決，有些則顯得棘手，例如感冒或癌症，砸傷腳趾或腦殼破裂，校園衝突或世界大戰，確實難以相提並論。然而，問題不論輕重大小，卻從未真正根治，疾病也不曾徹底消滅，因為解決了一個問題，隨即冒出另一個問題，一個接著一個，前仆後繼，永無止盡。例如二十世紀中葉幾乎絕跡的肺結核，如今再度肆虐於世界某些角落；人類從未真正解除疾病的肇因，更別提國際衝突或人間的匱乏了。歸根究柢，只因我們始終錯看了問題，找錯了下手的地方。這時唯有奇蹟能將我們領回問題所在之處，教導我們從正念之心找到療癒之源，而這個正念憑靠的就是「**奇蹟沒有難易之分**」的原則，唯獨這一慧見，足以反映出天堂完美一體的運作法則，也才超越得了根據分別與具象原則而運作的小我世界。讓我們再讀本章第三節這一段：

(III.9) 從某一角度來講，奇蹟可說是有揀擇性的，因為奇蹟只能出現於那些知道如何將它運用到自己身上的人。然而，正是

這一點保證了他們會把奇蹟推恩於別人；一條堅固的救贖連鎖就這樣焊接起來了。然則，這一揀擇性與奇蹟的大小規模無關，因為大小的概念只存於虛幻不實的人生層面。奇蹟的目的既然是要讓人重新覺醒於自己的存在真相，它若還受制於那些有待它來修正的錯誤原則，它就英雄無用武之地了。

我們一旦選擇奇蹟作為解決問題的根本之道，不論問題大小輕重，再也影響不到我們了，也不論問題呈現的形式是身體疾病、不寬恕的心，或任何世界亂象，只要我們接受了聖靈的救贖原則，便不難看清真正的問題純粹出自心靈選擇了罪咎；而奇蹟的療癒方式，不過是將我們的意識領回問題的源頭，那也是答案所在之處。換個角度講，奇蹟修正了我們對身體與心靈的「層次混淆」，這正是下文即將討論的主題。

層次混淆——心靈與身體

耶穌在此所說的層次混淆，可不是我先前提到的真相和幻相的混淆，或幻境中的正念與妄念的混淆。他在這兒以及第二章中追溯問題的起因時，矛頭都是指向身體與心靈之間的層次混淆。根據世間的觀點，一切的不適或不安，不論是生理或心理方面的，追究其因，全都跟身體脫離不了關係，若非自己的身體，就是牽連到他人的身體，因此解決之道也必須從這具身

體下手。對此，奇蹟則反其道而行，它將我們的目光從身體轉
向心靈，直搗問題的根源。故它說：

**(I.17) 奇蹟超越身體的層次。它能瞬間轉入無形無相之境，遠
離身體的層次。為此，它才有療癒的力量。**

　　所謂「**無形無相**」，指的就是肉眼看不見的心靈層次。試
問，我們為什麼會打造出一雙肉眼？不就是**不想**看到心靈的存
在？而肉眼正是專為看到有形之物才量身打造的。〈正文〉有
句話說得一語中的：「沒有比只看外表的知見更盲目的了。」
（T-22.III.6:7）大腦的形成是為了分析有形有相之物，眼耳鼻
舌的存在也都是為了感覺外界的色聲香味。唯獨心靈，它不受
形相所限，因為它全然超越了身體層次。奇蹟的任務，就是將
我們的注意力從假問題以及渴望得到的假答案轉向問題的真正
起因，不再尋找怪力亂神的解方，而是看出問題的根源不過是
自己的心靈選錯了老師而已。

　　唯有聖靈堪稱真正的導師，祂活在正念心境，祂是「真理
的祭壇」，也是一切療癒的根源。請留意，耶穌在下一段隨口
用了「**靈性**」來指稱祭壇。我們讀到後面，便會發現耶穌改用
「**心靈的祭壇**」來象徵心靈選擇真相、捨棄幻相的那個決定：

**(I.20) 奇蹟能喚醒人的覺性，看出靈性（而非身體）才是真理
的祭壇。這一體認便足以啟動奇蹟的療癒能力。**

　　在第二十三條原則中，耶穌再次強調了化解層次混淆的重

要性：

(I.23) 奇蹟為你調整了知見，使不同層次的知見得以恢復原有的本末先後。這就是療癒，因為「層次混淆」乃是一切疾病之源。

　　在第一章，尤其是「奇蹟原則」這一節裡，耶穌常常三言兩語提出一個新觀念，然後擱置一旁，留待後文再舊話重提，這種交響樂式的藝術手法，很值得我們玩味。上面這一小段即是最好的例子，他蜻蜓點水地提了一下層次混淆的觀念，要等到下一章論及疾病時，才進一步為我們解說其中道理。對此，小我當然會義正詞嚴地說：「生病的是我的身體，不是心靈；只因我根本不知道自己還有心靈這一回事！」由此可知，「失心」才是一切問題的根源。現在絕大多數的學術研究提到心靈時，講的幾乎全是大腦，他們最多只做這樣的區分：大腦指的是生理器官，心靈則是指這生理器官的某種功能。他們根本不知道「心靈」（尤其是《奇蹟課程》中的心靈）完全超越了身體與大腦的層次，正因如此，心靈的本質才會在我們眼中顯得這般撲朔迷離。我們以為自己是用大腦思考的，殊不知當初打造大腦的目的，正是為了不讓我們真正「想出」什麼名堂；說得更具體一點，它根本存心阻止我們「想出」究竟真相。說實話，我們的大腦已經被小我設定，不論世事多麼荒誕無稽，也**不准**我們視為荒誕無稽，以至於人間事在我們眼裡常顯得非同小可，甚至攸關生死，難怪我們時不時感到人生好似一場痛苦

絕望的悲劇。

更糟的是，不論我們多麼努力解決這場令人痛苦絕望的悲劇，頂多只能救一時之急，從未徹底克勝。於是，治癒了一種疾病，隔了一個禮拜、一個月或一年半載，又冒出另一種病。或者，簽訂了一個和平協議，雙方暫停殺戮，但心中的仇恨壓根兒沒消解，隔了一個禮拜、一個月或一年半載，又爆發了另一場戰爭，也許在同一地區，也許另闢戰場。歷史不斷重演，骨子裡什麼也沒有改變，我們只是從某種衝突、疾病、問題或戰爭，跳到另一種衝突、疾病、問題或戰爭。究其原因，就在於我們混淆了**因**與**果**的層次，而這正是奇蹟交響曲一個極其重要的主題。「因」，只可能出自心靈層次；「果」，則呈現在紅塵人間。奇蹟的療癒方式便是將我們的眼光從果導向因，從身體移至心靈。（請看圖表裡呈現「因」與「果」的圖示）

我們再來讀第三十條原則，它重申了耶穌在第二十三條談到的理念：

(I.30:1) **奇蹟肯定了靈性的存在，故能重新調整知見的層次，釐清它們的本末先後。**

所謂「調整層次」，指的正是釐清因果關係。簡言之，心靈是因，身體是果。說的更具體一點，分裂之念是因，分化對立的世界是果。只要我們一提到身體或世界的話題，必會勾出一堆的問題，因為當初打造出這一具由生理與心理構成的肉

體，就是存心製造問題，要它受苦、改變、退化，最後一死了之。不僅如此，它還讓我們在人間永遠感到孤苦無依，不得不瘋狂地四處尋找慰藉，與人結合，結果卻更加孤獨。

請記住，身體只是夢中一景，我們要它怎樣，它就會怎樣，正如同夜晚的夢，我們想看到什麼，夢境就會呈現出什麼。人類集體的夢莫不如此。因此，我們不能不捫心自問，為什麼我們要把身體打造成這副德性，這麼不堪一擊？身體就像我們購買的汽車，隨時會出狀況。技術上，我們有能力製造更好的車子，但我們沒這麼做，不光是為了節省成本，背後還有更深的隱衷，因為我們認定人間事物本來就不該如此完美。再說一次，我們之所以造出這種身體，用意就是迫使我們把一生的精力全都貫注在身體上頭，當它狀況百出時，最得意的莫過於小我了。否則，既然身體是我們打造的夢景，我們大可造出一具完美的身體，然而，如此一來，豈不壞了小我的好事？小我造出如此不完美的身體，其實就是為了向我們證明：「看，聖子奧體是多麼的不完美！既然如此，我們便可把責任歸罪於自己的身體或推到他人的身上了。」我們可看到了，自己寧可窮一生之力去修補這具不完美的身體，就是不願回到問題的源頭——心靈那兒。

第三十七條重述了類似觀點：

(I.37:1) 奇蹟是我〔耶穌〕針對「錯誤思維」而給的修正之道。

我們所有的問題以及企圖在人間找到的答案，在耶穌眼中全是一種「錯誤思維」罷了。然而，我們卻理直氣壯地要求耶穌、聖靈或上主親自來解決這些問題。**我們**先故意把問題搞得無從下手，再請天上諸聖來修正自己的錯誤，說穿了，我們根本不想解決，因為問題一旦解決，就不能歸罪於他人了。為了洗脫自己的罪責，我們真的不惜付出任何代價。

(I.37:2) **它〔奇蹟〕的作用有如催化劑，先分解錯誤的知見，再正確地加以重組。**

同樣的觀念又出現了。別忘了，在原始手稿裡，這些奇蹟原則之間還夾雜了許多耶穌針對海倫與比爾的私人訊息。剔除那些資料以後，本章的敘述才會顯得如此累贅重複。

(I.37:3) **它將你置身於救贖原則之下，你的知見方得療癒。**

所謂「救贖原則」，就是「分裂不曾發生過」。言下之意，繼**小小瘋狂一念**之後所發生的一切，全是小我捏造的故事。耶穌好似再次反問我們：「為什麼你老要我解決一個根本不存在的問題！讓我幫你解決『你老想解決一個根本不存在的問題』**這個**大問題吧！你竟然相信，只要緊抓著一堆解決不了的問題，就能和上主的愛一刀兩斷，你的個體生命便安然無虞了。其實，這個瘋狂的信念才是問題的癥結！」

第一條奇蹟原則「奇蹟沒有難易之分」，意味著所有問題都是同一回事。既然如此，我們面對問題時也唯有一途，就是

不再由世間的層次去解，並且祈求耶穌幫我們看清，自己為什麼死心塌地聽信這個予取予求的世界和身體。我們更要捫心自問：「為什麼自己會神智不清地要求上主或聖靈來解決那些問題？」唯有如此誠實反省，我們才會看清自己的人生真相，原來是我們自甘與小我認同，為了保全個體性、特殊性，我們寧可淪於失心狀態，也不給自己轉念改心的機會，徒令小我高枕無憂。

第三十三條又換個角度重述類似的觀念：

(I.33) 奇蹟向你致敬，因為你是可敬可愛的。它驅除了你的自我幻覺，認出你內在的光明。它就如此為你贖清（atone）了過錯，將你從靈夢中解脫。你的心靈一旦掙脫了幻覺的枷鎖，你便恢復了神智清明之境。

「虛幻的自我」與身體永遠唇齒相依，而身體可說是小我最陰暗的化身（W-72.2:1~3）；奇蹟則負起了將我們領回光明正念的任務，從而解除有罪的妄念——當初，我們就是因著這一妄念而淪於死亡夢境的。

不幸的是，我們與陰暗的小我體系認同如此之深，一看到光明就自動退避三舍，而身體又是從充滿分裂與罪咎的妄念中投射出來的陰影，難怪身體對我們的吸引力如此之大，尤其是在靈性修持或追求感官欲樂之際，我們常會不自覺地混淆心靈與身體的層次。對於道地的宗教及靈修而言，小我這種刻意混

淆層次的伎倆，無疑是致命的一擊。對此，耶穌特別針對「奇蹟本能」以及「生理本能」作了一番釐清：

(VII.1:1~4,7) 曲解的知見會沉沉覆蓋你的奇蹟本能，使你難以意識到它的存在。把奇蹟本能與生理本能混為一談，必會嚴重地扭曲你的知見。生理本能只能算是一種被誤導的奇蹟本能。真正的「快感」乃是來自承行上主的旨意。……你竟然相信自己能藉外在之物修復你與上主及弟兄的關係，別再自欺了。

儘管身體對小我有莫大的吸引力，我們仍能把身體轉化為正念的寬恕工具（奇蹟交響曲將會針對這一重要觀點另闢樂章）。總而言之，問題不在於身體、性欲或其他生理需求，關鍵在於：你把它們用在何處？

(VII.2:3~5) 由於人們的眼光依舊晦暗不明，上主之愛不得不暫且透過有形之身來傳達。你也能善用身體來拓展你的知見，獲得肉眼無法看到的真實慧見。這一學習可說是身體唯一的真實用途。

小我對我們的身體一向居心叵測，聖靈卻有本領將它轉化為助人及療癒的工具。一切完全取決於心靈的取向；這是《奇蹟課程》另一個重要議題，我們到了第二十五章，還會針對這一點作一番詳盡的解說（T-25.VI.4:1）。

至此，暫且打住片刻，我想先討論幾條看似矛盾的奇蹟原則，它們似乎暗指奇蹟跟我們有形的作為息息相關；例如第

五、第八、和第十條：

(I.5:1~2) **奇蹟是種習性，應是無心而發的。它不受意識的控
制。**

(I.8) **奇蹟具有療癒作用，因它能彌補某種欠缺，使一時比較富
裕的得以彌補一時比較欠缺者之所需。**

(I.10) **凡是利用奇蹟來炫人眼目、誘發信仰，表示他已誤解了
奇蹟的真正目的。**

　　除了這三條以外，我們還會不時在他處看到，耶穌好似把
某種有形的作為稱為奇蹟。然而，只需細讀第一章，我們便可
看到，絕大多處，他都把奇蹟描寫成修正之「念」，也就是把
我們的眼光由身體移向心靈。既然如此，為什麼會出現上述的
矛盾？答案就在海倫剛剛開始筆錄時的心理狀態（也只有在最
初的那段期間），那時她的聆聽能力還未上道。除此之外，耶
穌當時也必須遷就她和比爾的理解能力，畢竟，這部課程的奇
蹟觀和當代絕大多數人對奇蹟的理解完全背道而馳。凡是受過
西方文化薰陶的人，不論相不相信《聖經》，很自然會把奇蹟
想成外在的事件。他們對上帝、摩西、先知、聖人所行的奇蹟
早已耳熟能詳，更別說耶穌的神能事蹟了，據說他曾在水上行
走，用幾塊大餅餵飽了一大群人，他還不時療癒病人，更令人
矚目的是他的死而復生。既然傳統的奇蹟觀都與外在作為脫離
不了關係，耶穌便順勢沿用這類說法來為海倫鋪路，慢慢將她

引進奇蹟的深意。

　　這幾條看似矛盾的奇蹟原則，似乎牴觸了課程所有的教誨。但有了上述這番認知，奇蹟學員自然不至於拘泥字面上的矛盾（即**形式**），而著眼於它們所要傳達的**內涵**。耶穌真正要說的其實是：「在向我請教之前，切莫輕舉妄動。」前面說過，海倫所熟悉的奇蹟常與外在的行為有關，因此耶穌偶爾也會順應海倫習慣的思維來傳遞自己想要表達的內涵。他是這麼說的：

(III.4:1~4,6~7) 唯有我能以「平等心」行使奇蹟，因為我就是救贖。我會在這救贖計畫中為你指定一個角色。至於你應施行哪些奇蹟，不妨就教於我。我會給你具體的指示，讓你少走許多冤枉路。……嚮導只是領路之人，他沒有操控權；聽從與否，全在於你自己。在「主的禱詞」中有一句話：「不要讓我們陷於誘惑。」它真正的意思是：看清自己的錯誤，決心放下它們，接受我的指引。

　　話中含意已經足夠清楚了。下面的一段再次傳遞了相同的訊息：

(III.8:3~5) 即使是無人知曉你所行的奇蹟，亦無損於它的價值。它仍是你活在恩典之境的標記；至於具體進行的方式，請交給我來處理，因為只有我知悉整個計畫的全貌。「奇蹟心志」（miracle-mindedness）的「非個人性」為你確保了天恩永

在,可是只有我才知道奇蹟應施於何處。

　　後文還有不少類似的說法,例如:「……不要設法去改變世界,而應決心改變你對世界的看法。」(T-21.in.l:7)耶穌說得不能再明白了,我們若想改變想法,非得靠他不可;唯有先改換老師,才改變得了自己的心態。耶穌在整部課程裡不斷如此循循善誘,要我們透過他的眼睛去看,接受他的看法;這就是所謂的**慧見**。由此可知,耶穌一開篇就說出了重點,若想行奇蹟,必須仰賴他的幫助,若要向他求助,必須先把眼光由身體收回,進入心靈層次才行。一言以蔽之,第一章的核心觀念即是:奇蹟改變了我們的知見,而這正是奇蹟能夠療癒的根本原因。

　　再換個角度來講,奇蹟證明了我們才是人生大夢的夢者,而非夢中的一個角色。這是從第一章的教誨裡演繹出來的深意,這一深意要到了交響曲的後半部才會逐步呈現。活在身體內的人,很難看透人生只是一場夢,我們毫不懷疑,自己都在經驗某種「果報」而非「因」。追究箇中原委,又是因為心靈已把自己的力量賦予夢中的其他角色,例如我們一出生就把一切能力投射給父母了。然而,奇蹟的目的所在,就是教我們明白,問題不在於夢裡的自己或他人,而是正在作夢的我。換句話說,若想了解自己的夢是怎麼回事,得先了解夢者的心裡出了什麼問題。佛洛伊德的劃時代之作《夢的解析》,可以說是第一部針對人類的夢而提出這類理論原則的學說。到了《奇蹟

課程》，耶穌進一步把「睡中之夢」與「醒時之夢」合併為一個人生大夢。

日後我們還會深入另一個隨之而來的主題，即是我們的想法或信念的力量。耶穌設法點醒我們，所有在人間經歷到的問題，不論是病痛或任何不適，都是心內的罪咎引發出來的。說得更露骨一點，是心靈的力量選擇（相信）了罪咎，罪咎才會有呼風喚雨的本事；我們在世上看到的一切問題，無一不是從這個罪咎投射出來的。為此，我們必須藉由奇蹟回到心靈深處，才有機會向罪咎說「不」而選擇救贖。這正是下一段令人費解的《聖經》引言之真正含意：

(I.24:1) 奇蹟足以幫你療癒病患，使死者復生，因為疾病和死亡既然出自你之手，你必有能力消除它們。

病患之所以療癒、死者得以復生，只因我們先化解了疾病與死亡的**思想體系**。奇蹟交響曲日後還會將我們帶入另一個重要主題：**形式與內涵**或**因果關係**。咎，屬於心靈的**內涵或因**的層次；疾病，則屬於身體的**形式或果**的層次。奇蹟反其道而行，它將我們的視線引到因的層次，只有在那兒，錯誤才有化解的機會。耶穌在後文如此一語道破：「本課程是一部強調『因』而不強調『果』的課程。」（T-21.VII.7:8）

容我再回到先前提過的一個重要觀點，即圖表裡**妄心**那一區塊以及由它衍生出來的**分裂世界**。世界這個區塊裡的用詞很

狠，例如「加害或被害」，乍看好似充滿了力道，但其實它們毫無力道可言。罪咎的殺傷力道可說是世界運轉的動力，不論它呈現於某些強權的船堅砲利，或球場上的角力對決，所有的能量完全來自圖表中妄心方框最上面的那個圓點，它代表著相信小我分裂思想體系的那一部分心靈。因此，我們可以說，《奇蹟課程》的宗旨不過是幫我們意識到，心靈真正的力量不在隔空移動桌上的茶杯，變出一百萬美金，甚至是移山倒海，或令死者復活，而是它有能力選擇是否相信夢境。夢裡的想法或事件本身沒有能力，它們之所以能在夢中演得生龍活虎，全都憑靠夢者的心靈賦予它力量。那部分的心靈我們稱之為**抉擇者**——究竟要選擇正心或妄心的選擇能力。

　　世上所有的力量，全都來自心靈這一選擇能力。這種說法顯然和世間種種學說，以及絕大多數的宗教教義與靈修信念大相逕庭。如果只有心靈才有此大能，世上的邪靈豈不頓失其權勢？因為那神通廣大的魔鬼，不過是人心罪咎之投射；若再追究下去，這罪咎也不過是心靈選擇認同小我而否定聖靈的那個原始錯誤而已。這錯誤信念一旦弄假成真，隨之而來的罪咎與邪靈立刻顯得真實無比。從此，人心深處生出了根深柢固的自我譴責：「是我犯了滔天大罪，毀了天堂的愛與純潔無罪，我是萬惡魔頭！」於是，原本只是一個生命的聖子，形成了一個集體小我，並且作出決定，非得把罪咎投射出去不可，緊接著，形形色色的眾生、紛紜萬象的世界便誕生了。至此，我們終於明白，原來是我們迫不及待地想把心裡的罪咎及邪惡往外

推，才會那麼渴望在世上看到罪咎與邪魔的影子；它們在哪兒出現都好，就是不能留在自己心裡。

　　總而言之，奇蹟的目的所在，即是把我們的注意力從世界拉回到心靈，教我們看清，外界的力量全是自己的信念所賦予的，只因我們選擇了罪咎，並死心塌地信以為真。為此，明白「奇蹟只是一種念頭」是如此的重要，而這正是下一節所要探討的主題。

奇蹟屬於念頭

　　這一小節，我們將由第十二條奇蹟原則一開頭那短短的一句話切入：

(I.12:1) **奇蹟屬於一種念頭。**

　　奇蹟純屬一種念頭，與我們的外在行為表現毫無瓜葛。乍聽之下，這句話似乎與前面的說法有些矛盾，其實不然。

(I.12:2~3) **念頭可以表達較低層次或是身體層次的經驗，也可能表達出較高層次或靈性層次的經驗。前者架構起一個物質世界，後者則創造出靈性的境界。**

　　念頭可分為兩種：正心之念與妄心之念。自從妄念打造出整個物質世界之後，這一錯誤便有待正念的修正；這是因為正

念著眼於共同福祉，故能在人間映照出圓滿一體的聖念。然而，究竟來說，連正念都不具備創造的能力（這一點留待後文詳述）。奇蹟的任務，不過是將聖子的注意力，從世間萬象拉回到已選擇了分裂的那一部分心靈，因為整個世界都是由此而誕生的。

(I.14:1) 奇蹟是在為真理作證。

真理只可能出現在圖表最上層「上主／天堂／真知」的層次；而奇蹟至多只能充當真理的倒影，或說真理在人間的一個見證而已。

(I.14:2) 由於它出自內在的信念，故具有說服力。

可注意到，耶穌又在玩文字遊戲了：信念（convincing）和說服力（conviction）語出同源，屬於同一字根。這句話同時也提醒我們，我們必須先相信奇蹟（即內在的信念），奇蹟之念才可能出現於心中。

(I.14:3) 若缺了這一信念，它便淪為怪力亂神（magic），落入失心狀態（mindless），因而產生破壞性，它等於反向使用了心靈的創造力。

這是「**失心狀態**」一詞首次登場，雖然它在整部課程出現的次數不算頻繁，但無可否認的，這個理念在奇蹟交響曲中具有舉足輕重的地位。我們一旦撤離了對聖靈的信念，轉而投向小我，所有的起心動念，便無一不在妄心之中。想來，我們必

是被自己的妄念逼瘋了，才投射出這個問題重重且不得其解的世界，最後只好求助於怪力亂神。但終究來說，一切的神通把戲註定會功虧一簣，因為問題根本不在這個世界，而是藏在自己的心裡。更糟糕的是，問題明明是在心裡，我們卻把「心」都搞丟了，難怪我們欲解無門。故《課程》才說：「失心」其實是毫無創造性的「用心」之道。言下之意，最具創造性的用心之道唯有「回歸正念」。我們再度注意到，耶穌在前幾章的用詞並不嚴謹，因為書中其他地方都明確指出，**創造**一詞只適用於上主或靈性，而非分裂妄心。

(II.1:9) *你選擇什麼，就會相信什麼，這是你的自由；而你決定怎麼做則反映出你相信了什麼。*

　　在幻境裡，我們有選擇的自由；但在天堂，自由意志毫無立足之地，因為天堂裡沒有選擇的必要。由此可見，**自由意志**（free will）只有在夢境世界才有意義。順道一提，〈正文〉最後提到的「**自由（的）意志**」（freedom of will）一詞，含意大不相同，它是指上主的旨意與聖子的旨意之間毫無隔閡，沒有任何東西阻礙得了天父與聖子之愛的自由流動。但這裡指的自由意志，只是印證「分裂不曾發生」的救贖原則而已。回到人生夢境，我們的確有選擇的自由，想要選擇小我還是聖靈，全然操之在我；而我們在世上的一舉一動，無一不反映出自己所作的選擇。

　　換句話說，我們的心境隨時透露出自己究竟拜誰為師了。

內心一感到怨憤、恐懼或焦躁不安，表示自己選擇了小我。可以說，身體的任何言行舉止都與內心的念頭脫離不了關係；而內心所生起的念頭又涉及自己選擇了以誰為師的問題，這無疑是《課程》最關鍵也一再重申的主題。

(III.5:3) 你願把自己的國度建在哪裡，你有選擇的自由；若想作出正確選擇，你必須牢記下面的話……

在此，我只想著墨於前半句的「你願把自己的國度建在哪裡，你有選擇的自由……」，後半句留待後文深入。在幻境裡，心內的抉擇者確實有選擇的自由，也就是寧願相信那個充滿分裂、罪咎、恐懼與死亡的小我國度，還是接受救贖原則中的聖靈國度？在聖靈國度內，分裂不復存在，自然也無個別利益可言。也因此，只要選擇接受救贖，我們在人間便可看到天堂的倒影。

(IV.2:6~8) 奇蹟能轉化心靈，加入救贖的陣容而為聖靈服務。它恢復了心靈的正常功能，修正它犯下的一切錯誤，而那些錯誤不過是缺乏愛心罷了。你的心靈可能會受制於幻覺，你的靈性卻是永遠自由的。

所謂「心靈的正常功能」，就是選擇**抵制**小我，**認同**聖靈。這一段特別強調**心靈**的選擇能力，儼然與身體做了反面的對比。身體其實是小我後來發明的防衛機制，企圖堵死我們回歸心靈的後路，使我們再也沒有選擇救贖的機會，從此只能認

命地死守小我的幻境。

(V.1:3) 但是，當你還相信自己活在一具身體之內，你要把它當作表達自我的無情或是美妙的工具，完全操之於你。

所謂「美妙的工具」，指的就是正念心境。只要一回歸正念，當初選擇無情小我的那個錯誤決定，當下便修正過來了。

(V.1:4~7) 你甚至能把身體視為一個空軀殼，卻不可能什麼也不表達。你可以等待、拖延、讓自己麻木不仁，或是把自己的創造活力貶抑到最低的程度；你就是無法徹底廢除它。你能夠毀滅自己的交流媒介，但你毀不掉自己的潛能。

這段文字寫得含糊不清，必須對照後文，才會明白《課程》的原意是指我們選擇了小我那個錯誤且「無情」的決定。一旦選擇了虛無，自然落入「空軀殼」的下場。幸好，我們縱使有毀滅自己身體（即「交流媒介」）的本事，卻毀不掉心靈本有的大能（即「潛能」）。因著聖靈永恆的臨在，正念之心方得以安然無恙，纖毫未損。

(V.5:1) 凡是真實的，必是永恆的，它絕不變易，也不受改造。

這一觀念在後文描述得更加詩意盎然：「……連天堂之歌的一個音符都不曾錯過。」（T-26.V.5:4）不論小我寫出什麼樣的分裂劇本，打造出多麼令人眼花撩亂的大千世界、宇宙星辰，這些對真理實相一點影響也沒有。「**什麼都沒改變**」！這一條救贖原則正是小我最不願我們選擇的真理。

(V.5:2~3) 它不會朝三暮四，因為它已圓滿無缺，但心靈卻有權選擇自己要事奉哪一個。唯一的限制是，它不能同時事奉兩個主人。

　　我們若非選擇小我就是選擇聖靈，但不可能同時選擇兩者。請特別留意，耶穌一開篇便隆重推出這個主旋律，不斷把我們的焦點拉回到心靈的選擇能力。因為念頭必定造就現實，選擇的若是小我之念，呈現的必然是一個充滿分裂、特殊性、攻擊、痛苦及死亡的世界；反之，如果選擇聖靈的救贖之念，人間便沒有一物騷擾得了我們內心的平安。即使身體病了，或世界發生了什麼大事，也無法撼動我們的心，奇蹟自然會幫助我們找到心靈內那不受任何干擾的安息之地。

(VI.4:1~2) 這世界存在的真正目的，是給你一個修正自己「不信」的機會。你對恐懼引發的後遺症束手無策，因為恐懼是你造出的，而你對自己所造之物必然堅信不疑。

　　這個主題會在全書反覆出現。我們造出恐懼和世界後，忘了自己才是始作俑者，卻對它深信不疑，不僅把世上問題件件當真，還想在人間尋找解決之道，說什麼也不肯回到它的心靈源頭。奇蹟的宗旨是要溫柔地領我們回到心靈，讓另一位老師教我們重新選擇。結果，我們卻反其道而行，想盡辦法把聖靈拖到世界裡，要祂來解決我們捅出的各種婁子。當今大多數的宗教都犯了這類錯誤，鼓勵信徒祈求神明，或冀望神靈降壇於我們幻想出來的世界，解決自己編造的問題，殊不知我們打造

問題的初衷，就是存心要把神明推到九霄雲外的。這可說是小我最大的傲慢了。

　　我們當初打造物質世界，為的就是掩飾那充滿罪咎懼的內心世界，而罪咎懼的內心世界又是為了要覆蓋聖靈的臨在。我們遺忘了這一內情，還以為向神明求助是非常靈性的表現。真相是，我們請來了小我之神，冒充真正的造物主；邀來了小我的耶穌，頂替真正的耶穌。試問，耶穌怎麼可能神智失常到這種地步，竟然應邀來到我們的幻覺世界，設法解決我們幻想出來的問題？

(VI.4:3) 從這一心態來講（我不是指真正的內涵），你很像你的造物主，祂對自己的創造也懷有絕對的信心，因為那是祂的創造。

　　《課程》談到了「信心」，但這只是一種象徵性的說法，因為非二元的上主圓滿自足，祂怎麼可能對任何**東西**懷有信心！這幾句話的重點是，所謂的創造能力，就是靈性之愛的推恩能力，只可能發生於心靈的層次。但我們妄用了這個創造力，仿冒上主的造化大能，造出如此拙劣不堪的世界，還堅信它真的存在。耶穌要說的是，我們擁有與造物主一樣的創造力，只是被拿來妄用了——為小我效命。套用《課程》的術語，就是我們從此只知**妄造**，而失去了真正的創造能力。

(VI.4:4~6) 信念能使人接受一物的存在。為此，你可能相信一

**個沒有人信其為真的事物。只因它是你造出的，對你便會顯得
真實無比。**

　　對自己打造出來的東西，我們必然深信不疑。想當初我們
還是唯一聖子時，就在打造（更準確的說，是妄造）三千大千
世界以及無奇不有的個人經歷，這時我們早已暗下決心，要
「忘掉」自己才是始作俑者；然而，存心的遺忘，並不表示我
們就不相信自己打造的世界了。我一再強調，身體的存在鞏固
了我們對世界的信念，因為當初打造身體的目的正是為了證明
外在世界的真實性。然後，我們再接再厲，打造出一副大腦，
用來詮釋感官收集的訊息，繼而要身體聽命於大腦的指令行
動。其實，這一切全是自己編織的夢，我們卻信以為真，徹底
遺忘當初打造這個世界的**真正目的**。我們認定這個世界真實無
比，是因為眼睛看得到，手也摸得著，更別說科學研究還能解
析它、測量它，由是，我們更「想」不起來自己妄造的初衷。
只因小我在心靈上覆蓋了一層「遺忘之紗」，抹去了我們對問
題的真正起因之記憶，也就是作出錯誤決定的那部分心靈。

　　我之所以不厭其煩地反覆解說，只因這一主題，以及它的
變奏，從頭到尾貫穿了這首宏偉的交響曲，也就是整整三十
一章的〈正文〉。整部課程的宗旨，就是要喚醒我們心靈的能
力。我們之所以對心靈敬而遠之，只因小我不斷威脅我們：
「你若敢朝心內窺視，必會看到令你不寒而慄的罪咎，而罪咎
的背後正站著一尊瘋狂的義怒之神，伺機毀滅我們。」於是，

我們把心靈視為禁區，不敢向內越雷池一步，想方設法躲在心外。但我們萬萬沒有想到，不論內疚多大多深，不過是個幻覺而已，只因我們誤信了它，才會被它打入深不可測的罪咎中而難以自拔。

　　我知道上述的話聽起來確實有些不可思議，因為它與我們的日常經驗恰恰相反。只要看看世間每天上演形形色色的慘劇，沒有人不感到膽戰心驚。但我們也應知道，這些慘劇只有在夢中才能張牙舞爪地恐嚇我們，再可怕的夢境最後都能歸之於這恐怖的一念：「我聽信小我的謊言而悖逆了上主的真理；我為了獲得小我特殊的愛而捨棄了上主的真愛。」

　　下面這一段話極其重要，它再次重申了全書的主旨：

(VII.3:7~8) 就算你真的看到自己聯想或幻想出來之物，也不可能把它弄假成真的，只有你自己會把它當真。你必會相信自己所造之物。

　　在幻境中，我們選擇什麼就會相信什麼，但這並不保證我們所相信的就是真的。耶穌在第三章說：「每個人都有拒絕自己遺產的自由，卻沒有建立遺產的自由。」（T-3.VI.10:2）心念的力量如此強大，一旦相信了夢境，連幻覺都能變得無比真實。這是福，也是禍；我們「沒有建立遺產的自由」，對於企圖把夢境弄假成真的小我來講，這當然是個壞消息，因為我們對自己親手打造出來的東西總是情有獨鍾，而世界的存在鞏固

了我們的存在，我們當然珍惜無比，否則我們不會誕生在這種世界的。然而，從另一方面來講，心靈這種強大的力量，同時也成了我們得以脫離世界苦海之保證。不幸的是，我們神智失常到這種地步，竟然把地獄視為天堂，為它而生，為它而死，不惜任何代價地為它生生世世奮鬥下去。正因如此，我們迫切需要一位奇蹟導師，溫柔耐心地為我們反覆播放他的交響曲：「這兒絕非天堂，你身在地獄，這裡，你找不到幸福、平安和喜樂的。周遭的一切全是幻相，只有我能教你如何看穿幻相，找回真正的幸福、平安和喜樂。想要得到這份禮物，你只需真心地說出這一句：『除了你的禮物，我什麼都不希罕。』」終有一天，我們的耳朵會打開，聽出奇蹟交響曲的弦外之音。

總之，我們在人間所有的經歷只有一個目的，就是體會到「自己追求的一切，結果只會帶來痛苦，唯有耶穌為我們準備的禮物才能帶來喜悅」。遺憾的是，我們冥頑不靈到了極點，要讓頑石點頭，《課程》不得不從人生的每個面向反覆重申同一訊息。這讓我想起二十世紀英國作曲家班傑明・布瑞頓（Benjamin Britten），他為了向兒童介紹交響樂種種樂器而譜寫的〈青少年管絃樂入門〉（*Young Person's Guide to the Orchestra*），採用了十七世紀作曲家亨利・普塞爾（Henry Purcell）的一個主旋律，然後譜寫出種種變奏，由交響樂團的各組樂器輪流單獨演奏，如此用心良苦，教孩子聽出同一旋律可能呈現的種種樂音。

　　耶穌好似使用了類似的手法，寫了一部〈給幼童的靈修入門〉（從靈性的層次來看，我們就好比非常非常幼稚的小孩）。他以各種形式為我們演奏同一首奇蹟主題曲，有時精彩絕倫（如〈正文〉的後半部），有時沒那麼動人（如這一章），然而主題曲始終不變──萬物均是一念，而世界純屬妄念；縱然心靈相信了妄念，仍不失它本有的能力，隨時都能選擇聖靈的修正之念。究竟地說，選擇聖靈就**等於**接受了修正。但請記住，聖靈其實什麼也沒做！如果祂真的在此虛無之境大顯身手，不就等於跟著我們一起發瘋起鬨？如果說，拒絕選擇聖靈，代表心靈生了病或出了事；那麼，選擇聖靈，當然就代表療癒或沒事了。這是耶穌在第一章反覆重申的觀念，無怪乎他最後會用這兩段話作為總結：

(VII.4,5) 此書是一部訓練你起心動念的課程。整個學習過程要求某種程度的專注與研讀。課程的後段十分倚賴前面這幾章的基礎，切莫掉以輕心。你需要它們為你打好基礎。缺乏這個基礎功夫，課程後半部會使你望而生畏，而難以發揮大用。然而，當你閱讀前面幾章時，你會開始看到不少留待下文分解的伏筆。

正如我在前面提到的，人們常常混淆了「恐懼」與「敬畏」的心態，因此這課程需要幫你打下穩固的基礎。我曾說過，敬畏之心不適合套用於聖子身上，你也不該對你的同鄄產生敬畏之心。但我又強調過，敬畏只適用於造物主前。我也謹慎地向你

澄清了我在救贖計畫中的角色，我無意自抬身價，也無意自貶身價。我設法以同樣的心態對待你。我一再聲明，因著我們與生俱來的平等性，你不應對我心懷敬畏。隨後，這課程會涉及較多直接邁向上主的方法。但你若尚未準備周全，便貿然進入那些階段，是不明智的，你很可能把敬畏與恐懼心態搞混了，如此一來，那種經驗對你可能是創傷而非福分。終究來講，療癒是上主的事。療癒的方法已經仔細解釋給你聽了。也許啟示偶爾會向你揭露一些終極景象，可是要達到彼岸，你還是得按部就班地走下去。

我得先說明一下，上述這兩段話原本不屬於〈正文〉的這一節，它是耶穌在筆錄進行了一段時日之後，才針對海倫與比爾漫不經心的態度而給的溫柔勸諫。大意是說：「這部課程正是你們祈求來的『另一條路』，多用點心讀一讀筆錄的內容吧！我身為老師，自然期待你們實地操練這份作業。好好研讀我送給你們的訊息！」耶穌看得出海倫與比爾對這些訊息的抵制，故特別要求他們多用一點心。其實，每位奇蹟學員都有這種抵制心態，難怪他會強調：「此書是一部訓練你起心動念的課程，整個學習過程要求某種程度的專注。」

耶穌進一步提醒我們，若不好好研讀前幾章，踏實地打下基礎，後面的訊息就更難消化了。因為我們會把咎投射在造物主身上，害怕祂懲罰自己的罪，而對祂生出敬而遠之的錯誤心態。〈正文〉愈到後面，對我們的挑戰愈大，因為它揭開了埋

藏在小我思想體系下面的罪咎糞坑，讓我們目睹特殊關係相互殘害的內情。後文寫得愈來愈露骨，揭發了受害心態背後駭人聽聞的秘密：原來，「受害」其實是一套障眼法，企圖掩飾自己加害他人的那副嘴臉。正因如此，耶穌才會向他最早的兩位學生說出這番語重心長的話：

「你們現在如果不好好研讀我給你們的訊息，將來就更難領會《課程》的精髓所在了。這是我為你們寫的交響曲，拜託你們一邊筆錄，一邊仔細聆聽，不要只挑自己喜歡的段落，而對其他的分心走神。好好地聆聽整首樂曲吧！〈正文〉雖然有章節段落之分，卻是一部**完整的**作品，我之所以提出一個觀念又暫時擱置，留待後文詳述，是有苦心的。用心閱讀這筆錄的內容吧！你們的學習旅程應該開始了。雖然這部課程不是為了滿足你們的理性需求，但只要好好研讀〈正文〉，你的理解必會落實為種種經驗的。」

我們知道，〈正文〉採用了交響樂的結構，而不是依照線性邏輯展開的。除非我們想當個音樂教授或樂評家，否則不該仰賴頭腦來欣賞音樂。我們應該打開心靈，領會作曲家的意境。耶穌就是作曲家，他希望我們接受他的指引，即使自己的大腦不時被字面含意所困，仍願亦步亦趨地跟隨他一探《奇蹟課程》的真實意境。

耶穌對海倫和比爾的請求，其實是針對所有讀者而發的：仔細研讀前面幾章，切莫掉以輕心，全書就是依據這幾章的

基本理念展開的。就好像貝多芬第五號交響曲，如果沒有聽完前三個樂章的鋪陳，我們很難領略第四樂章輝煌的人性凱歌。又如第九號交響曲蕩氣迴腸的第四樂章，是受德國詩人席勒（Schiller）的「快樂頌」激發的靈感。可惜多數人只聽過這劃時代交響曲的最後樂章，對前三個樂章卻不甚熟悉。其實，每一樂章都是整首交響曲不可分割的一部分，唯有亦步亦趨地隨著每一樂章深入貝多芬的心靈旅程，才能體會出整首交響樂的偉大內涵與力道。真心想學好《奇蹟課程》的我們也理當如此，順著當初傳下來的形式按部就班地研讀下去；那是耶穌對海倫與比爾的請求，也是對每位奇蹟學員的請求。

時　間

　　時間，堪稱為世上最難以捉摸的觀念，不只令哲學家傷透腦筋，連整部課程也說得撲朔迷離，零零散散，從未給出一個完整而條理井然的時間觀。數年前，我特別從〈正文〉、〈練習手冊〉以及〈教師指南〉中挑出所有關於時間的片段，整理成一個比較有系統的時間觀〔譯註〕。我在書中解釋過，時間之說，在《課程》裡顯得如此片段零星，原因之一即是時間實在

〔譯註〕即是《時間大幻劇──奇蹟課程的時間觀》一書，奇蹟資訊中心於2014年出版。

超乎我們的理解。如耶穌在〈練習手冊〉所說：「我們不必在世人無法了解的事上多費唇舌了。……至於那些還在計數著光陰、按時起床、工作、睡覺的人，多談這類道理對他們又有何意義？」（W-169.10:1,4）我們全是靠著線性的時間信念過日子的，連〈練習手冊〉的三百六十五課也是依照年曆的線性結構而編排的。我在前文提過，耶穌在筆錄初期曾勸諫海倫和比爾留意起心動念，並且好好研讀他所傳的訊息，因為前面的章節在為後面的觀念奠定基礎；可以說，這一席話本身也寓意著線性的時間觀。確實如此，整個世界的運作都繫於線性的時間觀，時間的虛幻性對我們自然是不可思議的，縱然，從愛因斯坦開始的二十世紀一批物理學家，早已論證時間本質的虛幻不實，但這類學說不只難以撼動傳統的物理研究，對世間的思維也沒有帶來顯著的影響。然而，不論時間多麼難以理解，無可否認的，它是學習《奇蹟課程》極其重要的一環。

　　在進入第一章有關時間的章句以前，讓我們先回到「奇蹟課程思想體系圖」，唯有了解時間在小我思想體系所扮演的角色，才可能明白時間現象究竟是怎麼一回事。圖表中，在「**分裂世界**」那個方框裡，首先進入眼簾的即是「**時間（過去─現在─未來）──空間**」這一排文字。小我的防衛系統之所以固若金湯，憑靠的就是它編造的「罪咎懼」那套神話。它是這麼教我們的：我們犯了褻瀆上主之罪，在內疚中感受到罪的恐怖，因而深信自己必受嚴厲天譴而驚恐萬分，於是不得不將罪咎懼之念投射到世上，形成了紛紜萬象，其中之一即是時間。

對小我而言，線性時間觀所隱含的意義是：「我過去犯了罪，現在正承受咎的苦果，開始害怕未來的懲罰。」也因此，罪＝過去，咎＝現在，恐懼＝未來。世間的線性時間觀和空間就是這麼形成的；而空間，也不過是分裂與分別取捨之念所呈現出的另一種形式而已。總之，世界的時間與空間全是小我分裂之念投射出來的產物，也是小我用來抵制罪咎懼之念的一種防衛機制。

《奇蹟課程》乃是應人類的求助呼聲而來到人間的，它藉由「奇蹟」把我們提升到「**戰場之上**」（T-23.IV），將我們引領到時空之外的「抉擇者」那一點上。只有在那兒，我們才會明白，在我們捨棄聖靈而選擇小我、繼而將這個錯誤投射於外之前，時空原本是不存在的。時空無法躋身於心靈之境，這就是為什麼《課程》說「神聖一刻內，沒有時間、空間或身體這類東西」（T-18.VII.3:1）。也因此，我們才可能了解為什麼耶穌說奇蹟能為我們縮減時間（T-1.II.6）。我們很快就要進入這個話題了。

世界所有的問題不是一朝一夕就能解決的，例如中東及非洲的地緣衝突，這個國家排外，那個國家歧視，還有貧窮、饑餓、疾病……，沒有一個問題立馬解決得了。所幸的是，即使有人身處這些困境，若想化解內心的衝突不安，仍有當下療癒的可能。他只要在神聖一刻放下所有的受害、恐懼、罪咎之念，回到心靈，學習和耶穌一起以不同的眼光面對眼前的景象

就成了。奇蹟便是如此為我們縮減時間的。當然，在這個有形有相的層次，解決任何問題都需要時間，但若要解決人心之苦或人心之病，跟時間一點關係都沒有，因為療癒只會發生於「超」時空的心靈層次。

(I.13) 奇蹟既是開始，也是終結，因此它能夠調整世界的時間律。奇蹟始終在為重生的可能性背書；重生狀似回歸，其實它是向前。它能在「現在」化解「過去」的一切，因而也解放了「未來」。

　　自從我們選擇了小我，所有問題隨之而起，但只要重新選擇聖靈，一切問題便會當下終結。奇蹟給人「向前」的感覺，只因它化解了我們堅信自己有罪的「過去」（我們之所以將罪的信念投射到別人身上，就是企圖為「現在」的我脫罪）。罪咎一經化解，未來對我們便無足輕重了；既然不必為未來處心積慮，那麼我們全部的注意力便落回「當下此刻」，這就是超乎時間的神聖一刻。由於奇蹟足以療癒一切問題，所以不管此刻身在何處或面臨何種處境，對自己都毫無影響，只要我們肯放下小我的手，牽起耶穌的手，任何一刻都能活得安心自在。

(I.47:1~2) 奇蹟是一種學習教材，能逐漸降低人對時間的仰賴。它打破了一般的時間律，為你建立一種無例可循的時間序列。

　　請注意，奇蹟的「超時間性」不可與天堂的「永恆性」相

提並論，它最多只是超越世界的時空維度而已。因為選擇聖靈的奇蹟和抵制罪咎懼，其實是同一選擇；只要我們不信罪咎懼那一套，過去、現在和未來便無立足之地。奇蹟就這樣幫我們跳脫了時空的制約。由此，我們不難了解，為何人們在某種情境下會頓失時間的意識，跳脫了世界所有的羈絆，剎那之間，時間消失得無影無蹤；在那神聖的一刻，他們超越了宇宙時空的制約。

下面這一段十分重要，它為我們解釋了奇蹟是怎麼節省時間的，但它仍是點到為止，為後文埋下了伏筆。

(II.6:1~2) 奇蹟把時間的需求降到了最低的程度。不論由縱向或是橫向來說，若想認出聖子奧體所有生命的平等性，好似得歷經百千萬劫。

「縱向或是橫向」，指的就是線性的人類歷史觀。從這角度看，整個聖子奧體的療癒好似遙遙無期。世界從未真正改善過，最多只能說，我們傷害或殺害彼此的技巧變得愈來愈高明了。當今世界所呈現的那種仇恨，骨子裡和古代或中世紀如出一轍，同樣充滿了妒忌、謀害以及報復的欲望。

(II.6:3) 奇蹟卻能使人的知見瞬間由橫向一躍而為縱向。

這「一躍」，在我們的圖表裡，就是那兩條弧線箭頭，起點始於橫向或線性的世界；若要解決這個世界裡的問題，沒有一個不需要時間。話說回來，我們一旦接受了耶穌的教誨，便

能回到時空之外的「心靈」那一點上，我們的世界觀便由橫向一躍，轉為縱向了。

(II.6:4~7) 這一躍，為施者與受者引進另一種時間序列，使他們加速超前，跳過原本需要歷經的人生劫數。因此，奇蹟具有廢除時間的特殊功能，讓人不再浮沉於時間的洪流裡。行一個奇蹟的時間與它的影響所及的時間毫不相干。奇蹟足以取代千百年的學習過程。

　　這裡所謂的「千百年」，泛指極長的時間。然而，一旦提昇到戰場之上，戰事便已結束，不必靠無止盡的協商、折衝、締約，或是把敵人炸得灰飛煙滅。當然，在世人眼中，這種奇蹟觀念顯得荒誕無稽，大家會問：「中東的流血衝突由來已久，奇蹟解決得了嗎？」然而，對於跳出戰場的心靈而言，奇蹟的解方最有意義，因為在那種視角下，世界必然全面改觀。當我們由那種高度回到人間過「正常」日子時，言行舉止必然大為不同，因為我們打從心底明白，一切問題都已解決了，此生只有一個目的，就是把那個答案活出來！至於其他人**何時**作出與我們相同的選擇，何時接受這種答案，並非我們的事。活在正念中的人內心非常清楚，問題已經解決了，因為「我」已然選擇了奇蹟。對於已經療癒的心靈而言，時間、空間和分裂根本就不存在，因此，我們的每個選擇都是為整個聖子奧體而作的。故耶穌說：「當我復活時，你其實和我一起；當我由死亡夢境甦醒時，你也在那兒，因為你始終與我同在。」（M-

23.6:8~9; C-6.5:5）這一核心要旨，日後還會不斷提到。我們也知道，這種說法對於活在線性時空戰場上的人顯得荒謬無比。

(II.6:8) 這是因為奇蹟凸顯了施者與受者之間完美的平等性。

這個觀念非常重要，後文還會深入解釋。《課程》在此只提出一個基本原理：我若給出愛，便會接收到愛；我若給出咎，自然也會收到咎，因為我們必會相信自己給出的東西（說到底，正因為我先相信了它的價值，才會給出去的），那麼，我們理所當然會「自食其果」。

(II.6:9~10) 奇蹟之所以能幫你縮減時間，在於它有摧毀時間的能力，故能為你消除某些人生劫數。然而，它必須在更廣的時間序列中成就此事。

奇蹟固然需要透過日常生活才能展現，但它一旦出現，便能幫助我們跳脫現實人生的時間框架。比方說，我這一生時時刻刻都在面對權威的問題，但我無需去經歷每一段涉及權威的人際關係來化解這一問題，而可能瞬間就解決了此生所有的權威問題。也就是說，當我面對權威時（不論我的反應是想痛宰對方或討好對方），只要作出新的選擇，把眼光從身體層次撤回，甘願從心靈層次來面對這一問題，由是，所有的關係都會在這神聖的一刻獲得療癒。因為在內涵上，它們根本是同樣的問題。

〈正文〉最早的時間論述到此為止，然而，這個重要主題

後面還會不斷重現。接著，我們要進入下一主題：救贖。耶穌在第一章仍然只是點到為止，真正的內涵留待第二章才會正式切入。

救　贖

救贖，乃是指聖靈化解小我一切妄造的「計畫」。但可別想成聖靈為我們特別安排了什麼計畫，它真正的含意是：我們因接受聖靈的「修正原則」而終結了小我統治的一段心靈歷程。所謂的「計畫」，不過是聖靈邀請聖子奧體內自認為分裂的聖子完成自己的寬恕功課而已。下一章更明確地將這一歷程界定為「親自領受救贖」。如果只讀最前面的敘述，救贖好似一步步累積出來的成果，其實，〈教師指南〉第十二篇以及後續章節說得非常清楚，療癒整個聖子奧體只需要一位聖子。理由很簡單，因為一位聖子等於所有的聖子：

(I.25) 奇蹟是環環相扣的寬恕當中的一環，當它圓滿完成之時，便成了救贖（Atonement）。而救贖能在任何一刻運作於所有的時間層次。

由此可知，救贖可以說是寬恕過程的終點。縱然救贖的源頭超乎時空，但救贖的經歷卻發生在時空世界。

(I.26) 奇蹟代表你已擺脫了恐懼的束縛。救贖具有「化解」（undo）之義。化解恐懼，乃是奇蹟得以發揮救贖功效不可或缺的因素。

　　《奇蹟課程》的招牌術語「化解」（undo），在此首度登場。既然人間所有問題全都是從分裂幻境衍生出來的，它們必然徹底虛幻，不勞我們費心對治，而只要予以「化解」就成了。其實，根據《課程》的說法，不僅救贖，連奇蹟、寬恕及救恩都有相同的內涵，就是化解小我思想體系，修正心靈一度選擇小我的那個錯誤決定而已。

　　下文間接地從救贖的角度來解釋奇蹟的內涵：

(I.39) 奇蹟能夠消除過錯，因為一切過錯在聖靈眼中都虛妄不實。這與「光明一現，黑暗自然消逝」的說法異曲同工。

　　縱然我們一度捨棄了真理光明，接納分裂的黑暗，但只要不把這個幻相當真，那個錯誤當下便解除了。救贖的真理一放光明，錯誤立刻煙消雲散，因為黑暗本身不是問題所在，問題在於我們相信了那個黑暗。由此可見，救贖並非成就什麼大業，聖靈只是發揮救贖的修正作用，改變我們的心念，化解我們的心障，使生命真相得以浮現，我們才恍然大悟：原來自己早已擁有一切，而且我們一刻不曾離開過生命之源或造物主。下文正是這麼說的：

(IV.3:6~7) 救贖的宗旨便是將一切交回你手中，更確切地說，

是幫你重新意識到自己原本就擁有的一切。你和所有人一樣，在受造之初便已擁有了這一切。

　　如此一來，小我的匱乏信念就徹底瓦解了。匱乏信念可說是小我思想體系中「特殊關係」的靈魂，不過，關於這一點，得留到第十五章才會正式進入主題，在此只需記住：有待修正的是我們自認為匱乏的那個信念，而不是匱乏本身，因它純屬一種幻覺。為此，救贖歸還給我們的並不是上主原本就賜予聖子的天賦遺產，它只是幫助我們重新意識到「自己擁有一切」這個真相而已。也就是說，藉著奇蹟，錯誤得以修正，這就是救贖的真諦：

(I.34:1~2) 奇蹟恢復了心靈本來的圓滿。它贖清了你的匱乏感，且為你築起一道完美的防護。

(I.41) 整體性為奇蹟提供了一個有形可辨的內涵。如此它才能修正或贖清匱乏之見的錯誤。

　　匱乏的思想體系，無疑正是造成人性欲求無止無盡的主因，也是我們與圓滿富足的上主分裂之後所形成小我體系的核心；就是那個若有所失之感所勾起的匱乏信念，令我們一生都在拼命彌補那個無底的深淵：

(VI.1:3~8) 在上主的造化裡，一無所缺；在你打造的世界裡，缺憾觸目皆是。兩者最根本的區別即在於此。欠缺感，意味著你的處境如果有所改變，你的日子會好過一些。在天人「分

裂」之前，也就是指人類「淪落」前，本是一無所缺的。也沒有任何需求。直到你剝奪了自己的天賦權利之後，有所需求之念才油然而生的。

由此可知，真正有待修正的，並非我們**心目中認定**的欠缺（不論缺的是關係、金錢或健康），而是根深柢固的錯誤信念。奇蹟或寬恕的目的即是解除我們對自己的錯誤認知，重新憶起自己的真實身分──我是上主的親生子，我一無所需，因為祂一無所缺：

(VI.2:1~2) 與上主分裂之感是你唯一有待修正的「欠缺」。若非你先曲解了真相，否則怎會生出這種分裂之感，又怎會認定自己有所欠缺？

由於人世經驗都屬於外在的，與身體脫離不了關係，故下一段直白的告訴我們：必須在這一層次「就地修正」。現在，讓我們再次回到那張圖表。我們原本很可能認為，寬恕的修正作用是發生在這具形體和另一具形體之間「由下往上」地推進；但學到一定程度以後，我們才恍然大悟，修正和錯誤**兩者**只可能發生在心靈層次，時空世界以及生死輪迴的軀體，不過是小我思想體系投射的幻影而已。終有一天，我們會向耶穌求助而領悟出心靈的主導力量，回溯到問題的根源（即分裂感），就地化解分裂之**念**或**信念**，逐漸以救贖取代分裂，以寬恕取代攻擊，以上主取代小我：

(VI.3) 需求層次的觀念源自「人可能與上主分裂」這原始的無明一念，你必須在此念生出之處就地修正，才修正得了後續衍生出來的需求層次的觀念。你若想同時在不同層次運作，必然成效不彰。但是，你不能不如此運作，修正必須由下往上地垂直推進。這是因為你還認為自己活在空間中，「上」與「下」的概念對你仍有意義。終極說來，空間與時間一樣虛妄。它們只存於你的信念之中。

請注意，耶穌又提到時空的虛妄本質了。時空觀念在小我騙局中扮演了關鍵性的角色，後文還會不斷回到這一主題。

接下來，我想在這首交響樂的開場序曲中談談耶穌的角色和相關的問題。

耶　穌

雖然《奇蹟課程》處處指涉著耶穌的臨在，然而他在書中卻極少談到自己。在〈正文〉裡，只有第一章談得比較多，第三章的開頭也提到他本人（焦點其實是針對基督教），還有第六章前兩節，論及他被釘十字架的故事時再次提到自己。我想在此花點時間說說耶穌在本課程中的角色，以及跟他有關的一些爭議。

　　海倫對耶穌的了解以及感受，全憑她讀過的那一點點《聖
經》知識。但在一個異象中，她感到自己也曾活在耶穌在巴勒
斯坦的那個時代（縱然她堅決否認前世的存在）。在海倫成長
的那個年代，一般信徒對《聖經》的神學知識極其貧乏，他們
要不是全盤接受《聖經》所言，就是嗤之以鼻，很少人公開質
問《聖經》的寫作過程。雖然在十九世紀，基督教已經有人開
始研究，但要等到二十世紀末葉，聖經史才成為顯學；天主教
直到梵蒂岡第二次大公會議（1962~1966）之後，才認真地投
入這一領域。海倫稱不上是天主教徒，她只是喜歡偶爾望一下
彌撒，略略知道一點天主教的信理。她深受教會某些象徵儀式
的吸引，但對教會組織卻頗多非議。此外，她對於當代的聖經
神學研究也幾乎一無所知，例如「福音中的耶穌言論，僅有極
少部分能夠斷定是出於耶穌之口」這類的研究報告，她更是聞
所未聞。

　　有幾次，我跟海倫分享最新的聖經研究結果，令她驚異萬
分。我記得有一次她聽了我的轉述後，興奮地跑去跟她的猶太
丈夫說：「肯恩告訴我，聖經學者說耶穌根本沒講過那些污衊
猶太人的話，福音裡那套『反猶太』的言論，跟耶穌一點關
係都沒有！」縱然如此，海倫還是不明就裡地把福音裡的那些
話算在耶穌的帳上。她當然不喜歡那類說詞，但從未質疑過那
套言論的來源。我在前文提過，耶穌向海倫解說奇蹟時（尤其
在最前面那幾條原則），不能不遷就海倫現有的經驗或信念，
而把奇蹟說成好似外在的作為一般。我也澄清過，耶穌所側重

的是，所謂奇蹟，是跟「他」一起「做」的事蹟，而非逞一己之能。同樣的，當他提到自己時，也會引用《聖經》的資料，只是常常補充一句：「當我說（這話）的時候，我真正要說的是⋯⋯。」其實，不少聖經學家早就下了類似的結論：福音中許多耶穌的言論，不過是初期教會為了自己的政治需求而塞到耶穌口中的。

　　總之，海倫筆錄的那段期間尚未具備《聖經》的新知，因此，在筆錄的前期訊息裡，耶穌常向海倫說：「我活在地球上的那一世，我真正要說的是⋯⋯」，但這些話的重點，不在於他究竟說了什麼，而是想幫海倫明白道理而寬恕耶穌。海倫鮮少涉獵〈舊約〉，只讀過〈新約〉，〈新約〉裡面不少說法常令她義憤填膺。我的第一本與《課程》有關的書籍《奇蹟課程裡的基督教心理學／暫譯》（*Christian Psychology in A COURSE IN MIRACLES*）完稿之後，海倫讀了書稿中所引用的《聖經》段落，氣得滿臉發青。海倫發飆過不少次，卻從沒那次嚴重。她大發雷霆，面目猙獰，當面跟我這樣說：「這些話絕不可能是耶穌說的，那些傳道人怎麼可以這樣寫他！如果耶穌真的說過這些話，我絕不會放過他的。」當然，耶穌一定也聽到她的警告了。

　　《課程》對於耶穌最早的描述，好似在暗示《奇蹟課程》的耶穌就是〈新約〉的耶穌，但事實未必如此。因耶穌只能透過這種筆法，才能讓海倫聽得懂。形式並不代表真理本身，

耶穌不得不隨順自己在海倫心目中的形象來與海倫交流。《課程》之所以出現這麼多的《聖經》引言，是因為海倫對〈新約〉相當熟悉（縱然許多記載令她難以苟同），尤其欣賞當中的文采。她只讀欽定版（King James Version）的《聖經》，因為它的文體典雅如詩；她受不了更精確的現代譯本，只因為文筆不夠優美。我之所以談起這段海倫與《聖經》的軼事，因為耶穌在下面就引用了《聖經》對他的描述。至於那些詞句是否字字出於耶穌的口，並不重要；我們只需明白，海倫認定耶穌是這麼對她說的就成了。

　　現在，讓我們回到《課程》的內文，耶穌透過這些奇蹟原則告訴我們「先向他請益，切莫輕舉妄動」，因為「我是激發所有奇蹟之人」（T-1.I.32:1）；以及前文提過的：「奇蹟是我針對『錯誤思維』而給的修正之道。」（T-1.I.37:1）言下之意，既然所有的問題都是我們自作聰明地和小我結盟而造成的後果，現在何妨也給他一個機會，幫助我們修正這一錯誤。

　　講完「奇蹟原則」之後，耶穌繼續表述他在救贖計畫中的角色：

(II.3:7~9) 身為兄長者，經驗比較豐富，理當受到尊重；他豐富的智慧，你也理當聽從。他既是你的兄長，理當受到敬愛；他將自己獻給了你，自然當得起你的奉獻。我之所以配接受你的奉獻，只因我先奉獻了自己。

耶穌等於告訴我們：「你當然應該以我為師，因為我全心致力於上主之愛。你何苦拜小我為師，它只會帶給你仇恨、痛苦、內疚及煩惱。」正如耶穌當年拜託海倫接受他的幫助，選擇另一個思想體系，活出自己的一生，當然，那也是他對我們所有人的呼籲。

(II.3:10~13) **我所有的一切，沒有一樣你不能得到。我所有的一切，也無一不是來自上主。此外，我一無所有，這是我們目前不同之處。就是這一點使我的境界對你而言仍是有待開發的潛能。**

這一段話修正了基督教最基本的信條——耶穌是上主的唯一聖子。耶穌在此講的再清楚不過了：他不是唯一聖子，我們**全是**上主之子。只因他的小我已經徹底清理，故在幻境中會顯得與我們不同，但在永恆之境，他和我們毫無差別。只要我們還活在分裂夢境，他便成了救贖之念的象徵。耶穌在後文直截了當地說了：「我就是救贖。」意思是說，他代表了「我們從未與上主之愛分離過」那條救贖原則。他和我們唯一不同之處，不過是他成功地抵制了小我，故此刻足以幫我們為自己作出同一選擇。

他要我們視他如長兄，而不是基督教宣揚的那位高不可攀的神人。儘管基督教派別林立，但在「耶穌是**唯一**的上主之子」這一信條上，從無異議。然而，若從《奇蹟課程》的角度觀之，他那種特殊身分充滿了「靈性特殊性」，上主怎麼可能

看得到我們之間的虛幻差異？祂只有一位聖子，就是那一體不分的聖子奧體。

(II.4:1~3)「除非經過我，誰也不能到父那裡去」，這句話並非表示我與你之間，除了時間之隔以外，還有任何不同或差別；何況時間根本就不存在。這句話只有在縱向關係（而非橫向關係）上頭才會顯出它的意義。我位於上主之下，你又位於我之下。

耶穌藉此告訴我們：「我立於上主和小我之間，唯有選擇我，我才能教你如何經由寬恕而回歸天堂。」我們若把他當成獨特的歷史人物，他的臨在便失去了意義，對我們也沒有任何好處。如果時間真的不存在，那麼，崇拜那位兩千年前的耶穌，豈非神智不清？果真如此，他也愛莫能助。從歷史長河來看，崇拜偶像對人類一向有害無益。我們真該連結的耶穌，是活在自己心內的那「一念」，也就是與小我相反的那一套思想體系。由此，我們終於了解，整部課程為何對耶穌的生平幾乎隻字不提，海倫也不曾提問，因她對此毫無興趣。追究耶穌的生平事蹟，或是一頭栽進傳統神學裡，其實是小我設置的陷阱。耶穌曾私下對海倫說：「除了讓你知道我『現在』就能幫你以外，我個人的生平事蹟對你一點用處都沒有。」（暫別永福／暫譯 P.287）

不難想像，如果海倫真的傳出耶穌具體的生平事蹟，「耶穌崇拜」的熱潮必定捲土重來。由此，我們也開始了解，為

何耶穌要我們把眼光從橫向改為縱向。橫向屬於小我的時空世界，縱向則指心靈的視野；在縱向的角度下，耶穌的臨在象徵著心靈在小我之外的另一種選擇。故耶穌說：「選擇我就等於選擇了救贖、選擇憶起上主之愛。反之，你若選擇小我，就等於選擇謀害上主、釘死聖子；此後，仇恨、痛苦與死亡便成了你的神明。」為此，我們得特別小心，捨棄自己對耶穌先入為主的印象，不論是聽聞而來，還是書中讀到的，都得放下。唯一對我們有意義的、也是我們應該連結的，是活在心靈內那個象徵「非小我」的耶穌。唯有如此，他和他的愛才能真正在我們身上發揮效用。

(II.4:4~6) 在「上昇」的途徑中，我確實高你一層，若沒有我，天人的距離會遠得令你無從跨越。我一邊身為你的長兄，拉近了你與上主的距離，我一邊又身為上主之子，拉近了上主與你的距離。是我對弟兄的徹底奉獻賦予了我掌管聖子奧體之責，是我使得聖子奧體重歸完整，只因我身在其中。

　　「上昇」一詞，故意加上引號，表示我們其實無處可「昇」，因為我們從未離開天堂一步。我說過，耶穌不過象徵了救贖的正念思想體系，他立於「代表分裂及罪咎的妄念思想體系」以及「代表基督自性的一心境界」之間。耶穌成了這兩種世界的橋樑。只要我們肯牽起他的寬恕之手，跨越小我的仇恨深溝，便能安抵彼岸，回歸家園；在那兒，我們不只擁有聖愛，我們就是愛的本身。

(III.1:1) 我是掌管整個救贖過程之人，是我開啟了救贖大業。

　　這句話聽起來好似耶穌成就了一番大業，但請記住，他只能用海倫所能理解的擬人語氣來表述。耶穌既沒有「開啟」任何事，也沒有造就世人心目中的「大業」。耶穌所象徵的救贖之念，不僅是為了人類，也是為整個聖子奧體；而聖子奧體純屬於「念」，不具特殊人身。要知道，人類只是分裂之念無量化身的其中一種形式而已。我們需要隨時銘記於心，耶穌的解說方式不得不遷就我們的理解能力，但他最終的目標，仍是要將我們帶到超乎人性經驗的心念層次。

(III.1:2~4) 每當你給任何一位弟兄奇蹟時，你其實是為自己以及我而做的。我之所以把你排在我前面，是因我的救贖已經無需奇蹟，但我會緊隨在你身後，以免你一時失足。我在救贖大業中的任務，就是幫你撤銷你無法自行修正的一切錯誤。

　　上述的說法其實源自福音，它要傳達的深意是：身為修正原則的耶穌，其實一直活在我們心內。〈正文〉一而再、再而三地透露了：不論面臨多大的困境，不論我們陷於多深的恐懼、焦慮或沮喪，耶穌永遠是我們可以投靠的對象。即使身患重病或陷於絕望，我們都可以把問題帶到他的答案那兒，這就是「將黑暗幻相帶向光明真相」的真義。在那裡，我們逐漸改變了原先的看法，對於人生問題的本質與答案有了新的領悟，這一過程，我們稱之為奇蹟。換言之，透過這個過程，我們**選擇**了奇蹟而**抵制**了怪力亂神。因為所謂的怪力亂神，就是企圖

在問題所不在之處尋求解決；而奇蹟則是把問題從它發生的形式層次，帶到它真正的源頭那裡（也就是曾幾何時作出那一錯誤選擇的心靈）。

　　話說回來，在目前的階段，我們最好不要否定耶穌長久以來在大家心目中的形象；反之，我們應以此為跳板，一步一步越過形象，深入體會那臨在心靈深處的耶穌，他象徵著和我們既有信念截然相反的那套思想體系；這樣的耶穌對我們才有意義。請記住，臨在於心靈而且已無小我的大愛，可能化身為百千萬種象徵，我們可以藉助於象徵，但必須十分警覺，切莫將象徵和真實本體混為一談。由於小我變幻多端，所以化解小我的方式也自然五花八門。縱然我們採用的象徵各異，但只需記住一點，象徵指向的**內涵**永遠不變，不外乎小我思想體系以及化解它的修正之道。我們之所以採用耶穌的形象，只因在西方世界，他是化解小我思想體系最高明的大師。但我們在藉用他的形象時，必須時時警惕，切莫將他奉為神明或偶像。說更直接一點，我們只是利用象徵來超越象徵而已。為此，身為象徵的耶穌，也會利用我們那象徵式的一生，引領我們穿越人生和自我，回歸上主為我們創造的自性生命。有關耶穌的解說到此暫且打住，只要跟著〈正文〉一路走下去，我們還會不時與這位長兄再度重逢的。〔原註〕

〔原註〕若想深入「耶穌」的議題，請參閱《暫別永福》第十七章，以及《奇蹟課程的訊息／暫譯》第一冊《召叫者眾》第六章。

在結束第一章的詮釋之前，我還要簡單描述另外兩個主題：「我們對上主的恐懼」以及「一體性」。在第一章裡，它們有如蜻蜓點水，忽隱忽現，但隨著這首交響曲的開展，這兩個主題會發展成重要的旋律。

我們對上主的恐懼

在「奇蹟屬於念頭」那一節裡，我曾解釋過這句話的前半句：「你願把自己的國度建在哪裡，你有選擇的自由；若想作出正確選擇，你必須牢記下面的話……」（T-1.III.5:3）現在不妨進一步想想，耶穌究竟希望我們「牢記」什麼：

(III.5:3~9) 你願把自己的國度建在哪裡，你有選擇的自由；若想作出正確選擇，你必須牢記下面的話：

靈性永存於天恩之中。

你的生命實相是純靈的。

因此你永存於天恩之中。

救贖就是根據這一邏輯而化解了一切錯誤，為你根除了恐懼之源。每當你感到上主的保證變成一種威脅時，表示你一定仍在忙著保護那被誤導或錯置了的愚忠。你若將它投射於他人身上，他們便淪為你的階下囚；不過你的影響最多只是強化他們已犯的錯誤而已。

　　這段話別具深意！可惜它埋在第一章眾多訊息之中，經常被人忽略，但隨著《課程》的後續發展，這一觀念將開展成一個重要的主題。上主保證「我們的生命實相是純靈」，為什麼這會對我們構成威脅？原因無他，只因它宣告了小我的終結。這純靈生命正是聖靈在無始之始告訴我們、卻被我們一口否決的生命真相。我若是靈性，與上主是同一生命，豈不意味著自己所經驗到的「我」頓時失去了立足之地？因為在靈性或真理實相內是沒有「我」的，那兒只有上主，沒有個體、分裂、獨特或特殊性這些玩意兒。這個教誨極其簡單。接下來，〈正文〉就要指出我們不甘受教的真正原因。

　　最令奇蹟學員感到棘手的就是，大家都明白奇蹟的道理，也有了一些體驗，可是一碰到挑戰，還是忍不住生氣、批判、埋怨、選邊站，然後又忍不住自責：「我讀了這麼多年的奇蹟，〈練習手冊〉也操練了，怎麼還在幹這種事！」其實，這有什麼好驚訝的！如果我們真正修進去了，能夠放下怨尤而徹底寬恕，表示我心目中那個個體的我已不復存在了。這種挫折就是耶穌所說的「被誤導或錯置了的愚忠」，因為我們把自己的忠誠投給了小我，而非救贖原則；投給了分裂之境，而非聖靈。追究其因，還是脫離不了對上主的恐懼，深恐祂一臨在，個體之我必將銷聲匿跡。自從我們聽信了小我，任自我坐大，內心必然充滿罪咎，不得不把它投射到他人身上（順便一提，「**投射**」一詞在整部課程中首次出現於此）。正因如此，我們自然認為：「我所感到的罪咎千真萬確，你也該有同感才

對。」然而，上面那段引言卻明白告訴我們：「他人的小我作
了什麼選擇，不是我們的責任；可是，我們若作錯選擇而助長
了他們的錯誤選擇，那我們就得為此負責了。」在此，這個觀
點仍然只能點到為止，我們還會不斷回到這一主題的。

一體性

　　請看，奇蹟形上學的中心主題「一體性」在第一章便已上
場了。奇蹟要喚醒我們的正是「上主只有一個聖子奧體」這個
意識。雖然「一體性」無法直接呈現於二元或多元世界，它卻
能透過我們的慧眼，純粹著眼於上主聖子與生俱來的同一性而
反映於人間幻境。這個「同一性」即是：我們都具有同一個分
裂心靈，以及介於小我之念及聖靈之念之間的抉擇者。換句話
說，**不論是**在靈性境界或分裂境界，都只有一個上主之子。為
此，耶穌才會說：「寬恕他人，其實是在寬恕自己，從而憶起
自己的真實生命原來是上主整個圓滿生命的一部分。」這種一
體觀從〈正文〉一開始便已隆重推出：

(I.18,19) *奇蹟是一項服務。它是你能給人的至高服務。它是
「愛鄰如己」的一種途徑。你會由此同時認出自己與鄰人的價
值。*

奇蹟能將人心結合於上主內。這有賴於你們的同心協力，因聖

子奧體（Sonship）乃是上主整個造化的總合。為此，奇蹟所反映的乃是永恆之律，而非時間律。

　　《奇蹟課程》教導我們把他人的福祉視為自己的福祉，唯其如此，方能憶起我們的一體自性。這個觀念可說是全書的一貫要旨。要知道，我們的寬恕和愛如果排除了任何一人，無異於否定了上主造化原有的完美一體本質。《課程》開頭的這幾句話即將帶出後面更關鍵的論述。下面的〈正文〉引用眾所周知的「金科玉律」，首次闡釋「一體性」的觀念：

(III.6:1~7:3) 你會根據自己的所知所見而反應；你如何看事情，便會如何反應。聖經有一條金科玉律：「你願別人怎樣待你，你就怎樣去待人。」但前提是你們雙方都必須具備正確的知見才行。這一金科玉律著眼於行為規範的層次。然而，除非你的認知正確，否則是很難行不踰矩的。你和你的鄰人都是天下一家中的平等成員，你們如何看待彼此，便會如何對待彼此。你需要先認出自己的神聖本質，才可能認出對方的神聖性。

只有準備妥當的心靈才可能行奇蹟。因為心靈是相連的，它必能與所有的人相通，不論奇蹟志工本人意識到與否。由於救贖本身是一個絕不可分的整體，能夠將一切造化結合於造物主內，故奇蹟又具有「非個人」（impersonal）的性質。

　　是的，《奇蹟課程》的宗旨就是幫助我們培養出這種對待

他人的知見；後文稱之為**正知見**或**慧見**。耶穌一上場就請我們
以他的眼光來取代小我的肉眼之見，正如他在〈練習手冊〉一
開始就叮囑我們，切勿將任何人排除於奇蹟的寬恕及療癒之
外。我們對他人的任何批判，都會讓「我是該受天譴的罪人」
這種自我評判更加牢不可破，這種評判怎麼配套在我們以及整
個聖子奧體頭上？藉著「奇蹟」，耶穌教我們明白，自己的分
裂之念絲毫影響不了那足以癒合一體的救贖力量。即使我們尚
未意識到療癒的美好果實，救贖仍能透過我們的正念之心（亦
即奇蹟心境）推恩到渾然一體的聖子奧體，重申只有一位天
父，一位聖子；也就是只有一個造物主，一個造化。

　　下文再次闡述了聖子奧體的一體性，以及「**特殊性**」一
詞在正念心境下所涵攝的意義。〈正文〉到了下半部論及小我
的思想體系時，確實都圍繞著「特殊性」一詞打轉。但是耶穌
在此談到的特殊性，不在於我們有某種令人刮目相看的獨特才
能，而是基於我們全是唯一天父的同一聖子之身分。為此之
故，我們若將任何一人排除於上主聖愛之外，等於拒卻所有的
人於聖愛之外（包括我們自己）。總之，若非我們**全是**上主兒
女，否則沒有一人可以成為上主兒女：

(V.3) 在救贖大業完成之際，所有上主之子都享有一切的天
賦。上主是大公無私的。祂每一個兒女都享有祂全部的愛，祂
平白施予每一位同樣的禮物。「除非你們變成小孩子一樣」，
這句話的意思是，除非你徹底認清自己的生命完全依靠上主，

你是不可能知道聖子因著與天父的真實關係而擁有的真實力量的。上主之子的「特殊」之處在於它的包容性，而非排他性。我每一位弟兄都是特殊的。他們若認定自己受到了剝削，表示他們的知見已被扭曲了。一旦如此，上主的整個家庭或是聖子奧體內的關係都會因之受損。

「特殊」一詞經常影射了分化及判斷的心態，但這段話卻翻轉了它一貫的含意。上主所有的兒女在聖愛內都是同一生命，因為祂們**真的是**同一生命。只要有一位聖子迷失了，整個聖子奧體必隨之迷失。救贖，不過是幫助我們重新意識到天堂那包容一切的本質，取代了小我的排他性。小我始於瘋狂一念，它第一個要排除的對象就是上主。小我篡奪了天堂的寶座後，盡其所能地嘲弄上主，要上主按照小我「分裂、罪咎和懲罰」的劇本來配合它演出。可以說，新舊約裡的神就是如此編造出來的。幸好，真正的上主「想法則恰恰相反」（T-23.I.2:7），因祂深知自己的聖子和祂一樣圓滿而神聖，而奇蹟正好為我們顯示出這一真相。

(V.4) 究竟來講，上主家中的每一份子終將認父歸宗的。即使在他尚未回歸靈性之際，奇蹟仍然祝福他，向他致敬，不斷喚他回家。「上主是不可輕侮的」，這並非警告，而是一種保證。如果你說上主的任何一個創造不是神聖的，那才是對上主最大的侮辱。造化是一個完整的生命，神聖性則是完整生命的註冊商標。而奇蹟等於在為聖子奧體的圓滿富裕之境作證。

　　正因如此，奇蹟不僅幫助我們重新憶起圓滿富足的實存境界，而且知道自己不曾須臾離開此境，除非我們自甘沉淪於分裂、失落、匱乏以及羞辱的噩夢。奇蹟就這樣讓我們欣然覺醒於圓滿富足的生命真相。

　　最後，我要做個總結：儘管〈正文〉前幾章的行文用詞比較彆扭，但已經開始為後面的主軸大戲撒種佈局了。〈正文〉有如交響樂，一開場就推出它貫穿全曲的主題──奇蹟之所以具有療癒、修正以及化解分裂之大能，在於它不認可萬物的差異。所有的問題其實都是同一個問題，也是唯一的問題，因為我們只是反覆重演當初選擇小我而拒絕聖靈的那一刻罷了。幸好，任何一刻也都給予我們修正這一錯誤的機會而憶起我們的本來自性。請記住，這個修正只可能發生在心靈層次，亦即上主唯一聖子的真正家園；它不可能在身體層次大動干戈，因為那是小我「分裂、歧異及判斷」整套思想體系的大本營。

第二章

分裂與救贖

導　言

　　現在，我們要進入這首莊嚴偉大交響曲的第二樂章了，其中有不少精彩之處，各位且拭目以待吧。這一章可謂獨樹一格，它不只重述了開篇「前奏曲」的概要，更為整部課程的思想體系作了一番全面的導覽，其中包括天堂之境、小我體系的形成以及體系內的謬誤、由此謬誤妄造出失心的身體、再用怪力亂神來治療身體這類錯誤，最終，藉由認清自己的錯誤而選擇奇蹟；至此，我們便踏上了歸鄉之路。可以說，本章大體上重述了一遍「前奏曲」的概說，雖然文體風格有欠統一，用詞略嫌生澀，觀念的銜接也不夠緊湊通暢。關於這點，我在前面已經解釋過，原因是海倫在事後刪除了耶穌給她及比爾的私人訊息。儘管如此，它仍不失為一篇精彩的概論。

　　第二章另有一大特色，它是《奇蹟課程》首次論及心靈的力量而且切入最深的一章，它還進一步警戒我們，切莫貶低了心靈的大能。不言而喻的，耶穌一開篇就向海倫、比爾以及所有人鄭重提出這個核心觀念，必定有他至為深切的用意的。「心靈能力」這個關鍵主題正是本章的重頭戲，後文還會不斷補充深入。我在「前奏曲」那篇說過，耶穌堪稱為交響樂大師，對於心中的主旋律，他完全懂得如何逐步展現，漸次鋪陳，終而交盪出整首樂曲震撼心靈的強大力道。

　　在開始逐句詮釋以前，讓我們回到那張「奇蹟課程思想體系圖」。我要藉著圖表，先點明本章幾個核心主題，再回到課文，針對這些觀念做一些補述。我們先從圖表上方開始，也就是天堂之境——緊貼著橫線之上，是「因」的層次，上主是一切之「因」，而祂的聖子，亦即基督則是「果」。後文還會補充說明，上主不僅是第一「因」，而且是**唯一**的「因」，祂居三位一體之首，又是三位一體的唯一份子（T-14.IV.1:7~8）。本章一開篇便推出天堂的運作法則——推恩（亦即創造），充分表露出上主與聖子的「因」與「果」之關係。自我延伸或推恩乃是愛的本性，上主之愛推恩的結果便成了祂的造化——基督。基督擁有與天父相同的創造能力，故基督也能同樣地創造，而推恩的結果即是「基督的創造之工」。

　　雖然《奇蹟課程》不斷提到愛的推恩，但推恩的奧妙過程卻遠遠超乎人類的理解。天堂的本質乃是完美的一體，上主與

基督是同一生命，「因」與「果」必然一體不分。耶穌再三告
訴我們，正因那種境界超乎我們的理解（T-25.I.5~7），故不得
不借用二元性的詞彙幫我們體會天堂。創造只可能發生於實相
境界，徹底超越時空領域；那才是唯一存在的實相，只不過，
它那超凡的運作法則不是我們凡夫所能一窺堂奧的。

　　這一章的起頭相當引人注目，耶穌竟然使用「**投射**」一詞
同時形容上主以及分裂妄心的行動！這顯示出海倫當時的筆錄
功力不夠純淨。根據她的手稿，耶穌只在**投射**一語作了「適
當」與「不當」的劃分，到了後來才改用**投射**和**推恩**兩個涇渭
分明的詞彙，前者限用於小我的運作，後者則專指上主的造化
大能。然而，後文談到夢境時，耶穌卻把「**推恩**」用在聖靈的
療癒任務上。我們在第一段已看到耶穌提及小我誤用心靈的真
實力量時，特意加上「扭曲」一詞來修補前文用詞的瑕疵。

　　本章開宗明義的論點，其實就是第二十七章所謂的「小小
的瘋狂念頭」（T-27.VIII.6:2），亦即天人分裂之念。這一念，
具體而言，便是聖子心裡的陣陣嘀咕：「我裡面好像缺了什
麼，就算在天堂裡也有所不足，因為我不是第一因，也不是造
物主。」這正是最原始的缺乏感──縱然天堂永遠富足、圓
滿、完整無缺，不可能欠缺任何東西，然而上主之子不只認定
自己缺少了什麼，而且上主也不會替他填補這一缺憾，他只能
憑靠自己了。小我的思想體系就是由這個誤解而滋生的，形塑
了一個虛妄的我，最後營造出整個宇宙奇觀。就是這個若有所

失之念，以及必須自行彌補的感覺，把我們逼出了天堂而落入小我的魔土。雖然《奇蹟課程》從頭到尾不知重申了多少遍「分裂不曾發生過」這個觀念，然而，這張圖表卻明明白白告訴我們，自以為天人已經分裂的妄念導致心靈分裂，出現了小我與聖靈兩種不同的聲音。我們知道，小我永遠先聲奪人，還會為自己的成就沾沾自喜：「我總算讓聖子自立自主了！」我們在「前奏曲」已經討論過，聖靈對此只會一言不發，因為什麼也未曾發生，聖靈自然無從回應，也無需防衛抵制什麼了。終究，這才符合「救贖」的原則。

聖子對於聖靈的回應方式（更準確地說，是「不回應」）萬分切齒，當即轉身投奔小我；於是，夢境就此展開了。可想而知，小我最大的隱憂莫過於聖子可能回心轉意，故它必須設法防堵這種威脅，因而佈下一連串的防衛機制。首先，他編出一套「**罪、咎、懼**」的神話，劇情如下：天人分裂了，而且態勢嚴重，引發了聖子極深的罪咎感，開始害怕上主的懲罰。同時，那位盛燃義怒之火的上主，不置聖子於死地是不會善罷甘休的，聖子不得不趕緊想出對策，否則必會萬劫不復。這就是小我神話的核心。

這時，小我伺機向聖子獻策：「只要逃出心靈，另起爐灶，打造一個世界來藏身，便能躲開上主的怒火了。」圖表裡的「世界」就是由分裂妄心那個方框裡的「罪咎懼」投射出去的，它成為小我替聖子打造的新家。從此，我們以為自己只是

這具身體，再也不是心靈了。事實上，身體就是天人分裂之念不折不扣的化身，雖然應現於世上，但它仍然受制於小我妄念方框裡的「罪咎懼」，以及它那一套運作法則。換句話說，身體及世界所面對的問題，正是令心靈忐忑不安的那個問題。說得露骨一點，世界**就是**那個問題。不幸的是，我們被小我打入永遠的失心狀態，完全記不得自己本是心靈，更想不起世界和身體究竟是如何幻化出來的。沒有比這更陰險的計謀了！從此，我們認定自己就是這一具身體，分分秒秒只會緊緊盯著自己在世間所面臨的問題。

本章也用了不少篇幅向我們解釋：奇蹟是怎麼化解心靈與身體的「層次混淆」。身體的問題不外乎匱乏或失落。可還記得，天人分裂就是始於聖子認定自己欠缺了什麼，如今，這種失落感呈現在生理與心理兩方面，例如氧氣、食物及水等等這類的生理需求，以及我們渴望從人際關係索取特殊性這類的心理需求（這一主題要等到交響曲的後半段才會隆重推出）。

小我不時警告我們：「大事不妙了，而且迫在眉睫！」顯然的，所有這些出岔的問題全都跟身體有關，自然也只能從身體下手對治。這種解決「假」問題的手段，《奇蹟課程》一概視之為怪力亂神（magic）。我們馬上就會看到，這些怪力亂神的手法，最後不過是要證明：「身體不只真實無比，它的問題還層出不窮；所有的問題以及解決方案，也都離不開這個生理與心理構成的形體世界。」不消說，凡是在這一層次找到的

答案，從來沒有真正解決過問題。看吧，我們依舊活得痛苦不
安，內心的焦慮、罪咎以及自我憎恨分毫未減。再說，我們與
自己或他人的形體所建立的種種特殊關係，到頭來又何曾滿足
過我們！這話一點也不假，不論我們怎麼做都消除不了這股無
明的焦慮，只因它源自人心根深柢固的罪咎，更直截了當地
說，就是那個**我們自認有罪的錯誤決定**。問題真正的癥結在
於：我們對隱藏在心靈深處的這個決定一無所知，因此也壓根
兒無從解起。

　　有朝一日，我們終會看清人間是個死胡同，進而開始探
索「另一條路」的。本章有兩處具體的描述，形容我們絕望地
撒手投降，看清人間的努力不過是一場無謂的掙扎，決心另闢
蹊徑，只是，縱然出路擺在眼前，自己依舊懵懵懂懂。如今，
我們總算準備起步了，心內那一道封鎖已久的大門好似豁然開
啟。〈練習手冊〉第一百二十一課「寬恕是幸福的關鍵」中特
別提到：寬恕即是開啟封鎖之門的鑰匙，而隱身在門後的，
正是藏有一切問題及解答的心靈。《課程》的招牌術語「**奇
蹟**」，指的正是返回心靈的過程，它令我們幡然明瞭，原來問
題並不在外面的形體世界，於是，身體與心靈之間的層次混淆
便自然而然化解了。

　　這正是本章的精髓所在。我開篇即已說過，本章不僅闡述
了幾個核心理念，還進一步點出我們經常落入的陷阱。雖然這
一章原本是給海倫及比爾的訊息，它其實也答覆了每一位奇蹟

學員所面臨的問題──我們真的不知道拿自己的身體怎麼辦，更別提如何療癒它了；我們若非否定身體，就是過度重視它，總是在這兩極之間搖擺不定。

　　現在，讓我們回到圖表，並且根據相關的章節申述一下剛才提到的幾個觀念。此刻，先從圖表上方的「一體性」開始。

一體性

(VII.6:1~3) **切莫忘記，上主只有一個聖子。既然一切造化都是祂的聖子，那麼每位聖子必是整個聖子奧體中不可缺席的一份子。聖子奧體的整體性遠遠大於各部分的總和。**

　　表面上來看，耶穌在此好似自相矛盾，前面一句才剛說「上主只有一個聖子」，接著卻說「都是祂的聖子」（譯者註：英文採用複數），這類看似矛盾的說法，在整部課程，可謂屢見不鮮。若由實相層次來講，確實只有一位聖子，因為天堂沒有分裂或差異這一回事。〈練習手冊〉也曾如此描述：「祂所創造的一切，從未離開過祂，你絕對找不到天父的盡頭以及聖子獨立出去的那一點。」（W-132.12:4）既然如此，為何書中卻又多次提到上主的許多聖子？究竟的答覆要等到〈正文〉的後半部才會出現，這裡只先給予一個間接的答案──只因我們自認為活在一個充滿百千億個聖子的世界裡。雖然《奇蹟課

程》擺明了是寫給人類看的，但我們要知道，所謂聖子奧體，
絕對不限於我們這種人類而已，它還包括所有的有機生物，甚
至涵蓋了一切「有相」之物，比如地球、太陽系、銀河星系，
甚至宇宙**所有**的星系。只因我們認定上主有很多的聖子，《課
程》就順應我們的理解而權宜闡說；耶穌也多次解釋過，他唯
有如此措辭，我們才可能聽得懂，也才可能會「有動於衷」。
但無論如何，他仍希望我們至少在理性上明白，只有一位聖
子，而且這位聖子永遠保有上主當初創造他時所賦予的一體無
間且毫無分別的生命。那是我們在分裂之前的本來面目，不論
小我的妄心如何投射或分化，生命的本然始終不變。總歸一
句，既然上主只有**一位**聖子，這位聖子必然圓滿無缺，因為祂
一直活在圓滿無缺的天父內。正如同下文所要告訴我們的，祂
內不可能存在著虛無：

(I.1:4~6) **在你內，虛無沒有藏身之處。你如此肖似你的造物
主，必然充滿創造力。上主兒女不可能失去這種能力，因為這
是他與生俱來的稟賦；然而他卻能妄用創造的天賦，把它扭曲
為投射。**

　　只要順著〈正文〉讀下去，自然會明白耶穌口中的**創造**與
世人的創造觀念大異其趣。真正的**創造**能力，唯上主及其聖子
獨有，聖子的創造即是在愛中自我推恩。正因如此，世人很難
領會天堂的究竟真相，但耶穌仍會不時輕描淡寫地為我們講解
創造與推恩的意義。下文即是一例：

(I.2:3~8) 凡是上主創造之物，必然肖似於祂。上主兒女的推恩能力，只因同樣出自上主，故與他由天父承繼而來的內在光輝異曲同工。它的真正源頭出自心內。不論是天父或是聖子，都是如此。由此推之，整個造化不只包括上主創造的聖子，還包括了心靈已痊癒的聖子所創造的一切。這一切都是靠上主賦予聖子的自由意志，因為所有愛的造化皆同出一源，來自上主平白的恩賜。為此，造化的每一部分都屬於同一層次。

再提醒一次，切莫拘泥於這段話的字面意義。有關「上主」的各種描述，首推〈練習手冊〉這幾句話最為道地：「我們只能說：『上主永恆如是。』然後便緘默不語，因任何言語在那真知之前完全失去了意義。」（W-169.5:4）請注意，上述解說最多只能算是一種比擬而已，因為「道可道，非常道」。完美一體生命之內的創造「過程」，在人間根本找不到相近的譬喻，耶穌只好採用二元的概念與詞彙，遙指創造之境。我們只需了解，基督具有和上主一樣的創造力，因為祂們是一體不分的同一個生命。正因它們「同出一源」且結合在同一靈性內，故一方擁有的特質，另一方必然也有。

在此，我們又看到《課程》為基督教觀念賦予了新意。傳統神學一向用「**自由意志**」來解釋原罪的起源（上帝賦予亞當夏娃自由意志，他們可以選擇接受或是拒絕上主之愛），但這一段話以及第三十章第二節所標舉的「自由意志」，卻直指天堂境界，在那裡，聖子擁有創造的自由意志，不論小我多麼狂

妄地幻想出分裂及篡位這類荒唐的戲碼，也絲毫損傷不了聖子的創造力。

　　簡而言之，在完美的一體之境，「好似」出了什麼狀況，聖子起了**小小瘋狂一念**，認為自己與造物主及生命的源頭決裂了；然而，在實相中，什麼也未曾發生！

小小瘋狂一念

(I.1:7~8) 每當你相信自己有所欠缺或虛無，並且企圖用自己的觀念（而非真理）去填滿虛無時，推恩能力便被扭曲為投射了。扭曲過程通常會歷經下面幾個步驟：

　　除了上面這一段話之外，我們再也不會看到「扭曲的推恩」這種說法了，因為《課程》已經改用「投射」作為小我的專用語。

　　耶穌所提到的四個步驟並非四件不同的事，只是以不同方式來描述聖子的傲慢心態——他認定上主的創造不夠完美、有所欠缺，唯有自己知道如何替上主彌補這一缺憾。

(I.1:9) 首先，你相信自己的心念改變得了上主的創造。

　　我們不僅不滿意上主的創造，更嚴重的是，我們還以為自己知道問題出在哪兒，也知道該如何修補。換句話說，聖子的

心靈已經錯亂到這一地步，竟然相信自己比全能的上主更有辦法（T-29.VIII.6:2）。

(I.1:10) 其次，你相信完美之物可能變得不完美或有所欠缺。

正是這種傲慢，令小我相信自己能夠重新改造上主所創造的完美聖子。

(I.1:11) 其三，你相信你能夠扭曲上主的造化，包括自己的生命在內。

上主的造化——基督，不僅完美、自成一體，而且與造物主一體不分。就在小我相信自己成就了一項不可能的壯舉——與上主分庭抗禮，它便自以為已經扭曲了上主的造化；對此，《奇蹟課程》給它一個名稱——**妄造**（miscreation）。不過，這個術語在〈正文〉中很快就遭捨棄，改用另一同義字「營造」（make，也譯作「打造」）來取代。此後，**營造**及**創造**各有所指，絕不混用。回頭看第一章「奇蹟原則」所說的：小我只會營造，唯有靈性才能創造（T-1.I.12）。可以說，《課程》在開卷伊始就已經為營造及創造做了基本的分野。

(I.1:12) 其四，你相信你能夠創造自己，你想把自己創造成怎樣，完全取決於你。

換句話說，我們相信自己完成了不可能的任務，篡奪了上主的造物主身分，改造了祂「不夠完美」的作品，將祂的存在一筆勾銷。第三章的尾聲提出一個重要的心理學議題「**主權**

問題」，當然，耶穌談論的深度廣度，遠遠超過世間的觀點。
「主權問題」可以說是人類對上主最大的心結，因為它所追問
的是「誰是我生命的創作者」這個根本的大哉問。小我的答
案當然是「**我**」，「我才是生命的創作者」；心靈則深深不以為
然，因為它知道自己才是真正的創作者。雖然上主對這一切一
無所知，但在我們的心裡，自己正與上主進行一場生死決鬥，
誰戰勝了，誰就擁有自己的至高主權。這是我們在人間和各種
權威產生矛盾衝突最源頭的起因。這一點到了第三章會再深入
討論。

(I.2:1~2) **這一連串的扭曲最後呈現給你的圖像，就是分裂的世
界或「恐懼的歧途」。分裂之前，這一切根本不存在，即使當
下此刻，它其實也不存在。**

　　當耶穌提到分裂世界裡具體發生的事件（即「呈現的圖
像」），他當然不是指分裂真的發生了，因為他在下一句立刻
澄清：「分裂之前，這一切根本不存在，即使當下此刻，它其
實也不存在。」各位可還記得我在「前奏曲」論及分裂時，也
引用過〈教師指南〉的這一段話：「在時間領域內，那是發生
於很久以前的事。在實相裡，它從未發生過。」（M-2.2:7~8）
這一句話包含了兩個層面：在幻相或夢境中，它發生於遠古之
前；但在夢境之外的實相裡，它根本不曾發生。不如說，這是
一個無解的悖論，我們若企圖調和兩者，等於聲明「在真相及
幻相之間，是可能找出兩全之道的」，如此一來，表示我們又

把分裂後的二元世界弄假成真了。

　　天人分裂這個**小小瘋狂的念頭**隱含了匱乏之念，認定天堂是有缺陷的。聖子隨之大聲附和：「我知道問題出在哪兒，也知道如何解決！」我們不難看出，這正是人類在現實人生天天上演的戲碼，不論是自己的還是世界的問題，我們真的認為自己知道問題何在。每個人處理問題的技巧雖有高下之分，但上自總統，下至平民，每個人多少都認為自己知道問題出在何處；更荒謬的是，我們還自認為知道如何解決。這種既傲慢又狂妄的心態所反映的，正是前文所說「上主及小我之間的主權之爭」。

　　自從小我相信它完成了不可能的任務以後，便開始忙著打造自己（更準確的說，是「妄造自己」），企圖取代上主創造的神聖偉大之自性，從此，心靈便分裂了。第三章用**妄念之心**與**正念之心**這兩個名詞來指稱這一分裂，妄念之心代表小我的思想體系，正念之心代表聖靈的體系。於是，聖子面臨了一個重大的抉擇，他究竟該聽從哪個聲音，該認同哪一套思維？一個聲音告訴他，分裂真的發生了，他現在擁有的個體身分就是一個明證；另一個聲音只向他微微一笑，透過救贖原則，讓他明白「什麼也沒發生」。不過，這位微微一笑的聖靈，還要等到第五章才會在我們的交響曲中正式登場。

對救贖的恐懼

　　本章有四段話為我們道出聖子寧捨聖靈而選擇小我的理由。我們先前約略談過「對救贖的恐懼」，隨後幾乎每一章都會繼續論及這個主題，由此可見它有多麼重要。我們不僅在理論上需要明白其中原委，還需要看清自己在舉手投足間全都反映出天人分裂以及我們對救贖的恐懼，這種恐懼簡直如影隨形，片刻不停。我們必須捫心自問：「何以自己如此用心修練《課程》（或任何靈修法門），卻依舊執迷不悟地選擇小我而漠視聖靈？」

(I.4:6) 假設有一盞明燈突然照到正在作噩夢的人身上，他必會把燈光詮釋為夢中一景而更加恐懼。

　　早在1899年，佛洛伊德便在《夢的解析》一書描述過這一現象：當人們進入沉睡而不想醒來時，會把干擾睡眠的外界刺激，例如有人開燈、電話鈴響，甚至是尿急這類生理刺激反應，通通編進夢中的情景。正因人們不想醒來，才會設法把外在的刺激納入夢境，以便繼續沉睡下去。佛氏稱之為「因應之夢」（dream of convenience）——夢境的功能之一，就是護守人們的睡眠狀態。耶穌這段話所指涉的正是這個意思。

　　然而，耶穌所說的，絕非一般的睡夢，而是指天人分裂之夢。想一想，人生大夢最可怕的威脅，莫過於救贖的光明，因為它會把我們從夢中喚醒，從而熄滅了特殊之我的「光明」。

由此可知，我們真正害怕的其實是甦醒。那道會撼醒分裂之夢的光明一旦照在我們身上，必定會引發恐慌，只因我們早已全面認同於夢境。更關鍵的是，我們和夢中的「英雄」——身體，認同得如此之深（T-27.VIII），必會想方設法把救贖之光編進夢中情景。下一章的「救贖無需犧牲」那一節，具體談到基督教的救贖觀，它把耶穌的真救贖扭曲成需要付出代價的小我救贖。從此，犧牲的觀念便成了咎與懼之夢的重頭戲。

此刻，我忍不住要再說一次，前面這幾章實在精彩！雖然我提過，這幾章的筆法不夠流暢，它們卻為全書幾個核心觀念破題開場，其中一個至關重要的觀念就是「把光明帶入夢境，成為夢中一景」。說穿了，每一個夢境，都是想證明世界的真實性，而且，活在世間的每一個人也都真的存在。因此，我們接下來就會讀到，自己是如何把救贖納為夢中一景，這樣我們就不必從夢中甦醒，從而躲開了此生唯一的責任——接受救贖。簡單地說，「把救贖納為夢中一景」的具體手法，就是把上主拉到世界裡來。根據《聖經》的描述，我們的終極源頭不只在夢境中大展神威，還自命為物質宇宙的造物主，甚至連祂的代表人物，比如耶穌、聖靈以及先賢諸聖等等，也都一起加入了人間混戰，若不是忙著助我們一臂之力，就是嚴厲懲罰我們的罪過。

不幸的是，許多奇蹟學員也陷入類似的迷思，人人都想要延續「個人」的「分裂」之夢，想方設法把耶穌或聖靈拉入夢

境，插手解決人間的困境。我們馬上就會看到，耶穌一開始便告誡海倫，不要請求他插手干預這類人間事，特別是，切莫求他消除我們的恐懼，那對我們只有百害而無一利。他要說的是：「你只能請我幫你除去造成恐懼的『基本前提』，也就是心靈作出的那個分裂決定。」遺憾的是，我們並不真的想從物質世界的大夢醒來，以至於想盡辦法把原屬夢境之外的真理之光硬拉到世界裡。這麼一來，不只保全了小我之我，更鞏固了個體之夢。

　　只要繼續讀下去，我們便會看到問題的癥結：

(I.4:7~9) 直到甦醒之後，他才會正確地了解那光明，因為他已經脫離了夢境，夢裡的種種頓時顯得虛幻無比。這一解脫不是藉幻相之助。而是靠真知的光照，它不僅還你自由，還清清楚楚地讓你看到自己本來就是自由的。

　　我們並不真的想要從夢中甦醒，這才是一切問題的病根。內在始終認同小我的那一部分心靈，它心知肚明，我們一旦聆聽了聖靈，必會恍然大悟，原來自己除了**想要分裂而寧可昏睡下去**這個問題以外，並沒有任何其他的問題。我們都有類似的經驗，夢境多麼容易讓人迷失，只要一掉入夢中，就會認為所有問題都源自世界，絲毫想不起自己是怎麼落入當前困境的。我們絕大多數自詡為靈修之人，最高明的招數就是把上主一起拉入世界裡。除此以外，我們一無所知，甚至不知道自己正在作夢。我們只會這麼想：「把上主拉到**這兒**來才顯得我有

靈性，不論是國際性的戰爭、饑荒、傳染病，還是我自己的身體或愛人的問題，都該祈求上主到**這兒**來施以援手。」當我們忙著如此祈禱，小我可高興得手舞足蹈，因為我們又中計了。小我就像人間戰場的高手，終日忙著設下圈套，它唯一的目標就是把我們套牢在人間。它知道，若想讓我們死心塌地留在夢中，最有效而且百試不爽的方法就是把上主以及祂的代表（耶穌及聖靈）一起拉入世界，跟我們廝混。如此一來，正念之心的記憶（也就是令我們自由的真知），也隨之被打入夢中的黑牢，永不見天日。

我們看到，耶穌在傳遞《課程》之初，就已耳提面命：「切莫落此陷阱！」他再三提醒，我們真正渴望的是從夢中甦醒，而不是在人間編造美夢。

(II.7:1~5) **救贖是一種全面性的承諾。它很可能讓你聯想到某種「失落」，所有與上主分裂的聖子多多少少都犯了這一錯誤。人們很難相信沒有反擊能力的防衛措施才是最上乘的防衛。此即福音所言「溫良的人將要承繼大地」之意。這個力量會使他們所向無敵。**

聖靈無意打擊小我或指正它的錯誤，祂只會輕聲一笑說：「沒什麼好修正的，反正什麼也沒發生，你仍安居上主的家園，只是作了一個放逐之夢而已。」（T-10.I.2:1）不幸的是，我們神智不清地認為，這種真相實在「太衰」了，也「虛大」了。可想而知，站在小我的立場，一旦失去自己的個別身分以

及特殊性，絕對是一種損失。然而，小我的謊言與救贖的真理之間沒有妥協的餘地，**非此即彼**。正因謊言與真理無法兩全，我們終於了解當初那「唯一」聖子為何會選擇小我，並且明白自己為何會在線性的時間幻境中不斷犯著同一錯誤，只因我們在世間的每一項作為，其實都是當初「我不願放棄自我」那一決定的零星倒影。唯有真正溫良謙虛的人才可能看穿小我的虛張聲勢，轉而接受基督自性的力量。這一主題，我們留待後文再深入探討。

　　我們再度看到，這首交響曲一開場就毫不含糊地推出了幾個核心觀念。耶穌知道我們最會裝聾作啞，置若罔聞，故同一主題如此刻意不斷反覆重現書中。總而言之，我們最好把〈正文〉當作交響樂來欣賞，方能領略《課程》結構上這種巧思，同一主題竟然能透過不同的場景，以這麼多樣化的形式一步一步推陳出新，實在讓人嘆為觀止。

(V.1:1~2) 奇蹟志工（miracle workers）在展開他們在世的任務以前，必先充分了解人們對解脫的恐懼。否則他們會無意中助長了人心中根深柢固的信念：「解脫不過是另一種束縛。」

　　雖然耶穌意在幫助我們從小我思想體系的束縛中解脫出來，不過，他必須先化解人們對解脫的**恐懼**。因為我們全都害怕自己一旦跟隨了耶穌，聽信聖靈那一套，必會得不償失；也萬分擔心被上主綁住而失去自由。只因小我早已警告我們：「天堂沒有自由，你在那兒不能為所欲為或暢所欲言，你連自

己的念頭都沒有，因為在上主的極權統治下，不允許你與祂有不同的想法。倘若違背祂的旨意，只有死路一條。」

　　縱然這是小我的一派胡言，人類歷史卻處處迴盪著這一妄念思維。我們歌頌自由，但僅限於身體的自由，很少人真正在意心念上的自由，然而，那才是唯一真實的自由；缺了那種自由，獄卒和囚犯只能一同坐困牢籠。唯有從罪咎、痛苦、仇恨與死亡的噩夢解脫，才算是真正的解脫。但在選擇這種自由之前，我們總得意識到，自己是有能力作出選擇的。奇蹟的任務正是要幫助我們明白，自己內心具有從牢獄脫身的能力。毋庸贅言，外面並沒有什麼監牢，也沒有人把我們囚禁在牢裡；我們其實是被心靈的「抉擇者」拘禁的。如今，我們總算明白了事情的原委，只因自己深信監獄裡面才有自由，絲毫意識不到小我本身就是一座監獄。〈正文〉第八章有一節，專門討論「禁錮與自由之別」（T-8.II），它特別點出，小我宣稱只有分裂的思想體系才能解放我們，而所謂的自由對我們其實是一種禁錮。正因如此，我們時時刻刻需要聖靈溫柔的提醒：「小我給予你的並不是自由，而是束縛；唯有我，才能帶給你真正的自由。」

(V.7:1)「修正性的學習」有賴於靈性的覺醒，不再信賴肉眼之見。

　　「不再信賴肉眼之見」，等於選擇了基督的慧見，也就是第三章第二節所謂的「正知正見」。這一主題等到交響曲後段

再深入討論。

(V.7:2) 這常會引發人心的恐懼，因為你害怕靈性之見可能顯示給你的真相。

「靈性之見」（spiritual sight）一語是早期比較粗糙的用語，後來一律改為「慧見」（vision）。我們之所以害怕「靈性之見」，只因救贖之眼會令我們恍然大悟，這一切原來只是一場夢而已；所有世間的悲慘，只不過是分裂後的痛苦心靈投射在人間的恐怖倒影罷了。我們若真的願意和聖靈一起正視，不只眼前的慘境就此結束，就連這個千辛萬苦掙來的獨立自主且與眾不同的「我」，也跟著告終了。

總之，本章至少有四處談到我們對救贖及其解脫所懷的恐懼，因為我們擔心自己會透過聖靈之眼發現問題並不在外面那個世界，它根本就在自己心靈內。心靈隨時都能重新選擇，這無疑正是小我最大的隱憂，為此之故，小我必須處心積慮防範這個「慘狀」發生。

防衛機制

海倫和比爾都是臨床心理學家，奉精神分析為圭臬，耶穌便借用他們熟悉的心理學理論及詞彙切入話題，不斷賦予新意。其實耶穌在引用《聖經》時，也往往採取類似的手法，例

如他重新詮釋了「邪惡之輩必將喪亡」這類駭人聽聞的聖經之言，卻將可怕的警告轉為愛的教誨。耶穌也很善於利用小我的言詞而賦予不同的意義，他在這兒只是牛刀小試，到了第二十五章「特殊的任務」那一節才大展「賦予新意」的身手，解釋聖靈是如何利用小我傷人的舉止，轉變為療癒的工具（T-25. VI.4）；又如何把「特殊關係」轉化為學習「特殊的寬恕任務」的人生教室。在本章，耶穌使出他的一貫手法，採用一般的心理詞彙，卻賦予嶄新的意義。最具代表性的例子即是採用了佛洛伊德的招牌術語「防衛機制」（defense mechanisms），分別運用在妄念之心以及正念之心上頭。現在，讓我們先看看小我的防衛手法。

小我的防衛手法

(III.1:2~4) **自從天人分裂以來，人類的防衛措施幾乎全是用來「防禦」救贖的，如此才能繼續分裂下去。人們通常都以身體需要保護作為防衛的藉口。「誤以為身體可以充當救贖的工具」這一扭曲的信念，使心靈對身體產生種種不實的幻想。**

大致說來，小我所有的作為都屬於一種防衛措施，旨在防止我們選擇救贖。因為它很清楚，自己的存活完全憑靠聖子心靈中的抉擇者決定聽信它那一套；然而，正因聖子隨時可能改變他自己的決定，這便成了小我的心頭大患。為此，它必須趕緊打造一系列的防衛措施來保護自己，根本不給聖子機會去發

揮心靈本有的能力，進而改變妄念之心所作的選擇。防禦伎倆
最高明的一招，就是把聖子打入「失心狀態」，令他意識不到
自己原是心靈。從此，聖子認同的只有這一具身體，受制於大
腦器官，徹底遺忘了自己其實純屬一念，只受心靈的管轄。若
要讓此計得逞，小我先得嚇唬聖子，說心靈是個「險區」，繼
而慫恿他三十六計走為上策，而且永遠不敢回頭。小我和人間
所有明師一樣，深知學生需要「動機」才肯好好學習；其實，
耶穌使的也是同一招數，不斷加強學生的學習動機。所不同
的，耶穌用愛來激勵我們，小我則用恐懼。它恐嚇我們天人真
的分裂了，我們若還逗留在心靈內，必會遭受滅頂之災。

　　為此，小我架起了它的**第一道防線**，就是我們常說的罪咎
懼三部曲。切莫忘記，這純是小我捏造的故事，絕非事實。罪
咎懼的故事貫穿了整部課程，因此我們還會不斷回到這個主
題。此刻，我們只需要記住，罪咎懼的目的即是令我們深信不
疑，自己若留在心靈內，必定死無葬身之地。小我開始為我們
編造故事，說我們犯了褻瀆上主之罪，飽受罪咎折磨，深恐上
主會毀滅我們，也因此，我們若留在心靈內，上主順藤摸瓜，
必會發現我們從祂那兒盜取的「我」。這種對天譴的莫大恐
懼，成為人間所有恐懼的源頭，它驅使我們逃離心靈，另外打
造一個肉體的世界來充當棲身之地。

　　第二道防線，就是身體。要知道，身體的作用就是不讓我
們與內心的罪咎會面，永遠兩相隔離；也正是這個咎，令我們

與救贖絕緣。整體而言，佛洛伊德劃時代的貢獻，就是為世人解開防衛機制之謎。縱然他未曾深入探索，明白這套防衛機制最終所要抵制的其實是救贖，但他非常清楚防衛機制的威力。此外，多虧他讓世人明瞭「**投射**」的觀念；可以說，倘若沒有這個觀念，就沒有現在這部《奇蹟課程》。接下來，讓我們談談救贖，也就是正念之心所使用的「否定手法」。

正念之心的否定手法

　　小我的防禦伎倆不外乎攻擊；而這套攻守的教戰準則，是為了掩護小我慫恿我們抵制罪咎懼的那套彌天大謊。相對於此，救贖可說是另一種防護機制，它讓我們明白：自己無需抵制，更沒有防禦的必要。可還記得那句美麗的奇蹟金言：我們「正安居於上主的家園，只是在作一個放逐之夢而已」（T-10.I.2:1），這就是救贖的防衛機制，它將我們從罪咎之夢喚醒，令我們了悟什麼事也沒發生。小我則恰恰相反，它教我們如何「壓抑」，如何「否認」心裡的罪咎感，結果反倒讓罪咎之過顯得更加嚴重。然後小我再加碼告訴我們，那個罪過並不是自己，而是別人犯下的錯。聖靈的「否定」手法則反其道而行，它毫不隱瞞，只是否定小我所宣稱「天人已經分裂」那個虛偽的真理而已。

(II.4:1~3) 只有救贖的防護作用不會為你帶來後遺症，因為它的實踐方法不是出自你的手。救贖原則遠在它啟動之前便已存

在。這原則即是愛，救贖只是愛的行動而已。

第三章的開篇之論：「完成救贖之功的，不是十字架上的死亡，而是復活。」（T-3.I.1:2）與上述這段引言相互呼應，它為我們指出，救贖原則乃是針對分裂才應運而生的「修正」管道。《奇蹟課程》在他處曾將這一救贖原則擬人化，將它描寫成上主針對小我罪咎之夢而造出的聖靈。至於已從夢中覺醒的耶穌，代表聖愛本體的「**行動**」，他可以說是救贖原則在人間的具體化身。

(II.4:4~9) 在分裂之前，不需要這種行動，因為時空的信念尚未出現。直到分裂之後，方有救贖計畫以及完成救贖的種種必要措施。那時人們才需要這種防護的妙策，人們有可能拒絕它，卻無法誤用它。因此，即使被拒絕了，它也不會像其他的防衛機制一般，即刻轉變為攻擊的武器。為此，救贖成了唯一不具雙面刃的防衛措施。它只會帶給人療癒。

小我有如一把雙刃之劍，它所提供的防禦措施好似暫時解決了我們的問題，其實，因它不斷提醒我們要隨時戒備，反倒使問題顯得更加嚴重。第十七章說得更是一針見血：「最重要的，你得明白一個關鍵，所有防衛措施所『做』的，恰恰變成了它們所『防』的。」（T-17.IV.7:1）耶穌在此為我們對比了兩種否定，或說是兩種截然不同的防衛手法：小我先把分裂及罪咎弄假成真，再教我們一套不受分裂及罪咎所苦的伎倆——打造出世界與身體，如此一來，反而更加鞏固了人心深藏不露

的分裂信念，所以才說，這種防衛伎倆本身即是雙面刃。至於救贖的防衛手法，則是否定小我對真理的否定（T-12.II.1:5）。這個被小我全然否定的真理是：我們與上主原是一個生命，而且沒有任何東西改變得了這個有福的生命真相。可以說，小我是否定真理最厲害的打手，而救贖則代表「**否定對真理的否定**」那個溫柔的愛，也是上主聖愛留在人心中的記憶（我們日後還會回到救贖之愛這個主題）。那一聖愛始終臨在於昏睡的心靈內，不斷向我們保證，說我們從未毀掉這個愛，也不可能與愛分離，因為愛一直在我們的生命裡。

這才是道地的救贖原則，也是最上乘的否定手法，它否定了小我具有改造實相或是奪走上主平安的能力。為此，《奇蹟課程》如此教導我們：

(II.1:10~14) 沒有一個錯誤撼動得了上主的平安。它「否認」了任何不是來自上主之物具有左右你的能力。這是使用「否認」最上乘的手法。因你用它修正錯誤，而非隱瞞任何事情。它將所有錯誤一起帶入光明之中；既然錯誤與黑暗是同一回事，光明一現，錯誤自然獲得了修正。

這段引言涉及了奇蹟交響曲的另一重要觀念：奇蹟、寬恕或救贖這類的「修正」，其實都是無所作為的，它只是反向地「化解」（undo）而已，也就是要我們和耶穌一起正視小我，然後重新選擇。試想，我們如何界定一個人處於正念之境？答案無他，只要看這個人能否不帶批判地面對自己的妄念就夠

了。懂得這個道理後，我們才可能操練「**真實的否認**」，也就是一邊正視小我，一邊仍能否定它所宣稱的真理：

(II.2) **真實的「否認」，是一道有力的保護機制。你能夠也應該否認任何要你相信「錯誤能傷害你」的信念。這種否認無意隱瞞事實，它是一種修正。而這是一切正見(right mind)的基礎。否認錯誤，是對真理的有力保護；否認真理，則會使你扭曲了天賦的創造力而造成小我的投射。否認錯誤，能夠釋放心靈，重建自由意志，為正見效力。意志如果真正自由的話，是不可能妄造的，因為它的眼睛唯真理是瞻。**

所謂「**真實的否認**」，憑靠的就是心靈重新選擇的能力；它敢正視自己的錯誤選擇，同時也否認這個錯誤選擇具有操縱大局的本事。唯有如此，心靈才有一點空間反省先前的妄造（就是抵制上主及造化的那個錯誤選擇），也才有機會重新選擇。心靈一旦掙脫了小我的控制，便會憶起真實的自己，亦即從上主聖愛及創造大願推恩出來的自性。這正是第一章所說的「真正的自由意志」，而上主創造自由意志的初衷所在，就是要心靈永遠自由地創造下去。

下一段引言預告了另一個重要的奇蹟理念，就是把世界轉化為教室或**工具**，藉以完成「憶起聖子真實身分」的**目標**（這一要旨也留待後文詳述）。隨之，每件日常瑣事（尤其是人際關係的種種是非恩怨）都能為正念**所用**。也就是說，無論置身何種情境，《課程》都要我們時刻反問自己：「此舉的目的何

在？」究竟是為上主或為小我而作？是為愛或為恐懼發言？是在傳遞真理或企圖掩飾錯誤？

(II.3:1~3) 你可能保護真理，你也可能保護錯誤。你若先肯定了目標的重要性，就不難了解它的方法或手段。真正的問題在於「它的用意究竟何在？」

我們終於明白了聖靈對身體也是「別有用心」的，目的是修正小我先前的妄用，只因小我一直把身體當作鞏固分裂信念以及攻擊特殊關係的手段。我們的目標一旦從罪咎移向寬恕，所有的人際關係都成了神聖的會晤。這個課題又是奇蹟交響曲後半段的一場重頭戲。

下面這一段談到了奇蹟的另一內涵：

(V.14:1~3) 奇蹟只是否認這一錯誤而重申真相而已。唯有出自正見的修正方式才可能產生實效。從現實效益來說，凡是沒有真實效果的，就不能算是真的存在。

最後幾句所指的仍是救贖原則──分裂不曾發生。為此，由分裂之念生出的思想體系及形相世界，也不可能真的存在。這一真理必須透過每天操練寬恕才能反映在人間，因為選擇寬恕等於選擇奇蹟。如此，才能真正化解分裂信念的原始錯誤，代之而起的，便是共同福祉了。

世界與身體

　　小我為了保險起見，除了設下罪咎懼的第一道防線外，還架起第二道防線，也就是世界與身體，把我們的注意力緊緊盯在外界，無暇往內看，讓心靈無法發揮力量，錯失了抵制小我而選擇聖靈的機會。說到底，小我最怕的莫過於聖子**恢復清明**，故它使出失心之計，以便杜絕這個心頭大患。小我這種防衛伎倆，我必須不厭其煩重述一遍：為了切斷聖子與心靈的連結，小我令聖子相信自己罪孽深重；接著，為了保住罪咎，它又說服聖子，自己不過是一具身體。由是可知，聖子之所以卯盡全力追逐身體的欲樂，其實是在逃避內心深埋的苦。順便一提，佛洛伊德給**欲樂**或**快感**的定義就是「減輕壓力」。耶穌十分贊同這個觀點──小我的快感確實來自盡其所能地降低罪咎所衍生的焦慮之苦。也難怪小我會那麼在意身體的種種作為。

　　請看看，有一部分的我，拼命想活出與眾不同的生命，那就是小我。它膜拜身體，每天都在它的祭壇獻上罪咎的禮物，藉此把罪咎鎖在心靈內，而完成它的第二目標。如此一來，也同時滿全了小我的首要目標，亦即令聖子陷於失心狀態，再也意識不到自己心靈還有抉擇的能力。現在，讓我們看一下《奇蹟課程》是怎麼說的：

(III.1:2~4) 自從天人分裂以來，人類的防衛措施幾乎全是用來「防禦」救贖的，如此才能繼續分裂下去。人們通常都以身體

需要保護作為防衛的藉口。「誤以為身體可以充當救贖的工具」這一扭曲的信念，使心靈對身體產生種種不實的幻想。

可以說，小我表達自己需要「贖罪」的拿手本領，便是生病。我們以後還會深入這一主題，在此先簡略說明幾句。小我是這麼想的：我們冒犯了上主，必遭祂的懲罰，既然最終難逃一死，那還不如自行了斷，**搶先一步**讓身體生病，來為自己贖罪。因為身體正是天人分裂之念的具體化身，最能凸顯自己罪咎深重，因此，懲罰身體，一方面滿足了上主的報復心理，同時又確保了身體（小我）的存在價值，豈非一箭雙鵰？一具病懨懨的身體，就這麼成了小我扭曲真相的無上法寶，因它將我們的眼光由問題的真正源頭（也就是心靈選擇罪咎的決定）那兒轉移出去了。第一章已經約略談過這一主題，如今它再度出現於此處。

疾　病

(IV.2:2) 疾病也好，「妄見」也好，都是「層次混淆」的後遺症，因它會誤導人們相信某一層次所出的差錯會牽連到另一層次。

現在，我必須替海倫致歉一聲，這兒竟然使用了 not-right-mindedness（妄見）這麼彆扭的英文字。我們都知道，在初期這個階段，她的聆聽能力（尤其在形式方面）還沒達到得心應手的地步。

　　所謂「某一層次所出的差錯」，自然是指人心裡的「咎」，也就是相信妄心妄念能左右我們的身體，說到究竟，那才是真正的病根。在夢境裡，那是天經地義的事，身體一定會生病；但在真理實相之境，身體根本就不存在。一個不存在的東西，怎麼可能承受報應？這正是《奇蹟課程》的核心理念，後文還會談得更深。夢境中的身體既然只是心念的投影，而唯有心靈才可能生病，那麼，被療癒的，怎麼可能是這一具身體？有誰能療癒一個不可能生病之物？一旦明白了所有的問題及疾病純粹出於我們「選擇了罪咎」那一決定，那麼，療癒或解決之道也只可能來自我們「選擇清白」這一決定，這與「接受救贖」是同一個決定。

(IV.2:3~4) 我們曾提過，奇蹟乃是修正「層次混淆」的良藥，因為每個錯誤必須在它發生的層次上就地修正。只有心靈才會犯錯。

　　「只有心靈才會犯錯」這個說法不僅可怕，而且意味深長，許多奇蹟學員因此假裝從沒看過這句話。為此，我一直強調，體會〈正文〉在教學上編寫的巧思，是如此的重要；同一個觀念，耶穌之所以反覆重述，只因我們的恐懼太深了。上面那句話說得不能再清楚了，世界沒有問題，也不會犯錯。想一想，這種話能跟正打算開戰的政府說嗎？所有的錯誤只可能發生於心靈層次，跟形體表現沒有任何關係。我們在世上只可能犯一種錯誤，就是自己內心是怎麼看待外界的錯誤（不論它是

真正發生了，還是自己想像出來的）──它究竟應該受到懲罰？還是配得奇蹟的修正？

(IV.2:5~6) 身體是因為妄念的誤導才作出錯誤反應的。身體本身沒有造境的能力，「相信身體有創造能力」正是引發形形色色生理病症的元兇。

如果我們相信身體可能大幹一場，等於相信罪咎也可能闖下什麼禍害。請記得，不論是身體、心理，甚至世界上的所有病症，都只可能源於一處，就是相信「自己不只可能而且真的與上主分裂」的那個心靈，它認定自己與上主的決裂確實冒犯了上主，因而承受著極深的罪惡感。讀到這裡，我們不難感受到耶穌正在一步一步將我們引向他的核心教誨──寬恕。他在為我們細細鋪路，讓我們逐漸明白，寬恕真的跟「這人對那人做了什麼」一點關係都沒有。關鍵就在於當事人的想法──他是否還認定外面有個人需要改變或被寬恕？《奇蹟課程》以寬恕的「奇蹟」定名，宗旨就是教導我們如何用奇蹟（miracle）來化解小我熱中的怪力亂神（magic）。這是我們下一個要談的主題。

怪力亂神

(IV.2:7) 身體的疾病不過反映出病人對怪力亂神（magic）的信念罷了。

　　我們已討論過，凡是企圖解決一個根本不存在的問題，《奇蹟課程》一律視之為**怪力亂神**。身體的疾病不過是小我利用身體作為代罪羔羊，企圖解決心靈的罪咎所惹出的問題。這正是〈練習手冊〉第一百三十六課「*生病乃是抵制真相的防衛措施*」的主題。小我深恐心靈有朝一日會選擇真相而修正了先前選擇幻相那一錯誤，因而使出「生病」這種瞞天過海的花招，來解決妄念所引發的後遺症。回想當初，我們相信了小我之言，視心靈為禍首，才開始打造身體，再讓它生病，目的就是轉移我們的注意力，無視於真正的問題所在。我們都有經驗，每當身體生了病或出了狀況，立刻就把心靈拋到九霄雲外，哪有改變心念的機會？一點也沒錯，生病的人時時刻刻心念的焦點，只是想要減輕生理或心理的症狀而已。

(IV.3:1) 只有心靈能夠創造，因為靈性早已創造出來了；至於身體，它只能充當心靈的學習教具。

　　依照慣例，《課程》一向把「創造」（create）一詞當作靈性層次的專用術語，現在這一小段就連用了兩次，因為耶穌要強調身體是搞不出任何名堂的，只有心靈具有創造能力；身體最多只能充當心靈的學習工具。固然，在妄念之境，身體存在的目的，是為了證明天人確實已經分裂，而且這不是我們的責任；我們不只這樣幫自己洗腦，還會親自向他人示範。事實上，在正念心境裡，身體只是供我們學習的教室，讓我們明白，身體或特殊關係的種種問題其實並不存在，它們純粹是我

們把心內的問題弄假成真後投射而成的陰影罷了。《課程》不斷提醒我們，身體其實是中性的，它可以為小我所用，也可以為聖靈所用（請參閱〈練習手冊〉第二百九十四課「我的身體是全然中性的」）。

(IV.3:2~7) **學習教具並不代表課程本身。它們的目的只是提供給你一個學習的機會。即使誤用了這一教具，最壞也不過錯失了一個學習機會而已。它本身沒有能力造出你在學習過程中犯下的那些錯誤。你對身體若有一番正確的了解，它便會像救贖一樣，使你免於雙面刃的貽害。這並不表示身體就是奇蹟，而是因為身體在本質上就沒有承受這種扭曲的餘地。**

　　身體本身沒有學習能力，它的能耐最多只是充當心靈的學習工具。**身體只會按照心靈的指示行事**，這個關鍵至極的理念，此刻在全書中首次出現，日後還會不斷重現於這首交響曲中。若不了解這個原則，我們便不可能明白寬恕的真諦，更遑論要活出寬恕了。比如說，當我們生氣時，要趕緊看清，它其實跟外在的人事物絲毫無關，而僅僅表示自己的心靈已經認同小我的決定罷了。身體若為正念所用，它多半會顯得康健舒泰，因為它已然成為覺醒的工具，讓我們憶起聖子百害不侵的生命本質。

(IV.3:8~13) **身體只代表你在物質世界的一種經驗而已。它的能力確實常被人高估了。然而，也沒有人能夠否認它在世間所占的一席之地。想要否認身體的人，他所行使的「否認」能力是**

最不值得的。我之所以說它「不值得」，是因為我們無需透過否認「非心靈」之物來保護心靈。我們如果否定了心靈這種不幸的取向，等於否定了整個心靈的能力。

這一段話絕對不可輕忽！因為它提醒我們，切莫把身體視為問題之所在。我們很可能會這麼告訴自己：「既然身體虛幻不實，那麼凡是扯上身體的事，都是錯的，甚至有罪的。更何況，我們不也常說身體使我們感受不到上主之愛？」要當心，這種想法很容易讓人掉進苦修的陷阱，特別是心理壓抑。我們一旦視身體為禍首，必會抵制身體的需求而落入這種錯誤思維，以為禁慾斷食，方能免於貪食縱慾，或免於藥癮酒癮的罪過，療癒終將指日可待。為此之故，耶穌才鄭重說：「無需透過否認『非心靈』之物（即身體）來保護心靈。」但請注意，他可沒說，癮君子不該修修克己的功夫，因為紀律和規範也可能出自正念心境，不會讓我們的焦點只停留在上癮的身體而轉向死守罪咎的心靈。可還記得，「目的代表一切」這一句重要的話。總之，耶穌只希望我們別再相信僅僅是克制自己的行為，便能解決「心靈的錯誤決定」那個根本問題。

話說回來，所謂癮頭，也不是甚麼生理病症或是生化反應，它純粹是心靈對罪咎的執迷不捨。當然，如果能在生理層次紓解一些症狀，會有利於我們更快看到問題的真相，然而，究竟說來，種種癮頭仍舊解除不了我們對特殊性與個體性的那份渴望，以及隨之而來「自知有罪」的那個心理認定。唯有回

歸正念心境，才不會助長投射傾向，不再為罪咎找藉口，我們才有化解或改變它的機會。

　　是的，對修行而言，這一教誨極其重要。耶穌不僅提醒我們不要否定活在人間的肉體，並且還說那是一種「最不值得」的否定。只因否定身體對我們一點好處都沒有，故說「不值得」；而身為上主之子，才是最「值得」老天助我們一臂之力，讓我們從夢境中醒來。箇中的關鍵，就在於我們不能再把身體當做罪的象徵，或是一個錯誤觀念，而應視它為學習的教具。如今，我們總算知道如何藉由身體而返回心靈的錯誤那裡了。由衷而言，身體實在說不上好或壞，神聖或凡俗，健康或有恙，甚至無所謂活的或死的；反正它什麼都不是，而且徹底虛無。經常有學生問我：「死後會怎樣？是否能回歸天堂？」我的答覆是：「你們死時，什麼事也沒發生，因為你們活的時候什麼也都沒發生過，只是看起來好像活過一陣子而已。」請記得，任何可以稱得上是件「事」的事，僅僅發生在心靈層次，而且不受時空所限，自然也不受身體層次那套生死、疾病或健康的運作法則所控制。

　　下面兩段又提出一個類似的錯誤觀念，既然身體只是幻相，並非真正的疾病之源，故治療身體成了一種罪過。這種觀念，使得有些奇蹟學員變得很難跟人相處，因為他們心裡抱持這樣的想法：「我知道你很痛，希望我把你送去急診室，可是你難道忘了『生病乃是抵制真相的防衛措施』！」或者：「我

知道你的頭很疼，無法專心做任何事情，那你幹嘛不去冥想或操練寬恕？你真正的痛是在心裡，因此別再吃止痛藥或看醫生了，那只會把錯誤弄假成真而已！」

　　下一段話，乍看之下，耶穌好像在附和上述的錯誤觀念：

(IV.4:1~3) **你若接受各種物質性的身體療法，就等於再次重申怪力亂神的運作原則。它犯的第一個錯誤就是：相信自己的疾病是身體構成的。第二個錯誤即是：它企圖用本無創造能力之物來治療身體。**

　　如前所說，不論是服藥、就醫或調整飲食，只要你認為那會幫助你解決生理和心理的問題，確實屬於怪力亂神的伎倆。然而，耶穌緊接著又說：

(IV.4:4~10) **我並不是說，利用物質能力來達到修正目的本身是件邪惡的事。有時候，人心已被箝制於疾病的魔掌下，一時難以接受救贖之道。在這種情況下，最好還是利用身心所能接受的權宜之計，暫時相信外來之物具有療癒功能。因為加深人的恐懼，對妄見或疾病中人百害而無一益。恐懼已使他們欲振乏力了。若在他們的心理尚未準備妥當以前，就向他們引薦奇蹟之方，反會使他們進退失據的。因為知見已經顛倒的人不可能不視奇蹟為畏途的。**

　　這一段話又把我們拉回前文討論過的「對解脫的恐懼」，因為我們一返回心靈，一定會碰上自己最害怕的光明。說到

底，我們都是一丘之貉，「投胎人間」本身就是一種聲明：「我必須枕戈待旦，因為我為了逃避上主的義怒而逃到此地，暗自希望祂永遠找不到自己；就算被祂逮到，我仍能把自己的不幸諉罪於他人。」這就是何以然我們會喜歡攀附權貴，只因為我們遲早會揪出他們的過錯，如此一來，上主就會懲罰他們而放過我們了。

因此，耶穌對我們所有的人說：「為了我的緣故，也為了你自己的好處，對待那些跟你一樣神智失常的弟兄仁慈一點吧！」意思是說，別再用這本藍皮書去敲弟兄的頭了。不幸的是，這正是奇蹟學員樂此不疲的事，完全忘了「溫良」才是資深上主之師的一大人格特質（M-4.IV），反而把奇蹟形上理念當做武器，動輒口誅筆伐，常常忘了把眼前事件當做學習及示範寬容與諒解的機會。要知道，唯有轉變心態，我們才可能體會到旁人生了病而不得不假藉怪力亂神來自救的那種「恐懼」，其實跟自己內在的恐懼毫無差別。畢竟，大家都活在同一恐懼之中，否則我們是不會投胎人間的。

總之，耶穌在《課程》一開始就提醒我們，不論是看到自己或他人借用怪力亂神，都應該寬容相待，而且心中還要有一種很深的認知：自己每吸一口氣，都是在鞏固怪力亂神的信念，因為我們深信缺了這一口氣，自己就活不下去了。可以說，我們每次吃東西或喝水，也都是在重申怪力亂神的信念。《課程》當然不會鼓勵學員停止呼吸或不再喝水，它要我們明

白，只要我們還相信身體必須仰賴這些生理或心理要素才能存活，就等於附和了怪力亂神的信念。為此，吃藥或就醫根本算不上是什麼問題。究竟說來，連否認怪力亂神本身都可能屬於怪力亂神的手法，它未必使我們變得更弱，但一定會令我們強不起來。「否認非心靈之物」（也就是否認身體有病且需要照顧的事實），我們便以為保住了自己的身分認同，其實，它將我們打入更深的罪咎，而罪咎乃是心靈與生俱來的致命傷。

(IV.5) 救贖的價值是無法靠它所呈現的形式來衡量的。事實上，若要真正發揮大用，它必須以最有利於領受者的形式出現才對。也就是說，奇蹟必須按照領受者所能了解而且不害怕的方式呈現，才可能功德圓滿。但這並不表示這種奇蹟就是他與上主交流的最高層次了。而是說，他「目前」所能接受的最高交流層次僅止於此。奇蹟的整個目標不外乎提昇人的交流層次，它絕不會加深人的恐懼而降低了交流層次的。

的確如此，用「你不是一具身體」來訓誡別人，一點好處都沒有。想一想，如果他們能接納這一事實，就不會生病了，甚至不會投胎人間，承受焦慮、沮喪、恐懼種種痛苦了。透過本課程，耶穌給予我們這樣的典範：正因為《奇蹟課程》是為一群有心理疾病的人而寫的，故書中採用精神病患所能懂的語言，把上主描繪成天上的父親，令我們不至於一聽到上主就戰慄不已。縱然「上主本來如是」這句話最能道出上主的真相，但耶穌仍採用無數聽起來比較順心順耳的二元詞彙。也因此，

我們操練這部課程的同時，應該學習用這種心懷對待自己以及他人。言歸正傳，縱使我們明白，「否認非心靈的身體」根本療癒不了心靈，但因我們早已把身體當成一個無情、殘酷又特殊的東西，所以在了悟自己不是這具身體之前，要先學習如何慈悲地對待身體。後文更直截了當地指出，我們不能直接從噩夢跳脫到實相境界，噩夢得先轉化成溫柔美夢才行。正因如此，活在正念心境的人，仍會使用夢中的語言，只是「目的」不同，而且用心更為寬容。

　　下一段又為我們重述一遍類似的觀點：

(V.2)「怪力亂神」已經落入失心狀態（mindless），誤用了心靈的力量。治療身體的藥物其實與符咒的作用無異，但你若仍然害怕心靈的療癒能力，最好不要輕舉妄動。你的心靈會因著恐懼而情不自禁地妄造起來。即使療癒發生於眼前，都很可能被你曲解；何況，恐懼常與自我中心沆瀣一氣，使你更難接納療癒的真正源頭。在這種情況下，還是暫時仰賴治療身體的藥物比較妥當，至少你不會把它們誤解為自己的創造。只要你內心還認為自己脆弱不堪的話，最好暫時放下行奇蹟的意願。

　　耶穌要我們秉持上述的心態來對待自己，尤其是對待他人。也就是說，每當我們看到他人熱中於怪力亂神的療法時，應該敞開自己的心，努力聽到對方內心的恐懼。如果我們聽信小我的判斷，必然只會看到罪過；但要是能透過耶穌的慧眼或正知正見來看，我們其實不難感受到他人的恐懼，自然就不會

加以責難，而只會給予溫柔的撫慰。固然，凡是活在正念心境的人，便不可能捨棄奇蹟而選擇怪力亂神，捨棄真愛而選擇特殊之愛，捨棄平安而寧可忍受種種衝突。如今，弟兄會作出這類選擇，要知道，他們並非邪惡的罪人，他們只不過理解錯了，認定上主必會痛下殺手，因而飽受恐懼的折磨。他們雖然同樣渴求愛，卻認定自己不配得到，也因此，這種愛必須透過一種不會激起恐懼的形式才能傳遞到他們心裡。正因傳遞這種愛的方式不能夠太直接，耶穌才說：「在他們準備好接受奇蹟的真實療效之前，暫時仍需仰賴怪力亂神的幫助。」

話說回來，怪力亂神的真正陷阱，在於它還真管用！我們每個人都享受過這些「用處」，例如饑渴時只要吃點或喝點什麼，馬上有飽足感；孤獨時，打個電話給朋友，就不再覺得孤單；頭痛了，吃一顆止痛藥就輕鬆起來。《奇蹟課程》從未禁止我們採用怪力亂神的方式，只因人間任何東西幾乎都是雙面刃，它可能被聖靈所用，也可能被小我利用，故耶穌不能不預警一番：「不要過於耽溺於怪力亂神，而忘記了它唯一的用處只是把我們回歸心靈的路鋪得溫柔平坦一點而已。」直到有一天，我們看清了這些怪力亂神無法根除問題，那種徬徨痛苦之感會逼著我們回頭，選擇耶穌為師，走上奇蹟之路。當然，我們也明白，一個溫暖的伴侶或溫言軟語確實有撫慰孤單之效，但它們畢竟只能緩和一時之苦；今天有人陪伴我，明天怎麼辦？我雖吃了早餐，中午又會餓。由此可見，怪力亂神的根本問題就是它沒有真正療癒的能力。為此，耶穌繼續開導我們：

(III.3:5~7) 人忍受痛苦的耐力雖高，終究有其限度。遲早，心靈會隱隱地冒出一念：「一定還有更好的途徑才對」。當這一體會愈來愈根深柢固時，便成了人生的轉捩點。

　　這番情節，就出現在那年春天的某個下午，比爾對海倫沉重地吐露心聲：「一定還有另一條與人相處之道才對！」而海倫那天居然也一反常態地做出承諾，要跟比爾共同找出這一條路。要知道，受苦不是上主的主意，更不是耶穌的安排，它根本就是我們自己的發明。光是自我放逐於天堂之外，就夠苦的了；掉入這具肉體之後，我們回家的希望就更加渺茫了。活在肉體這個事實，不折不扣成為一切痛苦的根源。但我們仍會咬緊牙關，苦撐到底，直到受不了時才會下定決心，尋找那條「更好的路」。為此之故，我們可以這麼說，《奇蹟課程》絕不是寫給那些自認為過得悠游自在、無比愜意的人的，反而是寫給那群在世上什麼怪力亂神都試過、也都瘋過的人，他們最後無計可施，只好撒手投降說：「到底還有沒有其他老師，或另一種思想體系可讓我選啊？」

　　耶穌擔心我們還沒聽懂，講了兩段之後，他又再次提醒了一遍：

(V.7:8) 你的不安不過幫你意識到自己確有修正的必要。

　　千真萬確，唯有看透了小我只會雪上加霜的那套解決方案，我們才會對小我徹底死心而選擇聖靈。但要小心，千萬不

可落入天主教對痛苦的解讀。天主教有這一說：「痛苦乃是上主的親吻。」就連德蕾莎修女在世時都常說：「上主要我們藉著痛苦來贖清自己的罪債，這也是信仰的試煉。」其實，痛苦是出於我們的選擇；只因我們先選擇了罪咎，才會承受必然的苦果。不幸的是，我們把罪咎埋得如此之深，通常連自己活得多苦都意識不到；即使偶爾意識到苦，馬上就怪罪到他人或外境去了。

　　為此，耶穌說：「我要你誠實面對自己活得有多苦，明白世上沒有任何東西能夠消除這一痛苦，如此，你才可能向天呼求：『必然還有另一種方式，重新看待我的生活以及人際關係！我總不能老是歸咎別人，也不該活得這麼慘，一定是我漏看了什麼！』」這種心聲等於向耶穌發出求助：「請幫我轉變自己的看法吧！」轉變的關鍵所在，就是學習看到「不只是人際關係，我這一生所有的經歷都出於自己心靈的決定，不能怪罪任何人或任何事」，這就是寬恕的真諦，也是《奇蹟課程》一貫的教誨。

　　順道一提，這些早期的訊息原本是針對海倫而說的。雖然耶穌還是繼續「告訴」海倫可以去哪裡購物、哪裡叫計程車，但我們也看到，耶穌在筆錄一開始就已明言在先，問他這些具體的事，只會模糊了課程的宗旨，他只想把我們領回心靈，因為那才是一切問題的根源。毋庸置疑，這一番話也是針對我們每一個人而說的。

心靈的力量：因果關係

(VI.2:1) 我不會助長「層次混淆」的錯誤，這得靠你下定修正的決心才行。

　　耶穌在第一章已經提過層次混淆的概念，到了本章又再度聲明，他絕不會把身體與心靈的層次混為一談，是**我們**存心把心內的咎投射到身體而導致層次混淆，因此也只有**我們**能夠逆轉這一投射。這正是奇蹟的功能。耶穌說得很清楚：「我只能幫助你轉變，卻不能代替你轉變。」故他繼續為我們釐清這類混淆：

(VI.2:2~5) 你不能再包庇自己神智不清的行為，推說身不由己或欲振乏力了。你為何繼續放縱腦子裡神智不清的念頭？除非你能看清自己已經把這兩種層次搞混了，你的狀況才有好轉的可能。你也許還認為，你只需對自己的言行負責，而不必對你的想法負責。

　　試問，如果我們不知道自己還有心靈，豈能為心靈生出的念頭負責？更糟的是，我們甚至認為自己的念頭不待我們的許可就自動從大腦冒出來，它似乎完全不受我們的掌控。

(VI.2:6~7) 事實上，你只能為你的想法負責，因為只有在這一層次上你才有選擇的餘地。你的行為乃是出自你的想法。

　　短短幾句話，耶穌為我們釐清了層次的混淆。問題不在於

身體做了什麼或有何感受，關鍵在於心靈究竟要附和小我還是
聽從聖靈。歸根究柢，唯有心靈層次的決定，才有舉足輕重
的影響。在此處，耶穌尚未談到心靈和大腦的區別，要等到奇
蹟交響曲進行一段時日之後，才明確告訴我們「大腦根本沒有
思考的能力」。〈練習手冊〉講得更露骨：「你也相信身體的
大腦能夠思想。你若了解思想的本質，就會對這神智不清的觀
念捧腹不已。」（W-92.2:1~2）說穿了，不只大腦無法真正思
考，眼睛也一樣看不見，耳朵也聽不到；因為身體的每一部分
都只是服從心靈的指令而已，它們若非聽從小我之念，就是遵
循聖靈之音。

(VI.2:8~10) **即使你賦予自己的行為一種自主權，你也無法自絕
於真理之外。只要你肯把自己的想法交託給我，我自然會為你
指點迷津。當你開始害怕時，顯然你又在縱容自己的心思妄造
而拒絕我的指引了。**

　　耶穌在筆錄之始曾對海倫及比爾耳提面命，要時時記得向
他求助，這可說是耶穌給他們的個別指導。我們都知道，小我
思想體系是從聖子決心聽從小我而背棄聖靈的那一刻開始的，
只因聖子把那**小小瘋狂一念**如此當真，竟然忘了對那個荒謬
念頭一笑置之（T-27.VIII.6:2）。此後，我們一生都在重演這個
「原始」也是「**唯一**」的錯誤。幸運的是，我們每選擇耶穌而
放棄小我一次，便能化解一點這個錯誤。接下來，耶穌繼續為
我們解釋：

(VI.1:3~8) **生活中無關緊要的事不妨交給我來處理；至於重要的事情，我需要你的同意，才能為你指點迷津。我不可能為你控制恐懼，但它是可以自我控制的。恐懼杜絕了我把自己的掌控力給你的機會。恐懼的出現，表明你已抬舉身體之念，讓它混入了心靈的層次。使我愛莫能助，你才會感到自己不能不為它負責。這是「層次混淆」的一個具體實例。**

　　「選擇耶穌」和「回歸心靈」，其實是同一選擇，因為「回歸心靈」**正是**向耶穌求助的真正內涵。小我最喜歡我們把焦點轉向身體，真的，最令小我欣喜若狂的莫過於求它解決現實問題了。為此之故，耶穌在筆錄一開始便設法為我們釐清「心靈／身體」以及「念頭／行為」之間的混淆。在上面這一段引言裡，也可以說，耶穌要我們把自己的小我「交給他**掌控**」，言行舉止都接受他愛與智慧的**指引**。這一原則已經為我們清楚界定了「向耶穌求助」的含意，亦即將小我之念交給他去處理。這觀念可說是「將我們陰暗的幻覺帶到他的光明真理內」這一奇蹟名言的前身。交出小我是我們的責任，為此，耶穌才說恐懼「是可以自我控制的」。我們曾經選擇了小我的恐懼而捨棄聖靈之愛，此刻，我們必須敢為這個決定負責──回歸心靈，選擇耶穌。唯獨耶穌，才有辦法幫忙修正這個錯誤。否則，我們若一味祈求他來解決外在的問題，反倒包庇了心靈那個錯誤的選擇。為此，耶穌繼續規勸我們：

(VI.3:1~5) **你竊自相信，只要控制得住妄念所形成的後果，你**

便會療癒的，這種想法毫無根據。你內心的恐懼不過顯示出你已作了錯誤的選擇。你才會覺得自己應該負責。需要改變的是你的心，而不是你的行為，這純粹是願心的問題。而也只有在心的層次上，你才需要指引。

再說一次，上述這些扭轉乾坤的鏗鏘之言，當初是針對海倫與比爾而發的，耶穌一心想修正他們的學習心態，只因他們老愛提出現實問題，要求具體的指引，耶穌才會想方設法將他們的焦點一次次轉回心靈的層次。在此，他又帶進了另一重要觀念，就是「**因果關係**」。他規勸我們別把心力耗在掌控妄念的**果**上（行為層次），而應著眼於那個**錯誤選擇**（心靈層次），因為有待化解的，僅僅在於因的層次而非果的層次。關鍵是，我們究竟想不想改變那個錯誤決定？說真的，在這樣的節骨眼上，確實需要有人拉我們一把。許多學員等到讀完一遍〈正文〉，回頭重讀時才大吃一驚：「為什麼我從未看過這一段話！」其實，耶穌一開篇便說過：「*需要改變的是你的心，而不是你的行為，……只有在心的層次上，你才需要指引。*」大部分學員卻只熟悉〈正文〉後面另一句奇蹟名言：「*不要設法去改變世界，而應決心改變你對世界的看法。*」（T-21.in.1:7）

至於行為上的節制是否有保護身體的作用，則完全不是上文的重點，因為耶穌早已跟海倫明說過，他並不反對戒律，它們確實有助於修行，比方說，酗酒的人根本不該喝酒，就這麼簡單。但我們也要警覺另一種極端的心態：「為了證明我不是

一具身體，便故意縱情喝酒。」耶穌當然樂見所有癮君子都能自我節制，但他更希望我們明白，禁慾止癮仍不足以療癒心靈選擇罪咎的那個錯誤決定，它們最多只能算是化解罪咎過程中的一股助力罷了。耶穌繼續說：

(VI.3:6~4:1) 也唯有在那可能改變的層次上，才有修正的餘地。改變，不是針對外在症狀的層次，外在的改變是無濟於事的。

修正你內心的恐懼，那才是你的責任。

　　耶穌再次告訴我們「向他求助」的真實意義，光是這一點，便足以讓本章在整部課程裡具有舉足輕重的份量了。遺憾的是，我們並沒有把它當一回事，故數年後耶穌又透過〈頌禱〉一文，為我們重述這一觀念。縱然他在這兒已經說得不能再清楚了，奇蹟學員還是依然故我，不斷地祈求聖靈，恩賜某些東西或消除人間某種苦果。正因如此，耶穌才一再告訴我們：「消除你的恐懼不是我的職責，而是你的責任；因為那是你自己請來的貴客。話說回來，我雖然無法撤銷你選擇小我的那個決定，但我還是可以隨時提醒你：『該重新選擇了！』」

(VI.4:2~4) 你若求我幫你由恐懼中脫身，好似聲明那不是你的責任。你該求我幫你面對那讓你恐懼的制約心態。構成恐懼的因素必然脫離不了分裂之願。

　　此刻，耶穌又把我們領回到「心靈選擇了小我」那個抉擇

上頭。如果我們不認可也不尊重心靈有能力作出錯誤的選擇，便無異於否定心靈也有能力修正這一錯誤。小我當初打造出世界和身體，就是要讓我們像隻無頭蒼蠅一樣，栽進肉體的世界裡，再也無暇想起自己的心靈還有選擇認同或是抵制小我的餘地。試問，如果我們不知道心靈有妄造世界、變出無窮問題的本事，怎麼可能為自己所選擇的人生負起責任？

　　小我的瘋狂之舉確實陰險無比，它令我們意識不到心靈的力量，自然沒有機會發揮這種能力來修正自己的妄造。再說一次，整部課程就是奠基於這個至關重要的觀念上的。除非看破小我這一陰謀，我們才不至於落入「不願改變自己的想法而卻想改變世界」的千古大陷阱。然而，這並不是說我們不該為自己處身的世界或整個娑婆眾生做點事情。耶穌真正要強調的是，除非我們先改變自己的心態，否則不要輕舉妄動！說得更刺耳一點，我們若不改變心靈的錯誤決定，那麼任何作為必然會和小我沆瀣一氣，不論外表看來多麼高明或慈悲，其實它和集體屠殺一樣充滿了「恨」，因為它的發心是出於以恨為主軸的小我思想體系：「我已經篡奪了上主的王位，並且以此為傲；如果我能進一步說服上主，祂該懲罰的是**你**而非我的話，那就更美了！」也因此，耶穌一再勸誡我們，不論自己在為哪個外在因素而恐懼，我們都該求他幫忙，修正恐懼背後的真正肇因，即心靈想跟上主分裂的那個決定。

(VI.4:5) 在那層次上，你是可以選擇的。

　　無可諱言，有些外境真的令人無計可施，例如被關在死亡集中營，等候行刑。在行為層次上，你不但束手無策，而且還插翅難飛。然而，即便是相同的現實中，在心靈層次，你仍是有選擇餘地的──你是否能夠以另一種眼光去面對這一處境而活得心安理得、一無恐懼？

(VI.4:6) 你過於放縱自己雜念紛飛，任憑心靈妄自造作。

　　「雜念紛飛」，顧名思義，當然是說我們的心靈把自己所有的問題通通都投射到天涯海角去了。耶穌透過海倫告訴我們每一個人：「你太放縱自己的投射了（也就是心靈的妄造），還把雜念紛飛視為理所當然，更不願返回心內，那才是一切問題的癥結。」

(VI.4:7~8) 由它衍生出來的具體問題其實並不重要，問題背後的基本錯誤才是關鍵所在。修正本身都是一樣的。

　　這段話反映出奇蹟第一原則：**奇蹟沒有難易之分**。它們全是同一回事，因為所有問題都是同一回事。耶穌在本章再度呼應這個觀念：

(I.5:1~5) 不論你過去受到什麼蒙蔽，都無礙於奇蹟的出現，它能同樣輕而易舉地治癒所有的謊言。妄見在它眼中沒有大小輕重之分。它唯一的任務只是分辨真理及謬誤，不再混淆。有些奇蹟可能比其他奇蹟壯觀得多。可是，別忘了「奇蹟原則」第一條：奇蹟沒有難易之分。

　　幻相就是幻相，永遠虛幻不實，一個幻相也好，千萬個幻相也罷，全都毫無差別，它永遠**不可能**成為它「自以為」之物，或者說得更徹底一點，它永遠不可能成為它「**所不是**」之物。耶穌在後面又補充了一句：

(IV.1:6) 它所解除的究竟是哪一類錯誤，無關緊要。

　　無疑的，**所有**的錯誤都是恐懼的化身。救贖或奇蹟之所以化解得了恐懼，只因它們直接從恐懼之因下手。既然所有問題都是同一回事，自然只需要同一個修正。耶穌願意陪伴我們，返回那曾經作出錯誤選擇的心靈，教我們重新選擇。這就是奇蹟，也可以稱為救贖、寬恕、療癒、救恩；不同的術語代表的卻是同一個化解過程，就是將自己的焦點放回抉擇的心靈那兒，因為那才是一切問題**以及**解答之所在。如此，一舉便破解了小我的「失心大計」。只要轉入正念之境，我們必能懷著完美的愛行走人間，絲毫不受世間種種幻相所傷。

(I.5:6~12) 在實相裡，任何缺乏愛心的行為都無法傷你分毫。不論那是來自你自己或他人，也許是你對他人而發的，也許是他人加諸於你的。平安乃是你與生俱來的本性之一。你無法由外尋得。向外追求本身即是生病的徵兆；內心的平安才是健康的標誌。它能使你在缺乏愛心的外境中屹立不搖，即使是缺乏愛心之人也會因著你所接納的奇蹟而獲得修正的機會。

　　這一段話道出了《奇蹟課程》「一體形上學」所給予人的

具體效益，以及我們不能把「形上」與「具體」視為兩碼子
事的根本原因。如果我們只把這個形體世界當成一場幻夢，便
中了小我的詭計，忽略了寬恕那「一小步」，亦即把問題帶到
上主那裡（W-193.13:7）。要知道，我們若跳過寬恕的這一小
步，耶穌便無法領我們回家，那麼寬恕的終極目標——從小我
之夢中覺醒，更是遙不可及了。話說回來，我們若一味緊盯著
身體，眼中看到的盡是疾病或社會的不公不義，就無法看穿這
些問題只是小我「失心大計」的虛晃一招而已，我們又會掉入
小我咎與懼的泥沼裡而難以自拔。對此，奇蹟真正的本事就在
於它能兼容兩者，一邊承認我們在世間的悲慘經歷，一邊還能
將我們領回一度選擇了幻相的心靈力量那兒。〈練習手冊〉這
幾句話說得一語中的：「奇蹟只代表一種修正。……它只是一
邊面對人生慘境，一邊提醒人心：它所看到的景象全都虛妄不
實。」（W-PII. 十三 .1:1,3）

　　只要我們能夠恢復正念，自然會作出正確的選擇，這對一
群自以為拒絕了上主之愛而深受「罪咎」所苦的人，成了最佳
的典範。我們日後還會不斷探討寬恕的效益，目前，我們只需
明白，正念乃是健康之本，它能保護我們不受任何攻擊（因為
「所有的攻擊都是缺乏愛心之故」）。但請注意，這裡說的健康
並非指身體層次，而是心靈層次，因為心靈的平安不是任何幻
相所能搖撼的。

　　接著，我們回到「向耶穌探問」的主題上。

(VI.4:9~10) 在你決定行動之前，不妨向我探問一下，你的選擇是否與我的一致？你一旦確定兩者如出一轍，恐懼便無由而生了。

　　顯然的，耶穌並非勸我們在世上無所作為，他只是要我們凡事「先探問他一下」而已。相形之下，我行我素的決定則是恐懼滋生的唯一溫床，因為那等於重演聖子在無始之始故意違逆上主的那一刻，隨之而生的罪的信念便成了小我恐懼的根本原因。

　　下面一段話只是換個角度重述相同的理念。如今我們已經清楚看到，交響曲一開場就為我們隆重推出這個主題，也就是釐清「心靈／身體」以及「思想／行為」之間的混淆，這種區分極為重要。總歸一句，我們若把這兩個層次混為一談，耶穌即使想要幫忙也愛莫能助，而這正是我們故意混淆下去的原因。故他不得不苦口婆心地講下去：

(VI.5:1~3) 你之所願與你之所行一旦產生矛盾，就會形成緊張狀態，而恐懼正是你緊張的標誌。它會引發兩種反應：第一，你決定去做相互矛盾的事情，也許同時進行，也許先後進行。它所構成的矛盾行為，連你自己都難以忍受，因為別有企圖的另一部分心靈會感到忿忿不平。

　　他所舉的第一個例子，說我們故意去做前後矛盾的事情。例如一開始非常努力去進行某一計畫，接下來，不是犯個錯就

是睡著了或分心了，終而故意把事情整個兒搞砸。這類自我抵銷的行為其實顯示出內在的抗拒，它們通常都是下意識的，所以往往無法察覺，才會形成這種自我打擊的矛盾舉止。

(VI.5:4~5) 第二，你會去做你認為應該做的，卻做得心不甘情不願。你的行為縱然前後一致，內心卻受到極強的拉扯。

　　第二個例子，談的是行為與心靈之間的直接衝突。例如在行為上，我好像要表示某種意願，內心卻別有企圖，「愛的特殊關係」可說是這種矛盾的典型案例（等到交響曲的下半段，我們還會看到更為淋漓盡致的描繪）。比方說，我們對特殊關係所表達的愛，背後常常隱藏著很深的怨，怨自己不能不靠那一位特殊人物來滿足我們的特殊需求。這種夾帶著怨氣的愛，其實是在掩飾自己的匱乏感，它讓我們不得不跟對方建立特殊關係，利用他來滿足自己的需求。這令我想起《哈姆雷特》劇中王后有感而發的一句話：「我想，這位夫人確實挺會抱怨的！」人際關係的緊張與衝突，一般人都歸咎於某些外在因素，其實，真正的原因永遠離不開那個錯誤決定本身。只因它始終深藏不露，故也永無療癒的機會。下一段進一步為我們描述了這種衝突所導致的後遺症。

(VI.5:6~10) 在上述兩種情況中，你內心的感覺與外表的行動無法表裡如一，致使你總在做些自己並不真想做的事情。那種「不得不」的壓迫感容易激起內心的怨忿，最後只好投射出去。只要恐懼猶存，表示你心志未堅，你的心才會如此分裂，

所作所為不免反覆無常。你若只想修正行為的層次，最多只能把第一類錯誤轉變為第二類的錯誤，無法根除你的恐懼。

　　由於我們意識不到緊張與衝突的真正起因，必會身不由己地向外投射。這一段話與上一段在邏輯上好似難以銜接，但它其實只是拐個彎告訴我們：**任何憤怒情緒都是內在的衝突投射於外所形成的結果**，因此，只憑行為上的改變根本解決不了這類衝突，它最多只能幫我們把問題帶到心靈那兒，最後還是得靠我們的抉擇者勇於正視咎與懼，而做出反向的選擇才可能真正化解。

　　下面這一段特別強調，「一心不二」地選擇聖靈是多麼的重要。

(VI.6) 終有一天你會毫不勉強地把自己的心交託給我指引的，只是目前你尚未培養出這一願心。除非你心甘情願，聖靈無法強迫你去做任何事情。唯有別無二心的決定才激發得出行動力。但你必須先認清，實現上主的旨意等於完成自己的心願，你才不會感到壓力。這一課題其實十分簡單，卻特別容易被忽略。因此我才會反覆提醒，請你仔細聆聽：只有你的心才可能製造恐懼。當它的願望開始自相矛盾時，恐懼才會孳生；你的所願與所行無法一致時，焦慮勢所不免。你必須先把目標統一起來，這一錯誤才有修正的可能。

　　我們亟需強化「選擇正念」的能力，而也唯有每天踏實操

練寬恕，方能愈來愈快與小我分道揚鑣，不再輕易落入分裂、罪咎及攻擊的思想體系，欣然接受耶穌的教誨。有朝一日，衝突必會無影無蹤的，只因我們已經不再跟自己衝突了。然而，在此之前，我們必須先承認自己的問題不在外面，它們不過是反映我們內心的衝突，心靈才是一切衝突的根源。如此，我們才算真正邁上了療癒的大道。故耶穌再次叮嚀我們，切莫相信小我的謊言，不要被投射出來的問題及答案所蒙蔽。他接著提出修正法門的幾個步驟，將我們領向心靈的療癒之路。

(VI.7) 化解錯誤的第一步修正，便是明白內心的衝突只是恐懼的一種表達形式而已。你應這樣告訴自己，你一定不知怎地作出一個與愛相反的選擇了，否則恐懼無由生出。由此可知，修正的整個過程其實就是你接受更大的救贖方案的幾個具體步驟而已。這些步驟可以歸納如下：

先明察這個衝突其實就是恐懼。
恐懼是由缺乏愛心而引起的。
缺乏愛心的唯一對治妙方便是完美的愛。
完美的愛就是救贖。

這一段的敘述，與後文細緻的療癒過程相比，顯得簡略而粗糙，但也道出了寬恕法門的梗概，亦可說是離苦得樂的療癒之道。首先，我們必須甘心承認問題不在外界而在心內；身體所承受的打擊，其實是心內恐懼的投影。然後，進一步認清這恐懼源自於一個「拒絕愛」的決定，因此只有把「選擇恐懼」

修正為「選擇愛」，才有化解錯誤的可能。一旦作出這一正確決定，所有的恐懼及衝突自然煙消雲散，唯愛猶存。這完美的愛，不但是我們的天賦，也是生命的本質。至此，完成了化解的過程，就等於完成了救贖。

不消說，在這樣的過程裡，必會同時化解我們所有的不安、焦慮或痛苦，因為它們全都來自同一源頭——不願愛的決定。不願去愛，表示我們已經選擇了小我，從此與救贖天音絕緣。現在，我們可以明白看出，耶穌這整部交響曲就是依據上述幾個基本理念架構起來的。

(VI.9:1~3) **每一個人都有過恐懼的經驗。只要具備一點正思維的能力，你便不難看透恐懼的成因。大多數人都低估了心靈的真正能耐，世間沒有一個人可能隨時且全面地意識到它的大能。**

唯有心靈徹底療癒而進入「真實世界」的人，才具備這種覺知——隨時且全面地意識到心靈的大能。耶穌即是其中之一。他在〈教師指南〉中曾說這種人「少之又少」，談論他們的境界，對我們沒有太大的幫助（M-26.3）。但在這兒，他要提醒我們，很少人真正認識心靈的能力，更意識不到這種能力一經妄用，必會翻轉成為一切恐懼的根源。也因此，我們若想活得安心自在，一無恐懼，必須深切領悟心靈的選擇能力。耶穌繼續解釋下去：

(VI.9:4~8) **然而，如果你希望少受恐懼之苦，你不只需要明白一些事，還得明白得徹底才行。心靈的能力是非常強大的，它絕不會失落自己的創造力。它不眠不休，時時刻刻都在創造。思想與信念匯聚成的高壓能量確有移山倒海之力，這對許多人是不可思議的事。**

　　此處，「**創造**」一詞的含意再次有別於全書的習慣用語。這兒所強調的是，即使是分裂之心，它既能認同愛的「創造」力量，但也可能認同小我的「妄造」能力。當然，不論是創造也好，妄造也罷，眼前活脫脫的世界就是它的傑作，故耶穌要我們切莫低估自己心靈的力量。可以說，一千多頁的《奇蹟課程》所要闡述的，沒有比這更重要的觀念了。

(VI.9:9~11) **乍看之下，相信自己有此大能好像是種傲慢，然而，這並不是你不相信的真正原因。你寧可相信自己的心念產生不了真正的作用，因為你真的很怕自己的心念。你希望這樣能夠減輕一些罪惡感，但你卻付出了「把心靈視為無能」的沉重代價。**

　　我們常聽人喃喃自語：「我作何想，又有何影響！」這也是海倫常見的心態，耶穌才會給她上述這番「忠告」。一般而言，海倫的言行舉止大都無可挑剔，尤其在社交方面，可謂進退有度；至於她心裡作何想則是另一回事了。舉例而言，她非常在意自己的身材，年輕時有一度體重狂飆，此後她便落入減肥與增重的循環之中，體重經常上上下下，有一次還嚴重到

入院治療。其實自從我認識她，她的體重從未超標，可是肥胖的陰影始終在她腦海裡揮之不去。即便我跟她說過幾次，她是我這一生中碰到最胖的瘦子，也似乎不管用。你若跟她進餐，飯前總有片刻的沉默，她可不是在作飯前禱告，而是在計算盤中的卡路里。在那種時刻，她心裡好似有個計算機不停地運轉──她認為心念裡一直掛礙著食物的油脂並沒有關係，只要不吃下肚，就不成問題了。然而，事實的真相是，她內中的問題（自我憎恨或罪咎），卻長年盤據心頭。

　　從社交層面來講，能讓海倫看得順眼的人可說稀有難得，她不喜與人交往，卻能保持和顏悅色，但即使不太讓她嫌惡的人，她也從沒好話可說。因為海倫心裡認為：「只要我不說出自己對你的看法，一切就天下太平，我沒有理由感到內疚。」耶穌卻告訴海倫，事實絕非如此，**咎不是出自我們的言行，而是我們的想法**。政客們最會說謊，他們明知自己在撒謊，但只要別人不知道，他們就認為沒事了。類似的心態，其實人人有之，然而事實上，只要我們不說實話，一定會生起罪惡感的。正因如此，耶穌才說：「這種心態也許能減輕你的罪惡感，你卻得付出沉重的代價，因為你廢除了心靈的武功。」如果耶穌也把罪當真的話，那我們就真得付出代價了，因為我們若不了解、不接受或不尊重心靈的能力，卻企圖從夢中解脫，這無疑是癡人說夢。基督教正因犯了這嚴重錯誤而淪為一個怪力亂神的宗教，這個主題留待第三章再深入討論。總之，這一段的要旨是：小我最怕的莫過於心靈的抉擇能力，深恐心靈有朝一日

否決了它的能力，它就一籌莫展了，故它處心積慮，讓我們陷入失心狀態，無從去修正當初選擇小我的那一決定。

除了上述所說以外，我們的恐懼還有一個理由（這一段並未提到），即小我警告我們，一旦啟動心靈的能力，我們必會再度誤用那種能力而又犯下滔天大罪。由於小我先把罪弄假成真，再勸我們規避心靈，加上內心的咎與小我裡應外合，難怪我們對心靈避之如蛇蠍了。

縱然我們目前還沒具備扭轉心識的能力，但能如實了解心靈的力量，對修行有舉足輕重的影響。比方說，我每天都得服藥來減輕頭疼，那時，我只需要意識到自己在做什麼，然後坦誠面對事實：「我明白真正的問題其實源於內心，但我仍然害怕到不行；沒想到我的心靈竟然有那麼大的威力，甚至可以否決自己的能力！」這是真的，不論自己面對的是頭痛還是癌症，只要帶著這份覺知，療癒便有希望了。不僅如此，我們若能如此誠實、溫柔、有耐心地對待自己，也才有可能同樣誠實、溫柔、有耐心地對待別人。

這一段話所說的「心念」，固然泛指所有的念頭，但是我們不妨把焦點放在妄心妄念上頭，看清它們是怎樣左右自己的一生，即使我們根本沒有意識到它們的存在。正如同「**沒有無謂的念頭**」這個觀念，它是〈練習手冊〉一個極為重要的主題，尤其在前面幾十課裡。任何念頭，只要追究下去，都離不開罪咎之念，而且遲早會投射出去的。然而，根據〈正文〉交

響樂的主題曲「**觀念離不開它的源頭**」，不論我們如何投射，罪咎之念卻始終留在自己心內，最多只是目前尚未具體呈現在現實生活中而已。既然時間與空間只是一個幻相，夢境裡是可能呈現不同層面的現實的，連當今一些物理學家也告訴我們，宇宙中還有許多這樣的世界（平行宇宙）。就像晚上睡覺，我們可能作出五花八門的夢，平日裡，我們也能同樣造出形形色色的人生大夢。這一主題仍需留待後文討論，我們在此只需記住一件事：是我們自己故意撤銷心靈能力，認定它對我們的困境一籌莫展，這樣否定心靈的能力，對我們只有百害而無一利。心靈的能力一旦被自己撤銷，否認和壓抑便會尾隨而至，下一步勢必轉為攻擊——若非打擊自己，就是攻擊他人。

耶穌知道，他只講一次，我們是聽不進去的，到了下一節「因果關係」，他又再度重申：

(VII.1:1~3) **你很可能一邊抱怨恐懼，一邊卻縱容自己沉溺於恐懼之中。我已經表明了，你不能要求我替你擺脫恐懼。我知道它根本不存在，問題在於你不知道。**

耶穌向海倫說了這番話以後，再次拜託她不要把自己的恐懼怪罪到他頭上，更別指望他來消除恐懼。耶穌的理由是：「恐懼是**你**一手打造出來的東西。」他當然不要海倫或我們為此內疚，但他切盼我們能聽到心裡去，終有一天必會開竅的。說實話，要我們真心承認恐懼以及它所滋生的恐怖世界只是夢幻泡影，還真的需要相當時日的修持呢！

（VII.1:4~6）如果我在你的想法及其後果之間插手干預，等於干犯了世間最基本的因果律，也就是最基本的自然法則。如果我藐視你思想的力量，對你沒有一點兒好處。這也與本課程的宗旨背道而馳。

回到我們的體系圖表，在圖表的左上方是耶穌所說的**因**（心靈），它形成的**果**（身體的恐懼）則在下面那個方框裡。

平心而論，這一章實在太精彩了，因為它講得不能再清楚了。一開篇，耶穌就為我們奠定整部課程的宗旨，要我們了解並且尊重心念的力量。想一想，每當我們請求耶穌幫忙找停車位、治癒癌症、促進世界和平，只要是世間的事，不論大小輕重，都等於要求他干涉世間的因果律，而這無疑是藐視甚至否定了我們心靈的決定能力。我們既然指望他帶領我們跳脫夢境，又何苦要他插手人間事？他在〈頌禱〉一開始便已說過，向他提出具體的祈求並非邪惡之事，只是這種習性會讓我們始終滯留在階梯的底層，然而，他念茲在茲只想引領我們早日抵達階梯的頂端，也就是真實世界。一旦臻於此境，天堂便已在望了。

我們已經看到，〈正文〉交響曲一開場，耶穌立刻為我們譜出這部課程的宗旨，他在後文更是一語道破：「這是治因不治果的課程。」（T-21.VII.7:8）再說一次，本課程的目的所在，絕不是改善我們的行為（果的層次），而是轉變我們內心的想法（因的層次），此外無他。

(VII.I:7~8) 最好的辦法還是提醒你，你對自己的心念防範得不夠周密。你也許感到此刻「只有奇蹟救得了我」，確實如此。

請看，耶穌此刻拿**奇蹟**一詞來玩文字遊戲，藉之揶揄我們。因為我們渴望的奇蹟，不外乎一些超自然的外在現象，也就是「**果**」；然而，耶穌的奇蹟，卻是幫我們認清心靈才是一切的「**因**」。歸根究柢，我們只有一個問題，就是心靈的自我定罪，為此，這個問題永遠也只能從心內去解。

(VII.1:9~10) 只是，你尚未養成奇蹟心境的思維模式，但這是可以訓練的。所有奇蹟志工都需要這種培訓。

顯然的，這兒所說的「訓練」就是指《奇蹟課程》。回頭來看耶穌在第一章結尾所說的：「此書是一部訓練你起心動念的課程。」（T-1.VII.4:1）這一句話原本出現在上面那一段之後。當時耶穌明白告訴海倫、比爾（以及我們所有的人），這部課程的目的，就是訓練心靈用另一種方式來重新思維。試看，我們之所以走得如此顛簸，如此舉步維艱，就因為我們對解脫怕得要死，對救贖的光明更是避之猶恐不及。正因如此，耶穌對我們特別有耐心，也正因如此，這部《課程》真的值得我們學習一輩子。由此可知，看清自己內心不斷抗拒學習是多麼的重要，因為我們內心有一部分在吶喊：「我根本不想學這玩意兒！」當然，小我的抵制情有可原，因為這個「訓練」等於要了它的命。沒有錯，研讀這部書並且接受它的訊息，意味著自己必須徹底改換思維方式，這令「特殊的自我」備感威

脅——我若想保全自己的特殊性，就不能不抵制迫在眉睫的威
脅，也就是聖靈那套思想體系，還有老在這兒叮囑我們「問題
及解答都在你心內」的那位老師。

(VII.2:1) 我不願看你如此放縱自己的心念……

　　投射，乃是心靈的一種自我保護伎倆，因為投射等於聲
明：「問題不在我，都在外面。」我們樂此不疲地作了一些外
在的改變，因為我們知道自己老在作些錯誤的決定，努力搜集
一堆「事實」證據，就以為答案在握。其實，我們愈做愈錯，
因為我們從未正視自己究竟在幹什麼。不論我們多麼確定肉眼
所見絕無差錯（其實我們的知見早就扭曲了），我們依舊會看
走眼的；因為問題根本不在外面，而是心內不斷為自己定罪，
又不斷諉罪他人的意圖。

(VII.2:1) ……否則，你就無法助我一臂之力。

　　可以這麼說，若要助耶穌一臂之力，不是靠言語、行為來
傳播他的《課程》，而是活出自己的真實生命。但我們還需明
白一點，除非我們主動向耶穌求助，否則他對我們也愛莫能
助。誠如他在後文所說的話：「我甘心樂意給你這一力量，因
為我需要你不亞於你對我的需要。」（T-8.V.6:10）唯有我們接
受他愛的教誨，邀請他進入心中，他才得以陪伴我們踏上歸家
之路。

(VII.2:2,4) 你若真想行奇蹟，必須先徹底認清心念的力量，才

**不會濫用你的創造能力。……奇蹟志工必須打從心底尊重真實
的因果律，因為那是奇蹟出現的先決條件。**

現在，我們又看到耶穌再三重申心靈的大能了。心靈是
因，身體是**果**，這才是真實的因果律。這一認知不只幫助我們
深入奇蹟三昧，也是成為奇蹟志工不可或缺的先決條件。

因果的議題也涉及「奇蹟」及「恐懼」的觀念，它們是
「心靈抉擇」這一**因**所可能形成的兩種結**果**。至於會得到什麼
結果，關鍵端賴於這種心靈能力（即自由意志）作何選擇——
究竟是小我之念還是聖靈之念。只要選擇其一，另外一個便會
由我們的覺知中銷聲匿跡。

**(VII.3:1~3) 奇蹟與恐懼都是出自心中的一念。如果你不能自由
地選擇其一，你也不可能自由地選擇另一個。你若選擇奇蹟，
縱然只是一時興起，至少在那一刻，你拒絕了恐懼。**

心靈不僅能將恐懼客體化，還會諉罪於外在環境，但我們
最應警惕的是，切莫低估心靈具有選擇恐懼的能力。耶穌再三
提醒我們，我們若否決心靈有選擇小我及恐懼的能力，等於
否決了心靈也有選擇奇蹟的可能。在化解恐懼的過程中，這一
原則始終扮演著關鍵性的角色。如果我們朝向心靈之外任何一
個客體尋求答案（也就是怪力亂神的手法），不論那個客體是
一粒藥丸還是一個人（包括耶穌在內），其實就是在否認自己
心靈的抉擇力，因而斷了自己的生路。這一主題會在整部〈正

文〉中反覆出現。

(VII.3:4~9) 世間沒有一人或一物不會讓你心存畏懼。你怕上主，怕我，怕你自己。只因你已曲解或更好說是妄造了我們，而只要是你自己造出來的，你不可能不相信它的。話說回來，若非你由衷害怕自己的念頭，你何苦如此妄造？心懷恐懼的人不可能不妄造的，因為他們早已曲解了創造的真相。你一開始妄造，便免不了受苦。

　　投射與**妄造**可視為同義詞，**推恩**也等同於**創造**。這一段話在為我們描述妄造背後的動力：由於我們不只相信，而且還十分珍惜從自己的分裂而妄造出的生命，但在同時，我們也因著妄造而心存畏懼，甚至感到罪孽深重。這種恐懼鋪天蓋地，使我們不得不把它投射回上主身上，將祂「曲解」或「妄造」為一位存心報復的神明，不毀滅我們誓不甘休。我要再度引用〈教師指南〉的一段話：

> 憤怒的父親開始向他罪孽深重的兒子討債了。你若不痛下殺手就得坐以待斃，這是你當前的唯一選擇。此外別無出路，因為你所做的一切已經覆水難收了。斑斑血跡是永遠清洗不掉的，手沾血腥的你，不能不以死亡來償命。(M-17.7:10~13)

　　無疑的，這種曲解正是消除罪咎的下下之策，因為這個罪惡感從此成了我們的心頭大患。這讓我想起前文引用過的一

段話：「所有防衛措施所『做』的，恰恰變成了它們所『防』的。」（T-17.IV.7:1）我們為了逃避由咎而生起的恐懼，妄造出如此恐怖的世界，終日膽戰心驚地等待著罪有應得的懲罰。這種驚恐才是人間一切痛苦的根源。除非心靈改變它的原始決定，不再聽信那只知妄造及恐懼的小我，開始追隨那位創造與慈愛的神聖導師，否則我們是不可能從苦海中脫身的。

（VII.3:10~15）因果律縱然只有暫時的效用，它仍能反過來助你一臂之力。推到究竟，「絕對之因」這一詞只適用於上主，聖子則是祂的「絕對之果」。在這絕對層次的因果關係和你在人間打造的因果完全是兩回事。世間最根本的衝突，說穿了不過就是創造與妄造之間的衝突。所有的恐懼都藏身於妄造的世界，所有的愛則寄身於上主的造化中。因此，這衝突其實就是愛與恐懼的衝突。

我們都知道，小我最擅長扭曲上主的造化。這一段話告訴我們，天堂只有**絕對的因果律**，上主是「第一因」，也是「唯一的因」（造物主），聖子基督則是祂創造出來的「唯一之果」。小我其實也奉行因果律，只是它為了掩蓋天堂的絕對因果律，便把它扭曲為人間的因果律。聖子在人間的經歷，全拜小我之賜，但小我卻躲在幕後，它還打造了一個世界，謊稱是聖子存在之因，而把聖子貶為果。其實，小我（也就是沉淪後的聖子）只是果，而心靈的抉擇者認同分裂的那一念，才是真正的因。為此，聖靈的救贖成了小我最大的威脅；而聖子既與

小我認同，對這個威脅自然感同身受。就從那一刻開始，小我便對上主宣戰，恐懼也向愛發難了。無庸贅言，這種不可能發生也不曾發生的事，上主對它自然是一無所知。

(VII.4) 我先前說過：你相信自己控制不了恐懼，只因它是你自己製造出來的；正因你如此相信，好似更縱容它超越你的掌控。然而，企圖駕馭恐懼來解決那個錯誤，也會同樣的徒勞無功。認定恐懼需要予以掌控，反倒助長了它的威力。真正的解決途徑唯有「愛」。然而，在過渡期間，內心難免會衝突迭起，因為你目前的處境仍然相信某種根本不存在的力量。

小我坐立難安，急著解決這個衝突，而它愈急於解決，內心的鬥爭就更加白熱化，使得天人分裂成了不爭的事實。於是小我開始獻計，教我們如何克服投射出來的恐懼。我們一旦相信了小我，自然會對它的解決方案言聽計從，從此，我們畢一生之力忙著壓制恐懼，開始與這個虛擬的敵人奮戰，根本沒機會看穿這場無中生有的戰爭。恐懼一經我們投射於外，好似脫韁野馬，更加難以馴服。這種失控感令自己愈發六神無主，想出種種後患無窮的險招來壓制這種恐懼，結果必然功虧一簣。如此一來，再度印證了先前兩次提及的至理名言：「所有防衛措施所『做』的，恰恰變成了它們所『防』的。」（T-17. IV.7:1）這類防衛不僅於事無補，反倒使我們力圖解決的問題顯得加倍嚴峻、加倍急迫，直到「另一條更好的路」出現，我們方能轉而選擇愛。唯有愛，才能真正「掌控」得了恐懼，如

同真理的光明必會驅散幻相。讓我們繼續讀下去：

(VII.5:1~4)「虛無」（nothing）與「一切」（everything）是不可能並存的。相信一方，等於否認另一方。恐懼是道地的虛無，愛才是一切。光明一進入黑暗，黑暗便消失了蹤影。

請注意，在整部課程裡，這個觀念正在逐漸演繹定型為奇蹟的一句名言——**把幻相的黑暗帶入真理的光明**。在正念心境中，「非此即彼」的原則可以這樣詮釋：「虛無」（即恐懼及黑暗）和「一切」（即愛與光明）是絕對無法並存的；我們一旦把幻相的黑暗帶入真理的光明，唯一留存下來的，唯獨真理而已。這正是寬恕的精髓，奇蹟就是藉著它才發揮得了療癒之效的。

(VII.5:5~9) 你相信什麼，它對你就是真的。由這層意義來講，分裂確實發生了；否定它的存在，表示你已誤用了「否認」的力量。但是，你若把注意力集中在錯誤上，只會讓你愈陷愈深。修正的第一步必須暫且承認問題確實存在，這不過表示它有待及時的修正罷了。承認問題存在，有助於人心加速接受救贖。

言下之意，這條靈修之路好似在萬丈深淵走鋼索，奇蹟學員必須不落兩邊，允執厥中。一方面，它要我們誠實看待自己的感受，因為「由這層意義來講，分裂確實發生了」，這時，我們若企圖否定個人的生活經歷，「這種『否認』能力是

最不值得的」。可以說，耶穌堪稱為心理治療師的箇中翹楚，不論病患的感受與現實相差有多遠，治療師絕不會教病患否定自己的經驗，因為這麼一來，病患的感受只會愈壓愈深，更沒有機會得到修正或化解了。但另一方面，我們也可能落入另一極端，過於放縱小我，沉溺在分裂及特殊感受而樂不思蜀，這也會讓我們深深陷於現實情景而難以自拔，錯失了修正或化解的機會。還記得在基金會舊址羅斯科鎮（Roscoe）的課堂上，我曾經借用窗外美麗的湖水做了一個比喻：我們跳進小我的湖中，目的是要游到彼岸，但下水之後最大的誘惑，就是忘了當初下水是要**越過**這湖而安抵彼岸的，結果我們**潛入**湖底，反倒在湖底五光十色的景致中流連忘返了。

　　同樣的，我們之所以要看清小我思想體系的內幕，唯一的目的，即是為了意識到自己亟需「修正」，鼓起勇氣放下小我沒完沒了的衝突而選擇耶穌的平安。一旦走到這兒，重新選擇便成了輕而易舉的事了，正如後文所言：「在聖愛的呵護下，還有誰會在奇蹟與謀害之間舉棋不定？」（T-23.IV.9:8）

(VII.5:10~14) **我必須再三強調，虛無與一切之間，終究地說，沒有妥協並存的餘地。時間基本上只是一種教具，所有的妥協心態必須透過時間才能放下。表面看起來，你是一步一步地放下這個妥協；其實，時間所包含的時段性並不存在。只因人已誤用了創造能力，時間才變成一項不可或缺的修正教具。福音有言：「上主竟這樣愛了世界，賜下了自己的獨生子，使凡信**

祂的人不至於喪亡，反而獲得永生。」這段話只需稍為改寫一下，便能襯托出話中深意：「上主竟這樣愛了世界，『把世界』賜給了自己的獨生子。」

　　這一段話是正念心境針對小我「非此即彼」的護身符所作的另一種詮釋。耶穌從夢境之外告訴我們，真理與幻境絕無妥協並存的餘地；我們若非昏睡就是清醒，就像我們不可能「只懷一點孕」一樣。然而，活在夢中的我們，凡事都離不開時間的因素，在這樣的「過程」中，我們好似在真理與幻境之間來回擺盪不已。世界也是如此，儘管它本質是虛幻的，耶穌仍可把它轉化為教學的課堂，讓我們終有一天明白世界根本就不存在。這一了悟，便會將我們保送至「真實世界」。「真實世界」乃是奇蹟重要術語，指稱旅途的終點，象徵我們已然全面接受「分裂從未發生過」這個救贖原則。夢，終歸只是一場夢而已，故我們不妨將**真實世界**視為上主恩賜我們的「修正」禮物，它終結了小我分裂及死亡的世界。「上主竟這樣愛了世界」這一句話雖然引用自〈若望福音〉（3:16）〔譯註〕，但千萬不可解讀成上主**為**自己的兒子創造出這個世界。對此，下面這一段話作了最好的補註：

　　我曾說過：上主如此愛了世界，不惜賜下祂的獨生

〔譯註〕此處之〈若望福音〉，即是基督教之〈約翰福音〉，唯因內文所引「上主竟這樣愛了世界」之譯文，更契乎肯恩在上下文討論的語境，故採用天主教〈若望福音〉之譯名。

子。上主愛的是那真實世界，凡是認出世界真相的
人，再也不會看見死亡的世界。因為死亡不屬於真實
世界，那兒處處反映出永恆的境界。上主願用真實
世界來與你分裂心靈所打造的那個象徵死亡的世界交
換。（T-12.III.8:1~4）

總而言之，真實世界其實就是「聖靈的修正」之象徵，代
表天堂與自性在我們心中的記憶；當我們陷入昏睡時，它隨著
我們一起進入了小我的死亡夢境。在我們的交響曲中，「真實
世界」這個象徵還會反覆登場的。

接下來，我們就要進入寬恕的主題了。寬恕的觀念在前面
幾章很少現身，最後卻能點點滴滴地匯成《奇蹟課程》的主題
曲。我們不難看到耶穌是如何為後面的寬恕大戲佈局，因為如
果不預先釐清這些基本理念，我們便不可能了解寬恕的真諦。
先簡單地說，我們必須明白，所謂寬恕，並非兩人之間的問
題，這兩人不過代表了一個自我定罪的心靈（**因**），投射到特
殊關係而形成的一個**果**而已。

寬　恕

在這一節，我們要開始切入寬恕的主題，看看耶穌如何向
他的學生吹響號角，請我們接受他這位新老師作為日常修持的

嚮導，為我們照亮這趟心靈的旅程。

(V.5:1) 奇蹟志工（miracle workers）在展開他們在世的任務以前，必先充分了解人們對解脫的恐懼。

　　首先必須明白，我們的責任不是去拯救世界，也無需四處宣揚《奇蹟課程》；我們唯一的任務僅僅在於改變自己的想法而接受救贖，只因為我們早已把救贖拒之千里以外了。上述忠告可謂用心良苦，力勸我們把焦點從世界和身體撤回，轉而回到心靈。倘若做不到這一點，寬恕只不過是紙上談兵而已。「救贖」這個觀念，乃是貫穿整部課程的主軸，它的內涵可以歸納成短短一句話——分裂不曾發生過。這一觀點的雛形早已出現於先前這一段話裡：

(I.4:1~4) 歸根究柢，所有的恐懼都是出自「你認為自己有篡奪上主大能的本事」這一基本妄念。這是絕不可能的事，你也從來沒有這種本事。這是你終將由恐懼中解脫的保證。你唯有接受救贖，方能掙脫恐懼，你才會明白這一切錯誤其實從未真正發生過。

　　可以說，這一段話就是《奇蹟課程》帶給所有人的福音。因為心靈的本質既然是「一」，那麼，一個心靈痊癒了，所有的心靈也必然跟著療癒，即使是身陷虛幻夢境之人，也照樣能同享救贖的美果。

(V.5:5~6) 如此，你等於傳送給他們一個訊息：他們的心靈也具

有同等的建設力，以及他們的妄造傷害不了自己。其他心靈會因著你的肯定而不致高估了自己的學習教具，讓心靈重新看清自己仍是學徒的真實身分。

這才是「真寬恕」與「親自領受救贖」的真諦。當我們與弟兄同在時，即使他們尚未準備好接受奇蹟教誨，卻能感覺到我們有所不同；我們內心的平安與慈悲，悄悄地鼓舞他們作出同樣的正念抉擇。至於我們說什麼或做什麼並不重要，只要心中有愛，便能夠發揮潛移默化的作用，打動別人的心，看出身體只是心靈的一個學習工具而已，如此，他們的眼光自然有機會由外在形體撤回到心靈。

寬恕，就是認清了對方的作為並未傷害到自己；而自己的心平氣和，不加設防，就已經發揮出最好的示範作用了。就形式來說，我們可能會堅持自己的原則，甚至會約束對方，但重要的是我們的用心那個內涵。只要我們的心態是從平安出發，等於在向對方傳遞一個訊息——他也可以改變自己先前的選擇。他會跟我們一樣，回到心中，認出先前的錯誤決定而當下作出修正。即使他此刻尚未準備好接受修正，至少他會知道自己還有另一個選擇的餘地。再說一遍，只要我們作出正確的選擇，放下小我的怨恨及衝突，必會經驗到救贖的平安，如此，身邊的人自然也會接收到這種平安的氣息。總之，我們不是藉由行為來教人，而是因著自己的心靈選擇了平安，自然能向他人示現平安。為此，本課程最在乎的關鍵點，便是我們心裡究

竟在想什麼。

　　總之，寬恕能將我們的知見帶入正念心境，讓我們明白，有待修正的不是自己或他人的形體表現，而是在妄念誤導下，濫用身體的那個抉擇者。耶穌接著說：

(V.15:3~16:6) 除非寬恕能帶來修正之效，否則它只是一種空泛的姿態而已。缺了修正功能，寬恕基本上已淪為一種評判，喪失了療癒的能力。

奇蹟心志下的寬恕，純粹是一種修正。絲毫沒有評判的意味。「父啊，寬恕他們吧！因為他們不知道自己在做什麼。」這句禱詞絲毫沒有評判眾人的所作所為。它只求上主療癒他們的心靈。一句也不提這錯誤可能導致的後果。因為那無關緊要。

　　如上所言，正念心境必能帶來修正之效；相對於此，妄念之心所給予的寬恕，反而會助長小我的分裂思想體系，因為它只會矚目於「形體」與「差異」那一有形層次。這正是〈頌禱〉所說的「毀滅性的寬恕」（S-2.II），其實，整部的課程對此著墨甚多（T-30.VI.1~4; W-126.1~7; W-134.1~5）。只要能放下判斷，分裂之念頓失立足之地，因為判斷**就是**分裂。上面引言中的禱詞是〈路加福音〉的經文（23:34），它當然是一種比喻的說法，因為上主無需寬恕並未犯下任何罪行的聖子，祂也不會療癒不可能生病的人。如此，才合乎奇蹟第一原則「奇蹟沒有難易之分」，因為**所有**形式的錯誤都是同一回事，有待寬

恕的永遠只有一個，就是作出錯誤選擇的那顆心靈。

　　這種學習是需要一段過程的，縱然「**過程**」一語屬於時空幻境，但只要我們還認為自己活在這兒，世界就是我們的現實。為此，我們不妨把學習救贖視為耶穌陪伴我們穿越的一段過程。

(II.5)「救贖」早已潛入了人類的時空信念，這一內在預設為人們對時空的信賴與需求設置了上限，一切學習最後是靠它而完成的。救贖是人生最後的一課。這一學習歷程就像上課的教室一般，只是暫時的施設。當你進入無需改變的境界時，學習能力便沒有存在的價值了。在生生不已的永恆裡，無事可學也無道可修。在世上，你仍需學習改進自己的知見，成為一位虛心就教的好學生。這會使你的頻率與聖子奧體愈來愈相應，然而，聖子奧體原是完美的創造，而完美是沒有程度之分的。只要你還相信萬物有別的話，學習便成了一件深具意義的事。

　　外表看來，救贖必須在時間框架下運作，但它終極的目標卻是撤銷時間。這跟我們在第一章論及奇蹟的角色有著異曲同工之妙。救贖能瓦解（或縮短）學習寬恕所需的時間，它帶領我們進入特殊關係，與小我正面交鋒，面對自己的投射過程，加速完成寬恕的功課。

(II.6:4~10) 救贖的功能即是幫你在前進之際，擺脫過去的束縛。它化解了過去的錯誤，使你無需重蹈覆轍而延誤了歸程。

從這一方面來講，救贖確實能為我們節省不少時間，但它像奇
蹟一樣，是為時間服務的，而非廢除時間。凡是需要救贖之
處，就需要時間。整個救贖計畫從頭到尾都與時間建立了極為
特別的關係。在救贖完成以前，每一階段都有賴時間才能進
行，但整個救贖本身卻立於時間的盡頭。它由那一盡頭為我們
架起了一座回歸的橋樑。

　　救贖之所以能節省時間，因為它能一筆勾銷那根本就不存
在的過去；而所謂過去，純然只是小我「罪咎懼」那個瘋狂體
系投射出來的幻影而已。然而，只要我們還感到自己是時空
的產物，就必須在時空的框架下接受修正。我們自以為活在世
上，耶穌也盡量遷就我們這種心理（T-25.I.7:4）。他知道我們
與自己的個體生命認同如此之深，始終認為是自己這個「人」
正在研讀或操練寬恕的功課；直到我們抵達旅程的終點，才會
恍然大悟，原來是心靈那個「非」時空性的抉擇者在修這個課
程，它才是「夢者我」的本來面目。唯有在此前提下，我們才
可能捨棄分裂而選擇救贖、從而憶起圓滿自性。本章到了第五
節論及奇蹟時，還會繼續申述如何化解我們的時間信念：

(V.一.11) 奇蹟全面撤除了心靈較低層次的需求。由於它的時間
模式獨具一格，一般的時空因素限制不了它。當你行奇蹟時，
我會配合你的需要而重新調整時間與空間的。

　　在實相的層次，耶穌才不會為我們調整時空呢！那只是一
種比喻的說法，表示我們已經聆聽他的教誨而恢復正念了。那

時，我們的知見會從直線性的時空世界轉向非直線、非時空的心靈；從橫向的座標移向縱向座標。然而，究竟說來，「重組」時空的是我們自己，只因我們已經選擇耶穌作為自己的老師了。

下一段談的雖是救贖，內涵卻是寬恕，只不過沒有使用寬恕這個術語而已。我們知道，寬恕的目光必須越過世界和身體，不被小我的彌天大謊所欺，才能直指那一度作出錯誤選擇的心靈，而當下作出新的決定。下面幾段話借用了「聖殿」、「祭壇」這類宗教語彙來闡述那一心理過程；聖殿象徵我們的真實自性，而祭壇則代表那有能力選擇小我或聖靈的抉擇者。祭壇在《奇蹟課程》中是一個非常重要的象徵。

(III.1:10~12) 聖殿真正的美不是肉眼所能看見的。唯有具備完美慧見的靈性之眼，方能視而無睹外在的建築。唯有那座祭壇歷歷在目。

基督慧見（即靈性之眼）越過了身體（**形式**），直視心靈（**內涵**），抉擇者才可能捨棄分化的傾向而選擇完整，捨下小我而選擇上主。從防衛的作用來講，唯有救贖才能保護我們免受恐懼之苦，因為它恢復了我們原是基督的記憶，這一記憶即是上主之愛的聖殿。我們在下文馬上就會讀到：

(III.2) 救贖必須置身於內在祭壇的核心，方能發揮最圓滿的功效，化解分裂狀態，恢復心靈的完整。心靈在分裂以前原是大

無畏的，因為恐懼還不存在。分裂與恐懼都是出自心靈的妄造，必須先行化解，心靈才可能重整聖殿，開啟祭壇，接受救贖。救贖在你內安置了一個有力的防衛機制，足以抵制所有分裂之念，使你不受其害；分裂之境就是如此獲得療癒的。

歸根究柢，唯有看透世界造出的問題都是無解的，我們才會死心而另覓他途。耶穌把他的眼光借給我們，溫柔地引領我們略過錯誤而定焦在救贖的修正上。縱然有形的錯誤歷歷在目，但我們的正念之心卻能賦予它不同的意義。從此，世界再也不是我們處處設防的戰場，而成了寬恕的教室，供我們學習跳脫戰場，直視心靈的錯誤選擇，一舉將錯誤修正過來。

(III.4) 靈心慧眼確實看不到錯誤，在它眼中只有救贖。肉眼所寄望的一切解決方案從此徹底銷聲匿跡。靈心慧眼只會往心內看去，一眼看出自己的祭壇已經蒙塵，亟需整修和保護。它徹底明瞭了正確的防衛途徑，故能罔顧其他伎倆，也能罔顧任何過錯，它的眼光直指真理。靈心本著慧眼之力，甘為靈性所用。心靈一旦恢復了原有的能力，自然愈來愈難容忍苟延殘喘的生活，明白那是自作孽而已。結果，心靈會對以往習以為常的小小不安愈來愈敏感。

我們一旦明白一切痛苦都源自心靈為自己定罪的那一決定，此後，我們對內心一點點的不安都會變得十分敏銳。以桌布為例，一塊很髒的桌布再添加一兩點污垢，也無何影響，絲毫不會引起任何人的注意；反之，桌布若是潔白的，一丁點污

垢都會格外刺眼。小我的過失也是如此,我們習於正念心境之後,內心湧現一絲絲的懊惱都會激起心靈的不安,催促著自己改變眼光。

寬恕最後的結局是無庸置疑的,這是最大的喜訊:幻相終究敵不過真理實相,上主的每個孩子都會安返家園的。

(III.3:1~3,10) 所有的人終會接受救贖的,這是遲早的問題。因為最後的抉擇早已註定,這說法好似與人的自由意志相牴觸,其實不然。你可以因循苟且,你能夠盡量拖延,但你無法與造物主一刀兩斷,因祂已為你的妄造能力設了限。……但最後的結果必如上主一般屹立不搖。

當寬恕的功課圓滿完成,整個聖子奧體接受了救贖,我們的人生旅程便已抵達最後的階段,而那就是正念心境所理解的「**最後審判**」。

最後的審判——旅程的結局

請看,耶穌再度採用基督教的術語卻賦予截然相反的內涵,這個「最後審判」即是最典型的例子。在傳統基督教教義裡,它原是指上主對聖子最終的懲罰(只有少數的人得救,其餘的必受「永罰」)。但在耶穌的重新詮釋下,它成了**聖子**對

小我的最終審判，表示聖子終於修正了小我的原始錯誤，選擇
真理來取代幻相。

(VIII.3:1~6;4:1) 一般人都認為最後審判是由上主主司其事的。
實際上，是我的弟兄在我的協助下主司其事。雖然絕大多數的
人都認為自己會遭到天譴，其實，最後審判乃是終極的療癒，
它不會定罪懲罰。懲罰的觀念與正見的思維可說是背道而馳，
而最後審判的目的就是幫你重建正見心境。最後審判不妨改稱
為「正確的評估過程」。它不過反映出：世上每一個人終於恍
然大悟什麼是有價值的，什麼是不值一提的事。……通往自由
的第一步就是具備辨別真偽的能力。

　　就這個全新的角度來說，最後的審判對我們當然是天大
的喜事，而絕非可怕的結局。我們會打從心底歡呼：「謝天謝
地，原來是我們搞錯了，上主始終是對的！」耶穌接著解釋我
們如何把內心最害怕的天譴投射成最後的審判。

(VIII.5:1~3)「最後審判」一詞的可怕處，不只是因為人們把它
投射到上主身上，而是因為「最後」兩個字很容易讓人聯想到
死亡。這充分反映出妄見的是非顛倒之處。只需客觀地反省一
下「最後審判」的意義，它其實是一條邁向生命之門的道路。

　　這段話的真義是，我們必須在死亡幻相和永生真理之間作
出正確判斷。要知道，在正念正見之中，世界的存在只有一個
目的，就是充當寬恕的教室，學習正確的判斷，扭轉自己的投

射，將咎與懼帶回心靈的源頭。只因我們自以為活在時間領域內，這個學習過程自然有賴時間，故耶穌繼續說：

(VIII.5:8~11) 時間的目的純粹只是為了「給你時間」去完成這種「審判」。它是你對自己的完美創造所作的完美「審判」。等你只願保存可愛之物以後，恐懼在你心中便無立足之地了。這就是你在救贖大業中所肩負的使命。

　　在救贖大業中，我們唯一的責任及本分就是接納「分裂不曾發生過」這一事實。這等於邀請聖愛安居我們心中；愛一來臨，恐懼頓失立足之地。充滿了愛的心靈便能自由地推恩於每一位分裂的聖子，呼喚他們回歸愛中，因為愛是他們的生命本質，是他們的一切。這個呼喚**來自**超乎時空的心靈，但在我們的感覺中，它好似在**向**時空世界呼喚。

　　在交響曲的第二樂章結束以前，還有兩段值得一讀，它們為我們寬恕與救贖的旅程帶來極大的慰藉，尤其當我們面對咎與懼投射出來的種種挑戰時。先看第一段，它是道地的安心法門──我們無需完美，仍然能夠幫助很多的人。

(VII.7:2~6,8~9)「準備就緒」只能算是達成目標的預修課程。兩者不可混為一談。人心一旦準備就緒，通常就會生出想要完成那目標的渴望，這份渴望在一開始難免三心兩意。但它至少顯示了此人已具備了「轉變心念」的潛力。必須等到「駕輕就熟」的地步，信心才可能全面展現。……準備就緒不過是信心

的一個開端而已。你也許會認為，從「準備就緒」到「駕輕就熟」之間，還得捱過無量劫的時間；讓我再提醒你一次，時間與空間都操縱在我的手裡。

再提醒一下，不要被「時空都在耶穌掌控之下」的表面字意所蒙蔽。耶穌在此不過代表了正念的選擇，這一選擇確實會扶正心靈的主導地位，讓心靈掌控人世的經歷。然而，心靈是超乎時空的，身為時空產物的我們，很難評估自己究竟有沒有助人的資格。對此，耶穌這樣告訴我們：「切莫在這事〔救贖大業〕上自作主張，因你連進步或退步都分辨不清。你曾把自己幾個顯著的進步評為失敗，卻把嚴重的退步視為成功。」（T-18.V.1:5~6）然而，即使我們的寬恕功課尚未達到**駕輕就熟**的程度，但我們仍然可能登堂入室，已經**準備好**成為奇蹟學員了。說真的，如果我們早已精通寬恕之道，根本就不需要《奇蹟課程》了。順便一提，正因為這個觀念如此重要，〈教師指南〉又重述了一遍：「〈正文〉曾經說過，準備就緒並不表示已經駕輕就熟。」（M-4.IX.1:10）

現在進入最後一段，當年海倫、比爾和我把這一段稱為「救恩禱詞」。它原本是筆錄後期，耶穌給比爾的私人訊息裡的一段。耶穌交代過，那些訊息和早期所有的私人對話，不要編進正式出版的《奇蹟課程》中，唯一的例外，就是這一段的結束禱詞：

(V.18) 為了他人以及你自己的療癒，你是大有可為的，只要你

一聽到求助之聲，不妨這樣提醒自己：

　　我在這兒，純粹為了利益眾生。

　　我在這兒，只代表派遣我的那一位。

　　我不擔心自己該說什麼或做什麼，派遣我來的那一位自會指點迷津。

　　祂希望我去的地方，我必然欣然前往，因我知道祂與我同行。

　　只要我肯用祂的方式去治療，我便療癒了。

　　一回到現實生活，我們常常忘了身邊的人際關係或眼前所有事件，它們存在的唯一目的，乃是促成我們自身的療癒，而這首美妙的禱詞可說是一記適時的醒鐘。是的，唯有具備如此心懷，我們才可能成為療癒他人的工具。（順便一提，根據這一段的原始記錄，「派遣我的那一位」指的就是基督，故原文用大寫的祂）。在耶穌的教導下，我們慢慢看見「共同福祉」，放下「個別利益」，如此，過去熱中的小我思想體系，以及它的分裂與攻擊傾向必會後繼無力，而寬恕及愛的天音便在我們的心中清晰迴響不已。我們根本無需探問，自然就知道該說什麼或做什麼。此後，我們活得好似耶穌在世間的化身，一如耶穌曾經活出聖靈在世的化身（C-6.1:1;5:1~4）。上主之子就這樣完成了療癒；從此，療癒的天音成了我們思維言行的唯一嚮導。

第三章

純潔無罪的知見

導　言

　　首先，我要說明一下，本章的標題「純潔無罪的知見」，在《課程》後面的章節，雖然逐漸採用「**正知見**」及「**慧見**」等詞來取代，但其實它們都是同義詞，而並非有著不同的意涵。本章將會討論「知見」與「真知」之別，繼而解說「正知見」又如何修正了小我的妄見世界。不過一開始，我仍會接續第二章的主題「心靈的選擇能力」，因為它是《奇蹟課程》的核心要旨，故在交響曲的每一樂章幾乎都涉及了它。只是本章的焦點有所不同，它更著重在分裂心念的結構，我會由此切入──唯有透過這一認知，我們才會對心靈的決定能力有更深刻的體驗。

心靈的結構

(IV.2:1~3:6) 意識（也就是知見層次），是天人分裂之後在心靈內所形成的第一道裂痕，從此，心靈由創造主體轉變為認知主體。意識，正確地說，已經淪入小我的領域。小我是什麼？它是心靈在妄見下故意把你看成它想要成為的模樣，而非你的真相。然而，你只可能「知道」自己本來的真相，因為那是你唯一能夠肯定的事。其餘的一切都有質疑的餘地。

小我就是天人分裂之後有待質疑的那個自我，它是後天的產物，而非上主的創造。它能夠提出種種問題，卻無法認出真實的答案，因為那需要真知的能力，非知見所能及。於是，心靈開始迷惑，因為唯有一體心境才可能免於迷惑。分裂或分歧的心靈是不可能不迷惑的。因它連自己的真相都無法肯定。既然它對自己都難以苟同，衝突自然勢所不免。

　　《奇蹟課程》直接分析心靈結構的章節並不多，上述兩段就佔了其中兩處。「正見心境」及「妄見心境」這兩個奇蹟術語要到第四段才會正式登場。在圖表裡，這兩個術語以「正心」與「妄心」二詞來顯示；小我方框代表的是**妄心**或稱作妄念思維，聖靈的方框則代表**正心**或正念思維。最上層的天堂或真知之境，則標示為一體心境（不二之境），或稱為一心。

　　至於「意識」一詞，在本課程裡的意義，和一般認知截然不同，它指的是分裂之心，和其他學派所說的「基督意識」是

兩回事。在《課程》裡，意識一詞乃是二元世界的產物，它和知見屬於同一層次。順便一提，整部課程從未用過「二元」這個詞，它不過是我們借用來表達的權宜之詞——顧名思義，二元世界即是一體不二之境的反面，而不二之境就是圖表右上角的**真知**層次。

　　這個不二之境乃是純然一體的境界，在這純「一」當中，完全沒有任何的對立，也就是神秘學家所描述的「**無二無別的一體**」。前文說過，這個反覆重現的主題，對於我們了解寬恕以及神聖關係至關緊要，因為這兩者可說是天堂一體境界在人間的倒影。由於神聖關係已經放下個別利益，僅著眼於共同福祉，故堪稱為一體心境的**倒影**，但它還不能算是一體境界。故耶穌曾說，寬恕也僅僅是天堂之愛的倒影（W-60.1:5）。要知道，但凡有主體客體之分的，就不可能是一體之愛，因為真愛只可能出現於一體及永恆不易的上主之境。由此可知，寬恕仍屬於幻相或夢境，但它足以化解「**非此即彼**」的法則。可還記得小我那種「非此即彼」的生存之道——不是你死就是我活，只有一方能贏，另一方必輸，故我不惜任何代價也要成為贏家。不幸的是，這種心態一出現，**所有的人都必輸無疑**，因為它把當初天人分裂之際「上主輸了，我贏了」那個錯誤再次弄假成真。無庸贅言，這種相互對立的瘋狂思維，跟永無對立的一心境界壓根兒扯不上一點關係。

　　在天堂一體之愛內，並沒有一個叫作上主、另一叫作基

督、而且彼此還意識到對方的存在這一回事。《奇蹟課程》只是藉著二元的筆法讓我們一窺一體實相而已。在一體實相裡，絕無分別對立，也沒有造物主與受造物之別，唯有洋溢著一體之愛的上主旨意永恆存在。自從分裂之念狀似發生後，心靈分裂為二，形成二元的世界，從此才有妄念及正念的分野。縱然兩者都在幻境之內，但妄念思維會令我們在二元夢境（也就是分裂及知見的世界）中愈陷愈深，而正念思維則能幫助我們從夢境覺醒。耶穌曾在〈練習手冊〉說過，寬恕是最終的一個幻相，和小我的其他幻相不可同日而語，它不僅不會讓我們在幻境中愈陷愈深，還能終結所有的幻境（W-198.3）。

(IV.4) 正見心境不可與真知心境混為一談，因為它只有正確思維的能力。你的心靈可以在正見下，也可能在妄見中，甚至還有高低多寡的程度之別，這顯然不屬於真知境界。所謂正見之心純是針對妄見之心所作的修正，因它能給人正知正見。這也稱之為「奇蹟心志」，因為它有治癒妄見的能力，它能改變你對自己的看法，從這一角度來講，它堪稱為奇蹟。

這一段解說，仍是針對**一心**或真知的本來境界，意味著我們已然放下小我的判斷而選擇了聖靈的奇蹟，或者說，正見之心已然修正了妄見之心。

心靈的結構介紹到此。容我再提醒一下，書中偶爾提到的「意識」，是指心靈分裂之始，也就是心靈起了分裂之念而引發的第一層分裂；在那當中，意識應運而生。隨著意識的出

現，自然帶出了主體與客體之分。我們的意識通常都有個對象，意識到某個人，或我的身體，或是我的一個觀念，當然，我也能意識到我正在研讀《奇蹟課程》。不論是意識的主體或它所意識的對象，全都屬於夢境的一部分，源自那誤以為已從上主圓滿之境分裂出去的那一套錯覺體系。接下來，由此衍生的種種錯誤，以及修正錯誤的整個歷程，毫無例外的，也全都屬於夢境的一部分。

　　請特別留意第四節第三段，它接續第二章的「**營造**」與「**創造**」之別，又往前推進了一步：唯獨靈性才會創造，而小我只會營造。不僅如此，小我的妄造原本就是源自於對自身的懷疑，因為它心知肚明，自己只是個冒充真實自性的贗品，難怪我們對自己或任何人事物永遠不可能堅信不疑。小我使出的自保之計，即是佛洛伊德所說的「**反向作用**」。簡而言之，我在表意識上所認定的自己，或在行為上表現出來的自己，其實跟我暗地裡所認為的自己恰恰相反。比方說，許多喜歡證明自己對而別人錯的人，通常都是企圖掩飾內在的不安全感，不幸的是，愈想壓抑心裡的不確定感，愈容易把內在的矛盾投射於外，因而需要更多的防衛機制來層層防護。相對於此，唯有憶起自己的真實身分是基督、是上主的唯一聖子，才化解得了我們的自我困惑，重建內心的安全與確定感。如今，要恢復這一心境，所憑靠的，正是可以選擇奇蹟的那一心靈能力。

心靈能力──抉擇者

　　現在，我們從第二節第六段開始，繼續來探討心靈的課題，它與前文論及心靈內的某種「過程」，可謂緊密呼應。分裂的心靈除了前面所說的「正心」與「妄心」之外，還有第三部分，就是抉擇者，它代表聖子在小我及聖靈兩套體系之間二選一的能力。我們若選擇了小我的體系，它對我們便會顯得栩栩如生；然而，這絕非因為它是真的，而是因為我們相信它是真的。正因如此，這部旨在喚醒抉擇者意識的課程，對我們才更加迫切需要，藉由它的教誨，我們才有機會發揮心靈的這種能力，撤銷我們對小我的信念，重新選擇聖靈。

(II.6:1) 修正所有曲解或妄見的方法，便是撤除你對它們的信任，而將信心轉而置於真實事物之上。

　　「信仰」（faith）或「信任」一詞非常重要，〈正文〉後面還會談得更深入。信仰在《奇蹟課程》中的意義，和傳統宗教裡那種對神明的信仰大不相同，它其實是在問抉擇者：「你究竟要信任小我還是聖靈？」無疑的，兩者之中，我們只能相信其中一方。後文又進一步點醒我們，信任小我其實無異於「**沒有**信心」，因為你相信的是虛無；反之，信任聖靈等於「**充滿**信心」，因為你把信心置於最真實且有意義的對象上。

　　這就是所謂「心靈的力量」，也就是你具有選擇認同哪一套思想體系的能力。不論我們選擇了哪一套，那一套對我們就

會變得真實無比。第二章已經一再提醒我們，如果我們不斷故
技重施，繼續認同小我，小我體系的那一場爛戲便會沒完沒
了、永世輪迴地搬演下去。除非有朝一日，我們幡然回轉，重
新選擇另一條路為止。到那時，我們才撤除得了自己對幻境的
信心，轉而接受聖靈的真理。當然，嚴格地說，聖靈的真理也
只能算是天堂真理的**倒影**，因為聖靈不過是救贖原則的一個象
徵而已，它不斷對我們重申「分裂不曾發生過」那個事實。

這一主題到了第七節會解釋得更為透徹。

(VII.1:1~2) **每一個思想體系必然有它自己的出發點。它不是始
於妄造，就是始於創造，我們已經討論過兩者的不同了。**

如前所述，小我直屬「妄造」系統，聖靈反映的則是「創
造」系統，但仍稱不上是真正的創造，因祂只能在夢境中呈現
正念思維而已；唯獨靈性層次，方才具有真正的創造力。在天
堂中，我們是以基督或自性的身分創造，以靈性的身分推恩上
主之愛；在人間，唯有臻至正念心境，才有能力將聖靈的寬恕
推恩於人。兩者在原則上毫無二致，只是內涵有所不同而已。

可以說，心靈的抉擇者既是小我和聖靈體系的起點，也是
它們的終點；因著抉擇者的選擇，奇蹟方能接手完成心靈的
旅程。這正是耶穌在〈正文〉結尾為我們揭示的願景：「*旅程
已經結束，回歸它的起點。*」（T-31.VIII.12:3）聖子的瘋狂之
旅，既然始於它選擇小我的那一刻，他的神智一旦恢復了清

明，看清自己的愚昧決定而徹底回心轉意，至此，這趟瘋狂的旅程便告終了。

(VII.1:3~5) 它們相似之處在於兩者均具有奠定基礎的能力。它們相異之處則在於這基礎上打造出來的一切。兩者各自為不同的人生信念體系奠定基石。

小我的分裂和聖靈的救贖具有一個共通的特質，即是兩者都是自己那套思維體系的起點或基點。小我會衍生罪、咎、懼、痛苦、死亡之念，永遠繞著特殊關係及形體世界打轉；反之，聖靈的救贖原則能夠衍生出相反的思維，如奇蹟、平安、寬恕，最終導向神聖關係。〈正文〉在他處又補充了另一項共通的特質，即這兩套思想體系皆能自圓其說，還各成一家之言。也就是說，我們一旦接受了「天人已經分裂」這個原始妄念，小我整套的防衛策略便應運而生，不斷壯大鞏固。同樣的，聖靈的體系也是如此任運自在，只要我們選擇寬恕作為安身度日的唯一準則，其餘的一切自然會從平安之境流淌而出，而且源源不絕。

歸根究柢，兩者最大的歧異點，小我的分裂前提完全出於瘋狂心境，而聖靈的救贖之念才是神智清明的反應。除了這個基本差異以外，它們的運作方式全然雷同。換句話說，兩套思想體系各自忠實地反映自己的源頭之念，而且兩者都是藉由我們對它的信仰才能「存活」下去。一切的導向，端看心靈的抉擇者決定相信哪一方。切實而言，若非聖子的認同，它們毫無

自己的存在意義；聖子決定相信哪一方，這個決定便啟動了那一方的整套思想體系。

(VII.1:6~8) 可別以為建立在謊言之上的思想體系必然脆弱不堪。凡是出自上主兒女之手的，切莫低估了它的威力。你必須徹底明白這一點，否則很難掙脫自己打造的牢籠。

可記得耶穌在第二章的提醒——曾幾何時，心靈選擇了聆聽謊言，而且言聽計從地打造出一個虛妄的世界；縱然如此，我們仍然要尊重心靈的選擇能力。如果我們不認可心靈有選擇**妄造**的能力，我們便絕不可能意識到心靈本有的創造力。準此而言，唯有寬恕能幫助我們恢復這種意識，這是從夢中甦醒的先決條件，藉之，我們方能憶起自己原來從未離開天堂。

(VII.2:1~2) 藐視自己的心靈能力，解決不了你的主權問題。這樣做，只是一種自欺而已，受害的還是你自己，因為你骨子裡其實很清楚心靈的力量。

冥冥之中，我們怎麼也忘不了埋藏內心深處的創傷記憶，以及由它引發的罪咎，就算那層遺忘的面紗掩蓋了圖表中橫線上面那種天堂經歷，我們內在其實還是有一部分很清楚心靈的力量。耶穌在此好似對我們說：「別再欺騙自己了，也別再躲在下面的方框裡，假裝自己的心靈一無所能，那是解決不了根深柢固的生命主權問題的。」沒有錯，不論我們與人間哪一種權威產生矛盾衝突，表示我們一定已經賦予對方某種力量了。

主權問題，追根究柢來說，一定會溯源到我們原初否定心靈的
選擇權那個問題上頭。

　　總歸一句，沒有人控制得了我們，除非我們賦予對方這一
能力，這跟對方是誰或事件大小毫無關係，純粹是因為我允許
別人奪走自己內心的平安之故；縱然表面上我的確受制於某人
某事，但那個掌控力仍是我自己賦予的。這正是心靈所具有莫
大威力之處。我們一邊自甘放棄這一能力，還故意遺忘自己的
決定。愛的能力就是這麼被扭曲的。愛內原本沒有對立，它不
會操控任何人，但在小我的世界裡，能力代表統治權，那能力
是從「我們打敗了上主」那個原始信念生出的。至此，我們才
明白自己為什麼那麼害怕別人，只因我們不只相信自己曾幾何
時毀滅了天堂，如今又把這一毀滅能力投射到他人身上。不僅
如此，我們相信這個毀滅的力量當初既能戰勝上主，現在也必
然威力無窮。我們最大的錯誤就是拒絕為此負責，反而將這種
能力投射到「別人」身上，不惜讓自己的心靈一無所能。無疑
的，這兒所謂的「別人」，其實就是自己的小我，但我們一口
咬定自己的一生受制於外面的某人某事。這種信念最極致也最
畸形的表現，莫過於「是魔鬼要我這麼做的」那類說法。為此
之故，耶穌才會語重心長地說：

(VII.2:4~8; 5:1~4)「魔鬼」是一個可怕的概念，因為他顯得功
　　夫高強，而且活躍非常。人們視他為上主的對頭，不斷在與上
　　主爭奪造化的地盤。魔鬼一向是靠謊言行騙，他國度裡的一切

處處與上主針鋒相對，水火不容。然而，對於人，他從不用蠻力，只會引誘，而真有人會為那些一文不值的禮物而「出賣」自己的靈魂。確實不可思議。……心靈能使分裂信念變得十分真實又極其可怕，這個信念便是「魔鬼」。他威力無窮，活躍非常，破壞力極強，公然與上主對抗，因為他徹底否定了祂天父的身分。正視一下你的生活，看一看魔鬼已經把你的生活搞成什麼樣子。但你心中明白，他的伎倆在真理之光前不堪一擊，只因它建立在謊言之上。

確實如此，魔鬼就是**我們**的小我，代表心靈內認同了虛妄分裂之念的那一部分。我們若將力量轉交到小我手中，必然相信自己沒有改變的能力，而自甘墮入魔鬼的陰森幻境，接受它的無期徒刑。在夢中，小我確實法力無邊，但一碰到真理光明，它只能消融於自身的虛無。從此，它自以為推翻了上主而造出特殊之我那一套瘋狂思維，也就隨之消逝了。心靈交鬥的內幕，實在事關重大，後文還會為我們反覆解說。

恐懼、抗拒以及救贖原則

如前所述，我們已經充分領教到心靈的力道是如此強大，甚至能夠跟自己唱反調，好似足以否決掉自己的能力，尤其是選擇救贖的能力。這是全書再三重申的核心理念，直指我們在

研讀或操練這部課程時的抗拒心態。即使我們內心有一部分明知此書所言句句真切，且與我們的現實生活息息相關，甚至知道只要自己照實去修，人生會變得十分幸福，然而，我們依舊冥頑不靈地抵制耶穌苦口婆心的教導。下面這一段就是針對小我交響樂的咎和懼而說的：

(IV.6:5~8) **這使得心靈感到靈性是如此高不可攀，身體對它更是望塵莫及。從此，心靈會視靈性為一種威脅，因為光明一現，你就會看到黑暗並不存在，黑暗便從此消逝了蹤影。此即真理克服謬誤的一貫手法。它全然迥異於修正過程的「大有為」作風，因為我先前強調過，真知一向是無為而治的。**

　　這就是為何我們全都對上主、耶穌及《課程》吝於插手人間俗事感到痛心疾首！我們無所不用其極地想把耶穌拉進人間，幫忙解決自己的問題，但也幸好我們未能得逞，因為他若插手，等於跟我們一起陷入瘋狂之境。不論我們怎麼懇求、怎麼引誘，他好似無動於衷，因為他在人間真的是英雄無用武之地。靈性對人間的錯誤、邪惡或罪行不作任何反應，只會以自身的光明靜靜地驅散我們對虛幻小我的信念，難怪我們一面對靈性就備感威脅。

　　問題是，我們一旦選擇小我而認同那套黑暗的思想體系，自己這個分裂的我當即變成黑暗本身。如果說光明象徵著救贖境界，那麼分裂之境的象徵就是「黯淡無光」；在我們選擇小我而抵制救贖之際，那「黯淡無光」便成了小我的黑暗。耶

穌在第一章曾把罪界定為「缺少愛心」（T-1.IV.3:1），表示罪
本身並無實質內涵，只不過愛不見了而已。同理，我們的心
靈在推開愛的光明那一刻，也同時把罪與黑暗弄假成真了，
把它們當成真實的存在，於是自己這個獨立、分化且特殊的
「我」，搖身一變，成為黑暗的化身。可想而知，若要保存這
個「我」，就不能不驅逐光明。至此，我們終於看到自己何以
然那麼抗拒這部課程了。我們心裡有一部分知道，如果按照
《課程》的教誨去活，人生一定大為改觀——更精確地說，我
們所謂的人生會徹底消失。無怪乎我們寧可昏睡下去，延續分
裂世界之大夢，還不斷設法把靈性的光明拉進黑暗的夢境，就
是不願從夢中醒來。下一節談到基督教時，就會看到小我是怎
麼倒行逆施的。

　　下面這一段為我們解說，為什麼研習了奇蹟之後，情況好
似更加惡化了：

**(VII.5:9~11) 你此刻活得惶惶不安，只因你回歸得還不夠徹
底。當你愈來愈接近那個「源頭」時，你會開始害怕自己的思
想體系瀕臨毀滅，那種恐懼與死亡無異。雖然沒有死亡這一回
事，可是人對死亡的信念卻是千真萬確的。**

　　我心目中的自己，有個名字，有一段人生經歷，一具身
體，周邊還有一群朋友；這種人生，其實就是小我黑暗思想體
系中的產物。當我開始學習寬恕的初時，比較敢往心靈深處去
看，那時，必會瞥見生命的源頭（上主），也會看到深埋的罪

惡感；由於我不再隱藏這份罪惡感，小我的存在基礎便開始動搖起來。這樣的「自我」過去之所以能夠虛張聲勢，甚至張牙舞爪，只因我認定自己只是一具有大腦的身體，在人間跟另一群身體聚散離合，根本不知道自己原是心靈。經過了多年的操練，不斷選擇奇蹟取代小我，愈來愈貼近抉擇者那一點靈明，彷彿逐漸要轉為一位觀者，而不再是深陷小我夢境中的角色而已。但緊接著，自我從裂解而開始瓦解，令我感到自己簡直快要死了，因自我原是仰仗「我自知有罪但千萬別讓別人知道」而存活的；如今罪咎仍在，卻攤在光天化日之下了，當然會驚恐萬分。正因如此，《奇蹟課程》才這麼具體引領我們沿著小我「瘋狂而失常的人生旅程」（T-18.I.8:5）一步一步溯源回去。如此溯源，我們的神智終有一天會恢復清明的。

可想而知，這必會引發小我的深層恐懼，它會奮戰到最後一刻，不斷在我們耳邊低聲警告：「你再跟耶穌混下去，跟他學寬恕的話，一定小命難保，因你會掉回心靈那個險區。可還記得我很久以前跟你說過：『你膽敢在心靈逗留，上主一定會找到你的，那時祂可不會手下留情了！』現在，你真的想要死無葬身之地嗎？」誠如〈正文〉第十九章的描述：我們會驚慌失措地逃回老朋友「罪咎懼」的「安全」臂膀裡（T-19. IV.四.6:1~3），並且立即發動攻擊，不是攻擊別人就是攻擊自己。耶穌在這兒告訴我們，我們之所以會生起攻擊之念，就是擔心保不住原有的思想體系；由於我們和這套思想體系已經密

不可分，故會感到快被毀滅的是我，光明驅散的不是黑暗，而是**我**！對此，唯有切斷與小我的認同，抉擇者方能抽身而成為一位觀者，看著自己的一舉一動，逐漸領悟出那個快要消逝的並非真正的自己，而只是舊時之我以及自己一向認同且奉為圭臬的思想體系，而那跟真實的我一點關係都沒有。

　　如果我們對小我這個陰暗內幕缺乏一定的覺知，最典型的後遺症，就是渾然不覺地落回小我的特殊性，也就是我們常說的「**靈性特殊性**」。比如說，我們可能會以身為奇蹟學員為傲，自視高人一等，而忘了寬恕的本分，還會斷章取義地引用《課程》的話為自己的批判撐腰。切莫輕忽我們在第二章討論過的「內在恐懼」，正因為我們對解脫心懷戒懼，才如此害怕光明會驚醒自己的好夢。然而，也唯有看透自己所經歷的黑暗不過是害怕光明而已，我們才可能真正邁上療癒之路。

　　為了強調這一觀點，我要再舉幾段與救贖原則緊密相關的引言，它們篇幅雖短，在全書中卻有著舉足輕重的地位。《課程》再三重申，縱然我們在夢中有「愛相信什麼就相信什麼」的自由（例如我們以為自己毀滅了上主，釘死了聖子，並且打造出比天堂更好的世界那類故事），但這種自由並沒有把自己所信的變成事實的能力。可以說，「分裂不曾發生過」乃是人類最大的福音了。我們在幻境裡愛作什麼夢就作什麼夢，心靈確實有這本事，但它的本事再大，也沒有能耐把幻覺弄假成真。由此可知，我們最深的恐懼莫過於「我所認定的自己可能

是虛幻的」這個事實。我們狂熱地堅信這個「自己」正好端端地活著，還有數十億人為我作證，這與他們喜不喜歡我，或我喜不喜歡他們毫無關係，只因彼此深信不疑，你我都活在一具身體內。話說回來，如果我們這種一廂情願的相信，也絲毫無力讓所信之物弄假成真的話，小我的戲自然就落幕了。然而，這正是我們最不樂見的事，也是我們抵制救贖真理如此不遺餘力的根本原因。

(II.1:8) 因此，沒有人能夠全面否定真理，縱使他自認為有此能力。

　　正因為我們以為自己否定得了真理，才會落到今天這個下場，但這並不表示真理就真的被我們否定掉了。

(II.6:2) 你無法把不真之物弄假成真。

　　千真萬確，不論眼前有多少證據，足以證明世界及自己的知見真實無比，它們卻無法將不真之物變成真的。我們心靈有一部分聽到上面這句話會打個冷顫，因為它直言不諱地點明，不論我們怎麼打造自己、改善自己，也不可能把虛幻之我變成真實的生命。這話落入正見心境的耳中是無上的佳音，但對妄見心境卻是一大噩耗，難怪它會卯盡全力抹除這種訊息。究竟說來，「根除真相」正是世界存在的目的。

(VI.9:2~5) 你並沒有篡奪上主的大能，你只是把它失落了。幸好，失落並不表示它消失了。你只是忘記自己把它放到哪兒去

了。它的存在不是靠你能否指認出它，也不是看你要把它置於何處。

　　第二章一開篇就揭露了小我的謊言，它要我們相信自己因篡奪了上主的能力而犯下滔天大罪；而上面這一段卻告訴我們，那根本是一派胡言，但問題是，我們寧可相信上主真的喪失了祂的全能。我們都有過遺失某個重要文件的經驗，心裡明知那份文件一定還在家裡，只是一時找不到而已。同理，我們的真實身分（基督或上主之愛）也始終存在心靈的某一角落，我們並沒有失落它，只是忘了它在哪兒，又進一步忘了它的存在。想一想，我們的問題也不過如此罷了。

　　我們有兩種伎倆，硬是把象徵聖靈的救贖原則塵封於心：一是強化罪咎懼的信念，任由妄念覆蓋正念，二是重申天人分裂是鐵打的事實，否決掉「分裂不曾發生」的救贖宣言。為了進一步抵制救贖，小我又為我們打造了一個物質宇宙，掩蓋住心靈內的罪咎懼；從此，那光明無比的「重要文件」，就再也找不到了。由此可知，我們一旦和物質宇宙認同，等於否認了心靈的存在，自然無法尋回深藏在心內的救贖了。換言之，小我不只把救贖原則藏匿在罪咎懼及死亡的信念下，它那套防禦機制還讓我們自絕於心靈之外，最終只能死於這一具失心的肉體內。

　　由此我們不難了解，奇蹟的功能所在，不過是指點我們往哪兒去看而已。我們無法從世界、從廟宇教堂、宗教儀式或某

些特殊人物身上找到上主之愛的（詳情等到後文談到特殊性時再加以細述）。真愛，永遠只能在心內尋獲。也許某人或某事能為我們指點迷津，但如果我們還指望外在有任何一物能帶給我們真愛，僅此一念便掉回特殊性的懷抱，也就是「非此即彼」的原則——他擁有「我」沒有的東西。對此，奇蹟則反其道而行，它會指點我們該往哪兒去找自己誤置的那個「重要文件」。不消說，那個寶貝絕不是我們粗心大意放錯了地方，而是我們存心隱藏它，然後故意忘掉它，如此，才能責怪他人把自己的寶貝搞丟了。

　　針對這個主題，下面的引言可說是整部〈正文〉裡最明確的解釋了：

(VI.10:1~2) 平安是靈性的天賦遺產。每個人都有拒絕自己遺產的自由，卻沒有建立遺產的自由。

　　我們雖有否定自己是上主唯一愛子的自由，也可以拒而不受身為基督的天賦遺產，但這絕不表示我們有偽造自己身分的能力。儘管我們想盡辦法證明自己**不是**上主所創造的靈性，還把自己打入「腐臭的身體牢獄裡」（T-26.I.8:3），但真相永遠不變——我們沒有能力改變自己的本來面目。換句話說，我們若想憶起自己的真實身分，唯有奇蹟方能為我們指點迷津，無需年復一年接受心理治療，更不必追逐最新的心理或心靈思潮來找回自我。話說回來，雖然這些方便法門仍屬怪力亂神，如果能帶我們接近心靈，倒也不成大礙；但我們若真想尋回真實

自性，就必須與聖靈一起走進心靈深處，唯獨那兒，才有我們尋找的答案。

　　那麼，要如何才能走入心內呢？首先，我們必須透過聖靈的慧眼往外看，慢慢領悟出，原來外在所見的一切全是自己先在心內看到而且誤以為真之後所做的投射。沒有錯，自己心內確實別有洞天，它超脫於大腦、身體，甚至世界之外。這種領悟與感官是否靈敏完全沒有半點關係，因為感官根本不具備這種能力。要知道，身體是無法接收外界訊息的，而是心靈先相信了分裂，然後將這個訊息投射於外，大腦和身體才會在外面看到。所以才說，這個妄見既然出自心靈，自然只有心靈療癒得了自己的妄見。

　　最後，我們再舉一段重要的引言：

(VII.4:6~9) 你可以把自己視為自我創造的結果，可是你最多只能如此相信罷了。你無法把它變成事實。我以前說過，等到你的知見獲得修正之日，你必會十分慶幸自己沒有弄假成真的本事。在那以前，你自認有此能耐的信念即是你那套思想體系的基礎，而你所有的防衛措施都會用來打擊或抵制任何可能讓真相大白的觀念。

　　這一段話說得不能再清楚了，它正是整部課程反覆重申的核心理念。在幻境裡，我們可以自由地相信自己有能耐打造出一個「我」，我才是自己生命的創作者，但我們永遠無法把這

個「我」弄假成真。直到覺醒那一刻，我們才會慶幸不已，這一切妄作都不是真的。但話說回來，對活在分裂之境的我們，上述論點簡直是一種侮辱，也是小我最不樂意聽到的話。然而，只要我們不斷操練寬恕，和小我思想體系漸行漸遠，終有一天，我們會感恩地說：「謝天謝地，原來這一切都是自己胡編亂造的！」但在那之前，我們對《課程》揭穿小我「自我創造」的謊言這類說法，一定會忿忿不已的。

我們有時會直接反嗆，有時則會間接抵制，設法把真理的光明拉進我們的黑暗夢境。換句話說，我們會忍不住請求耶穌、聖靈或上主幫我們解決現實問題，讓世界顯得真實無比。我們渾然不覺自己其實一心一意想要推翻整部課程的教誨，說穿了，這正是小我驅逐光明真理的一種陰謀。

緊接著，我們要談談基督信仰的問題，看看基督徒是如何掉入「把光明帶進黑暗」的陷阱，又如何阻撓耶穌的光明訊息將我們從罪咎信念中拯救出來。

基督教信仰

整部的《奇蹟課程》總共具體討論了三次基督教的問題，本章第一節「救贖無需犧牲」即是其一。另外兩處出現在第六章之始，論及十字架的觀念（T-6.I），以及第九章「尚未療癒

的治療師」（T-9.V），其中提到兩類尚未療癒的治療師——神學家及心理治療師。兩者所犯的同一「罪過」，即是貶低心靈的抉擇能力，而把一個虛幻的錯誤看得無比嚴重。

　　本章的第一節「救贖無需犧牲」，專門剖析小我把罪弄假成真的手法。耶穌在這一節中，描述了小我思想體系如何把上主拉進人間舞臺，以及此舉對心靈能力所造成的傷害。從某方面來講，《奇蹟課程》同意猶太／基督宗教的看法，認為原罪是一切問題的開端，所不同的，《聖經》把罪看得真實無比，迫使上主不得不插手干預；而《奇蹟課程》則力主人類只是誤會一場，**以為**自己犯下滔天大罪，而且後果嚴重。幸好，不論我們怎麼努力把上主拉進小我瘋狂的罪咎體系，上主絲毫不受那些「後果」所動。不僅如此，《課程》甚至說上主對小我、罪惡或種種幻相一無所知（T-4.II.8:6~7;T-18.VIII.3~4）。而且，上主「始終如是」。試想，如果上主知道分裂之罪，還設法出手對治，反倒替罪作了見證，證明罪乃真實不虛。果真如此，根據奇蹟理念，犯下第一個原罪的反倒是上主了。

　　本章一開始，耶穌就針對基督教對他本人以及十字架的誤解加以嚴正駁斥。因《聖經》說，我們理當感到罪孽深重，犯了這等滔天大罪，必然難逃天譴。在〈創世記〉的神話故事裡，上主對亞當和夏娃兩個「罪人」說：「瞧瞧你們幹的好事！你們必受報應，死亡便是你們的終極懲罰。」只要稍懂奇蹟理念的人，不難在這個神話裡看到小我的陰謀，一如圖表中

妄念那個方框所描述的。當中，特別凸顯出「**犧牲**」的概念，它不但是這一節的關鍵詞，也出現於許多其他的章節中。簡單說，它其實就是小我最冷血的「**非此即彼**」之原則：一人若要獲利，另一人必須犧牲。

無始以來，真實的上主從未離開天堂，故對小我這種犧牲戲碼一無所知，但在小我心目中，上主就跟我們一樣，也接受了「非此即彼」的原則，並且還認為祂已敗在分裂聖子或小我的手下，被我們的罪害慘了。在這套瘋狂的思維中，小我認定自己盜取了天堂的生命，從而造就出自己。換句話說，小我犧牲了上主來換取自己的存在，如此一來，再度反映出「**非此即彼**」的原則。為了激起我們對上主的恐懼而自動逃離心靈，小我接著使出更瘋狂的伎倆，它告訴我們，上主跟我們的想法完全一致。小我就如此這般按照自己的形象打造了一位上主，還不時對聖子發出警告，說全能的上主必會向祂罪孽深重的兒女討債，奪回我們從祂那兒偷走的生命。這正是典型的「**非此即彼**」心態。

為了平息上主義怒，聖子也不得不作些犧牲，他聽從小我的建議，逃入世界，另起爐灶。但「**觀念離不開它的源頭**」這個道理，小我故意秘而不宣，讓聖子渾然不覺──即使逃到世界裡，分裂之念依舊離不開心靈的源頭。我們可以在圖表中清楚看到，分裂世界那個方框和小我妄心那個方框裡的內涵其實如出一轍。我們聽從小我的詭計，以為逃離天堂就等於逃離了

上主以及毀滅的命運，不料卻發現自己在世上竟淪為一個終歸一死的凡人。活在肉體的我們，與先前處境唯一不同之處，就是我們已經跟心靈絕緣了，記不得所有問題的來龍去脈，這才是最大也最棘手的問題。小我根本不在乎我們最終難逃一死，它只在意**自己**的思想體系是否安全穩固。

小我為了穩定江山，開始編織夢境，讓這具肉體生命永無止盡地在世間繁衍延續：生存、攻擊、死亡，周而復始，反覆輪迴，只因我們從未化解它背後的思想體系。《課程》曾點出，世界只是「描述你內心狀態的外在表相」（T-21.in.1:5），正如同電影銀幕呈現的影像，一一都來自放映機裡的底片。也因此，除非我們改變它背後那套思想體系，否則我們如今所置身的物質宇宙，起初如何，未來還是永遠如此。唯有我們真正明白了「外在的恐怖景象反映的正是自己內心信以為真的恐怖心境」，如此，人類才有希望可言。但在此之前，自我毀滅和攻擊他人的生存模式註定會重複上演，這就是何以然人類歷史千古以來始終一成不變，永遠是換湯不換藥。這也印證了佛洛伊德「重複強迫症」的理論（repetition compulsion）——人們老是身不由己，一再重複一種有害又無效的神經質反應。

自從罪咎懼投射出一個世界，每個活在世間的人自會感到罪孽深重，害怕懲罰，此時，小我「慨然」施以援手，傳授一套解決方案：「在上主犧牲我們之前，我們務必先下手為強，早一步犧牲自己。但願此舉能平息造物主的義怒。」有人甚至

想出更高明的一招：「我們不必全部犧牲，只要找**一位**代表來犧牲就行啦！」這種神智失常的構想並非基督教獨家發明的。早在《舊約‧以賽亞書》就有「受苦僕人之歌」這類記載了。基督教還有一手頗具創意的怪招，就是上主竟然要求自己的愛子為有罪的人類犧牲。其實，類似的思維也普遍存在於許多宗教裡，而不是某個宗教的專利，只因這種思維已根深柢固地牢鑄於人類集體的思想體系裡。你若是歌劇迷，必然熟悉威爾第的《唐卡羅》（*Don Carlo*）這部歌劇，也會記得宗教裁判官和西班牙國王菲力浦之間令人寒心的對話，教士團為了政治目的，企圖說服國王處死他的兒子唐卡羅。不難想像，菲力浦極力反對這一策略。宗教裁判官最後請出上主為他們的決定撐腰，讓菲力浦王啞口無言。試想，連造物主都願意為了人類更大的福祉而犧牲了自己的獨生子，區區人間的國王能說不嗎？

　　歷史可以做證，上主犧牲愛子的策略顯然成效不彰，看看我們，如今仍然活得淒慘，人類處境絲毫沒有改善。到現在，我們好歹多了一個幻覺，以為終於有一條出路了，卻不敢反思這條路有多麼瘋狂，只因它背後那套思想體系始終瘋狂如昔。基督教所犯的錯誤，和人間所有的思想學派一樣，都企圖隱藏真正的問題，結果在宗教圈裡留下「我比你神聖」的後遺症，比方說：「我是靈修人士，上主對我一定青睞有加。基於『**非此即彼**』的原則，偏愛我們的祂，必定會憎恨那些非我族類的外邦人、異教徒、獨裁者及奸邪之輩。祂不可能不恨那群人的，**因為祂愛我們。**」

　　顯然的，這套思維和小我「非此即彼」或「若不痛下殺手就得坐以待斃」的生存法則其實如出一轍。除非我們先從源頭化解這種思維，否則，類似的神學觀念還會照樣傳播下去，因為最棘手的問題擺在眼前——試問，如果根本不知道自己藏有這類念頭，你要從何化解？就這一點而言，基督教實在對不起世界，它扭曲了耶穌教誨的初衷，隱藏了問題及解答所在的心靈，以至於教會不僅沒有把我們領出夢境，投向光明，反倒把耶穌拉入人類的陰森夢境，跟我們一樣成了人間魅影。正因如此，耶穌說了這麼揪心的話：「我過去一直是你的罪的象徵，因此該死的是我，而不是你。」（T-19.IV.一.17:2）。毋庸贅言，這一切和真正的耶穌扯不上任何關係，他指的是妄念心境打造出來的「救主」。那位耶穌在教會歷史上如此獨一無二、如此與眾不同，這無疑是褻瀆了上主的一體造化以及聖子共有的純潔本性。透過《奇蹟課程》，耶穌這樣描述自己：

(I.5) 新約把我形容為「除免世罪的上主羔羊」並無不當，可是有些人把那羔羊描繪成血淋淋的模樣，表示他還不懂這象徵的意義。正確地說，羔羊純粹象徵我的純潔無罪。「獅子與羔羊同臥一處」，象徵力量與純潔並非水火不容，兩者本來就共存於平安之中。「心靈潔淨的人是有福的，因為他們將看見上主」，這話與前句有異曲同工之妙。潔淨的心靈必了知真理，這是它的力量所在。純潔與力量（而非軟弱）是聲息互通的，為此它絕不會把純潔無罪誤解為一種負面的力道。

　　聖保羅以降的基督教神學家從未意識到，倘若視聖子奧體的某一部分有罪，所有的聖子自然都有罪了，這當然也包括耶穌在內。上主之子的純潔本性必須是全面的，只要有一人被剔除在外，就沒有一位聖子堪稱純潔無罪。若只承認耶穌無罪而其餘聖子皆有罪，這絕對是無稽之談。「罪」的觀念，在基督教的眼裡顯得無比嚴重，而《課程》只把「罪」當成一個錯誤的想法，對真理實相產生不了任何影響。回顧歷史，所有的靈修傳統一旦悖離了他們靈性導師的真精神，夾帶濃厚犧牲意味的救贖觀念必會乘虛而入，難怪它成了猶太教、基督教和伊斯蘭教義的信仰核心。十字架上耶穌流血的救贖無疑證明了罪的真實性，從此，人類註定受盡苦難折磨仍不足以贖清自己的褻瀆重罪，最後幻想出一套絕招，把上主想成跟自己一樣神智失常，接受我們的犧牲祭品而赦免我們的罪。

　　其實，救贖所要修正的正是這個錯誤觀念，它告訴我們：「**什麼也沒發生，因此也無罪可贖。**」也因此，這一節定名為「救贖無需犧牲」。可還記得奇蹟原則的一句話：「救贖具有『化解』（undo）之義。」（T-1.I.26:2）換句話說，我們無需解決罪的問題，也無需補償上主，而只需正視自己的罪之信念以及由此滋生的種種妄念，並且看透其中的荒謬便綽綽有餘了。但請記住，「化解」需要一個先決條件，即是回到那一妄念的心靈源頭，承認自己之所以如此看重罪的存在，原來是企圖防止自己質疑眼前分裂世界的真實性。更重要的是，我們必須透過自己的言行舉止（尤其在特殊關係中），具體看清自己是如

何無意識地反映出那個分裂妄念的。歸根究柢，唯有這種洞見，才具有化解的力量。

在〈正文〉第二十三章「無明亂世的法則」那一節（T-23. II.4~8），耶穌也描述了我們如何把自己那套瘋狂思想體系套在上主的天心上，結果打造出〈舊約〉中的那位神明，而真正的元兇——分裂心靈，反倒隱身幕後了。從此，心靈銷聲匿跡，我們再也無從質疑小我的思想體系。因為連上主都認定聖子犯了滔天大罪，世界更不可能是虛構的幻境，用來窩藏罪之信念，因為那是上主親手打造的傑作。從此，世界不只變得無比真實，還成了上主向自己的受造物討債並且要求犧牲的戰場。難怪耶穌反問我們：「還有比這更瘋狂的想法嗎？」這才是我們世人兩千年來早該提出的質疑。

(I.1:2~8; 2:7~11) 完成救贖之功的，不是十字架上的死亡，而是復活。許多虔誠的基督徒常誤解了這一點。唯有不受匱乏信念所蒙蔽的人才不致陷於這一錯誤。十字架的事件在顛倒妄見之下，顯得好像上主真的允許此事發生，還不惜利用其中一位聖子的善良，慫恿他接受十字架的苦難。這種詮釋必然出自投射，許多人因此對上主產生了極大的恐懼，這是何等的不幸！這種與宗教精神背道而馳的觀念，已滲入了許多宗教。真實的基督徒不妨捫心自問一下：「這怎麼可能呢？」……舉個比較尋常的例子：父母在打小孩的時候，只要說：「打在兒身，痛在娘心。」便打得心安理得了。你真的相信我們的天父會作此

想嗎？你必須徹底根除這類想法，絕對不能在心裡留下一點殘渣。我並不是因為「你壞」而「受罰」的。救贖的道理只要受到一點諸如此類的扭曲與污染，便會失去它正面的或良性的作用。

　　這是必然的，「救贖的道理只要受到一點諸如此類的扭曲」，我們就再也逃不出小我的魔掌了。難怪歷史上的基督教不論立意多麼良善，結果仍是不免相互殘殺，甚至屠殺大量的異教徒。追究其因，即是人類從未清理過埋藏於心底的罪咎。罪咎一旦被壓到潛意識深處，必然會不自覺地投射到他人身上。這種心理學的投射原理，它的真實性和威力絕不亞於物理學的萬有引力法則。許多善良的基督徒由衷相信自己是在追隨「和平王子」耶穌的教誨，卻毫不自覺自己在壓抑內心那套罪咎懼及死亡的思想體系，最後自然只能向外投射，從此只會在身外的每一個人身上（包括了上主）看到罪咎懼的影子，唯獨自己是清白無罪的。如此一來，他們的種種敵視或攻擊便師出有名，因為他們判定了對方有罪。這種深藏在潛意識的妄念一日不除，**任何人**（不論有沒有宗教信仰）都註定會落入這套瘋狂的思想體系，不斷追逐個別利益，也不斷重演攻擊、受害的戲碼。顯而易見，我們一旦把這套傷天害理的思維套在殺氣騰騰的上主頭上，人類的命運從此必然萬劫不復。

(I.2:4) 連上主都會為了救恩而親自迫害自己的聖子，這種可怕的妄見為宗教迫害提供了冠冕堂皇的「理由」。

　　《奇蹟課程》採用基督教的語言傳遞訊息，可以說，用意之一便是耶穌給自己一個澄清的機會：「這個思想體系掛著我的名義傳播了兩千年，根本都搞錯了！但這不是什麼邪惡之罪，只是一個錯誤，因為事實絕非如此。」《課程》之所以挑出了基督教的幾個思想痛下針砭，不是因為基督教比其他宗教更瘋狂，而是它打著耶穌的旗幟而且奉他的教誨為愛的最高象徵，故耶穌只想修正這個以他之名而開展的西方宗教所犯的錯誤而已。其中最大的錯誤，莫過於基督教不但把罪愈搞愈嚴重，還把上主扭曲為小我的形象，要我們犧牲受罰，以便贖清自己的罪，難怪本章一開始就說「上主從來不知道犧牲這一回事」（T-3.I.4:1）。

　　犧牲的真正企圖，其實是要維護我們當初造出小我的那個基本抉擇，而後，藉著罪的推波助瀾，強化我們是分裂個體的信念，更加鞏固了小我的存在。為了維護分裂的決定，我們不僅否認這罪出於自己的心靈，甚至還諉罪於世間邪惡之輩，只因他們罪惡昭彰，理當受罰。自從我們懂得把上主拉進人間這齣好戲，小我的地位更加穩如泰山，直到這部扭轉乾坤的《課程》出現，我們才有機會看清小我思想體系荒謬到什麼程度。我們無妨說，這部課程帶給人類無上的大禮就是：「犧牲的概念是徹頭徹尾的荒謬且瘋狂！」

(I.4) 上主從來不知道犧牲這一回事。這觀念純粹是恐懼引發出來的，受驚的人會變得非常凶惡。我曾勸勉你們應該如天父一

般慈悲，而犧牲不論從哪個角度來講，都與我的勸誡相悖。許多基督徒始終體會不出，這句話是針對他們而說的。好的老師絕不會去恐嚇學生的。恐嚇無異於攻擊，會使學生排斥老師所傳授的道理。結果功虧一簣。

耶穌並非不知道世界的冷酷無情，只是不認可小我定我們的罪以及給我們的懲罰；對此，他要教我們明白，攻擊無非源自恐懼。同樣的道理，對於宗教藉他之名所施加的暴行，他也要我們學習寬恕。請看，耶穌又進一步懇求我們：「請勿向人宣揚我無謂的死亡。而應教他們看出我並沒有死，我正活在你內。」（T-11.VI.7:3~4）也就是說，耶穌要我們**活出**他的教誨，成為他復活訊息之見證，因為他已經從死亡夢境覺醒了。相形之下，基督教歷史所示範的常常是殺氣騰騰，這不僅加深了內在的恐懼，更鞏固了小我「分裂、罪咎、恐懼」的體系。對此，我們需要的是寬恕，而不是定罪。

(I.6) 純潔無罪者不可能作犧牲的，因為純潔無罪的心靈擁有一切，且會全力以赴保護自己的完整無缺。它不會投射，只會尊重其他心靈，因為尊重原是真正感到被愛的人對自己的同類最自然的敬禮。「除免世罪的羔羊」的意思是：在純潔無罪或天恩的境界中，救贖真諦會在這隻羔羊身上完美地彰顯出來。救贖本身毫不曖昧。因為它身在光明之中，故沒有比它更昭然若揭的事了。除非你有意把它隱藏在黑暗中，才會使那些存心不想看到它的人失之交臂。

　　上主創造的聖子基督永遠純潔無罪，不可能承受失落之苦，祂活在圓滿一體之境，在那兒，**「非此即彼」**的小我原則絕無立足之地。救贖，不過是溫柔地提醒我們這一真理，告訴我們什麼事也沒發生，沒有一物玷污得了自性的純淨，因為黑暗永遠也改變不了光明。

　　總而言之，這一節的宗旨是為了開啟我們的眼睛，要我們質疑自己盲目接受的教條。救贖若要反映出天堂之愛，是不可能夾帶任何痛苦或失落的陰影的。

(I.7) 救贖本身只可能放出真理之光。因此它從不傷人，全然無害，只會祝福。唯有徹底純潔無罪的人才可能達此境界。純潔無罪就是智慧，它不識邪惡，因為邪惡並非真的存在。然而，它卻能完美地覺於一切真實之物。我的「復活」不過證明了真理不是任何東西所能摧毀的。善良也經得起邪惡的挑戰，因為光明足以掃除任何黑暗。因此，救贖可說是最完美的人生課程。它終將證明我的其他教誨也同樣的真實不虛。你此刻若能接受這放諸四海皆準的原則，就不必再學其他瑣碎的人生課題了。只要你真信得過這一真理，你已由一切錯誤中解脫了。

　　上面整段引言為我們重述了前兩章的核心觀念，再度指出基督教所犯的最大錯誤，亦即認不出所有上主之子共享同一純潔本性，也不知道聖子的罪惡感不過是心裡的認定，並非真有其事，最多只能說是一個小小的錯誤決定罷了；原有的純潔本性，依舊在那兒等著聖子的正確選擇。耶穌一邊為我們指出救

贖的真相，一邊又慈愛地將我們領入心內，看到那個真相原來始終存在自己心裡。耶穌代表愛的權威，我們如果對他生起抗拒之感，無疑是小我為了保護自己而故作姿態，不讓我們感受到他的愛。這就是「主權問題」，不過，在這兒先點到為止，到了本章最後才會全面深入，這也是下一單元的主題。耶穌是愛的權威，我們對他的心結，不過是間接地反映了我們對造物主的心結而已。因為上主在我們心中好似「生命的終結者」，祂的愛是不可信賴的，想當然，祂的愛子耶穌也好不到哪裡。

（I.3:4~10）上主從來不信因果報應那一套。那絕非天心的創造模式。祂不會抓著你的「惡行」，跟你過不去。祂怎麼可能為了你的「錯」來修理我？你必須認清這種假設是多麼的荒謬，而且把這一投射的來龍去脈看得一清二楚。因為這類錯誤必會衍生出一連串類似的錯誤來，包括相信上主遺棄了亞當，並把他趕出伊甸園之類的故事。這也是你不時地認為我在誤導你的真正原因。

　　兩千年來，很少人意識到這套邏輯瘋狂愚昧的程度，只因它是猶太教和基督教的根本教義；基於這兩大宗教都背負著代天發言的沉重權威，它塑造了人類的自我認同，認定自己是一個與生命之源分離的有罪生命。這種根深柢固的罪咎以及投射，恰好為人間所有的權威情結埋下了禍根。我們留待下一節再來細述。

主權問題

　　本節討論的是第三章第六節「判斷和主權的問題」。主權問題源自我們與終極權威（上主）的矛盾，這種衝突導致小我的妄念思想體系成為戰場，因為它認定自己篡奪了造物主的寶座，而上主勢必會奪回這一主權的。有此心結，我們怎麼可能信任神的權威，或是人間的任何權威？這一心結正是有待救贖修正之處。讀者不難在這一節的字裡行間，看出耶穌繞著「作者」〔譯註〕一詞大玩文字遊戲，例如 authority, author, authorship, authority problem。

(VI.7:1~3) 我已經談了不少「症狀」的問題，這一層次的花招真可謂罄竹難書。然而，所有症狀只有一個起因，就是主權問題。它可說是「萬惡之源」。

　　「萬惡之源」一詞源自福音〈提摩太前書6:10〉，原本是說貪愛金錢乃萬惡之源，但耶穌在這裡卻直指終極的主權問題——萬惡的真正「源頭」正是「我們認為自己冒犯了上主，上主必會還以顏色」的那個信念。可以說，人類所有的權威情結其實只是原始天人主權之爭的恐怖倒影而已。我必須再次澄清，我們所談的不是在行為層次上應如何面對一位濫權的領導，真正的問題僅僅在於：早已認同於妄念思想體系的我們

〔譯註〕此處之「作者」，並非指《奇蹟課程》或一般著作之作者，而係本章第六節所點明之「充當現實真相的作者」。（T-3.VI.5:8）

很「**想要**」被權威虐待。我們要非常小心，不要斷章取義地搬出奇蹟之言，來為濫權的傢伙尋找託辭，但我們也無需忍氣吞聲，以至於不敢付諸行動。它只是提醒我們，在行動之前，應該請教耶穌，他會幫我們看清問題的真正源頭來自一個妄念：我們竟然完成了不可能的任務，把天堂給糟蹋了，而現在上主也想盡辦法折磨我們。有了這一層的領悟，我們才可能轉由正念去回應權威問題，那時便會看清，**每一位**權威問題的相關人物其實都在「向愛求助」。

(VI.8:1~2) 主權問題實際上就是創作權的問題。你若相信你是自己的創作者，並且把這一錯覺投射到別人身上，主權問題就出現了。

　　再說一遍，問題的癥結仍然在於我們「誤以為」自己犯下滔天大罪而生的罪咎感。我們以為自己活在世上，光是這件事，本身就是一種聲明：「我能在世上活出一個與眾不同的個體，表示我已經殺了上主，篡奪祂造物的大能，造就出自己的生命。」這種信念怎麼可能不引發罪咎及懲罰？我們一旦將這個罪咎又投射回上主身上，當然相信祂必定會對我們痛下殺手。由於我們徹底遺忘了這種潛意識裡的瘋狂思維，難怪我們的表意識只會感受到上主或人間權威對我們施加的諸多不公不義了。

(VI.8:3~5) 你會看到別人真的一直在向你的創作權挑戰。凡是相信自己篡奪了上主大能之人，都犯了這個基本錯誤。這一信

念會讓他們活得有如驚弓之鳥，其實上主絲毫不以為忤。

　　這種瘋狂的念頭，上主當然一無所知，它對我們卻是生死攸關的大事，甚至不惜打造出一個娑婆世界，企圖隱藏自以為犯下的滔天大罪所引起的沉重罪惡感。為此，我才一再強調，問題不在於世間的權威人士對我們做了什麼或沒做什麼，而是我們內心懷有「被虐待」的渴望，卻把這個不可告人的秘密隱藏在潛意識下。我們寧可放棄心靈的力量，好讓看似無辜的我備受他人欺凌，其實自己心裡很清楚（只是**故意忘記**），是我們先攻擊了對方。我們的存在成了這個似是而非的假象最有力的佐證，試問，若非我們真已篡奪了上主之位，否則哪有在人間立足的餘地？然而，這個致命的錯誤卻誤導了許多宗教信仰，當然也包括把《聖經》奉為權威的各種教派。總之，這類瘋狂思維跟真實的上主毫不相干，全是我們投射於祂以及祂的人間代表所造成的結果。

(VI.8:7) 其實，上主早已賦予祂的造化真實的創作權了，是你自己要與那「至高創作者」決裂，寧可活成一個無名小卒的。

　　除非我們誠實地省察小我這個不可告人的秘密，並且決心與它分道揚鑣，否則我們是不可能突破這一困境的。既然我們不曾與上主真正分裂過，自然也沒有引咎自責的理由，更沒有把它投射到別人身上的道理。相反的，我們有千百個理由該去探問背後的真相——自己的錯誤並沒有造成任何影響，就算心靈做了虛幻的選擇而造出虛幻的現實，天堂也沒有因此而銷聲

匿跡。這種慧見有待奇蹟的啟發，教我們不再往身上去找而往心內去看，在那兒，我們會看到聖靈為我們守住了基督自性的大能，將它保存於正念的記憶內。總之，我們必須先憶起誰才是生命至高的創作者，才可能知道如何面對人間的權威議題而不再受制於它。我們可以重新選擇，與那終極的權威連結，不再被罪咎懼**化身**的權威情結所困。耶穌繼續解釋下去：

(VI.10:3~7) **每個人必須在創作權這個基本問題上作個決定。一旦否定了上主的創作權，種種恐懼必然乘虛而入，而恐懼滲透的過程又十分曲折詭異。它真正冒犯的絕不是上主，而是那些否定祂的人。否定了上主的創作權，就等於否定了自己的平安之源；結果，你看到的只是一個支離破碎的自己。這種怪異的自我觀，歸根究柢，就是主權問題。**

冒犯上主之「罪」，不曾引發任何後遺症，這真是天大的福音！祂的一體之愛沒有被我們攪得四分五裂，自然也不會怒氣沖沖地懲罰我們。只有在夢境裡，平安才好似蕩然無存；但救贖的奇蹟必會溫柔地將我們從夢中喚醒，讓我們憶起生命之源**始終是**生命之源，沒有任何東西改變得了那完美的愛。

真知與知見之別

本章還提出了另一重要觀念，即「真知與知見之別」，同

時論及聖靈的正知見如何修正原始錯誤所塑造的知見世界。請記得，真知或天堂的首要特質即是「一體性」。現在，回到圖表右上方的頂端，我們從這兒說起。

(II.4:5~6;5:4~5) **我所說的「同一生命」，指的是同一心靈或同一意願。當聖子奧體與天父的旨意合而為一，這有志一同的完美境界即是天堂。……上主之子是「三位一體」的一部分，但「三位一體」本身卻是不可分割的一體。層次雖有分別，卻不致混淆，因為祂們屬於同一天心，同具一個旨意。**

完美的一體性可說是天堂獨一無二的本質。繼天人分裂好似發生後，一個可被感知的宇宙也彷彿誕生了。顯然的，**知見**一詞屬於道地二元的概念——**我**感知到**它**。就這樣，主體的「我」與客體的「它」這個對立就此建構起整個意識領域。幸好，這個二元幻境絲毫左右不了上主之子「合一與一體」的境界（T-25.I.7:1）。除了「一體性」的特質以外，真知或天心的另一項特質即是「抽象，或非具體性」，它與分裂心靈形成的知見世界必然涇渭分明。兩者的對比和本課程的「創造」與「營造」之分野可謂異曲同工：

(V.2) **自從天人分裂以來，「創造」（create）與「營造」（make）二詞早已被人混淆了。你營造某個東西時，常是出於某種欠缺或特殊需要。凡是為特殊目的而造出之物都會失落那「放諸四海皆準」的普遍性。每當你營造一物來彌補心目中的缺憾時，等於再度重申了自己分裂的信念。小我為此目的發明了不少**

頗具創意的思想體系。然而，沒有一個具有真實的創造性。這些發明不論多麼鬼斧神工，只是徒然耗費你的心力而已。這些發明本質極其具體，與上主抽象的造化之功相比，實在不足掛齒。

　　在《奇蹟課程》裡，「抽象」一詞的意義與一般約定俗成的意思有所不同，它更側重於「不含任何具體性質」，上面這一段引言即是明證。此外，耶穌也常用「**抽象**」及「**具體**」二詞來表達上主與小我天差地別的本質。我們若想區分真相（或真相的倒影）和幻相之別，最簡易的方式，莫過於反觀自己是否又著眼於具體的細節，也就是聚焦在各種形式的差異，就這一點來說，其實和特殊性的需求是同一回事。這個主題，我們留待後文再深入討論。不論從哪個角度來講，小我的思想體系全都極度強調具體性，因為它必須堅守那個原始的具體決定，就是企圖和上主抽象的聖愛決裂，活出一個獨立自主且與眾不同的生命。這種特殊性必然導向匱乏的信念，人類永不饜足的需求就是這麼催生出來的。為了彌補這份匱乏，我們還別出心裁地發明一個世界來滿足我們的需求，卻不知救贖之念就如此這般地被推到九霄雲外了。從此，想要由一個可以感知、有覺受的噩夢甦醒而歸返真知之境，更是難上加難了。

　　由此可知，如果我們向耶穌祈求具體的協助，必會得到小我喜不自勝的祝福；因為此舉必會加深上主之子的匱乏信念，這個匱乏感又會迫使我們的目光從抽象層面轉向具體的需求。

難怪耶穌要我們銘記於心，自己早已擁有一切而且一無所缺。因此我們唯一的祈禱，就是時時刻刻提醒自己，這個幸福真相才是我們唯一所需：

(V.6) 祈禱是「有所求」的一種方式。它是奇蹟的媒介。但只有祈求寬恕才算是有意義的祈禱，因為已受寬恕的人擁有一切。一旦接受了寬恕，世俗的祈禱頓時顯得毫無意義。祈求寬恕，不過是祈求認清自己早已擁有的一切。只因你已選擇了知見而非真知，在這處境下的你，只有奇蹟般的眼光方能顯示出你與天父肖似之處。問題是你已經失落了真知，不知道自己就是上主的奇蹟。更不知道創造不只是你的生命之源，也是你在世唯一的真實使命。

無疑的，創造的功能純粹是「非具體」的，與感官世界毫不相干，只因抽象乃是真知的本質。耶穌用了整整一節為我們釐清**知見**與**真知**（或幻相與真相）的差別，它的重要性可見一斑。若想由二元夢境醒來，必須經歷具體的修正，奇蹟就這樣以**正知見**修正了我們的妄見，幫助我們重返真知之境。

(III.1:2) 因為我們必須先扶正知見，才可能「知道」任何事情。

第三節第一段就提出「肯定」與「不肯定」兩種心境，重述一遍正知見如何帶領我們跨越小我的分裂信念所虛構的鴻溝，進而超越二元之境，抵達肯定不疑之心境。

(III.1:3~10) 真知表示肯定不疑。「不肯定」就表示你不知道。

真知是一種力量，因為它肯定；肯定方有力量。知見是有時間性的。它既屬於時空信念的一部分，不是受制於恐懼，就是隸屬於愛。妄見製造恐懼，正見培養愛，可是兩者都無法令人肯定不疑，因為所有的知見都變化不定。因此，它不是真知。正見只能充當真知的基礎，真知則超越一切知見之上，直接為真理背書。

　　請注意，這個觀念正是《奇蹟課程》實修的關鍵：我們無法直接從幻相契入真相，由恐懼進入愛，或由知見悟入真知的，中間必須經歷一段過渡時期。這個快樂的過渡階段（亦稱為幸福美夢），雖然仍屬幻境，卻大不相同，因為它能夠超越這一幻境，而且不再繼續以幻生幻了。這帖溫柔的藥方安撫了小我，不讓它「驚恐反彈」。現在，回到我們的圖表，圖中的**正知見、寬恕、奇蹟**，皆可視為同義詞。後文還會不斷提到「從噩夢到覺醒很需要一座愛心的橋樑」這個觀念。

　　〈正文〉到了相當後面的章節，才要求我們徹底質疑自己所珍惜的「*每一個價值觀*」（T-24.in.2:1），也就是要求我們質疑自己所相信的一切。但在這一節，首當其衝的，就是質疑自己知見的可靠性。雖說唯有天堂的真知才是顛撲不破且永恆不易的真理，然而，若要質疑自己林林總總的知見，總得有個下手處，那就是奇蹟的任務：

(III.2:4~11) 奇蹟，也是一種認知方式，卻不屬於真知層次。它是問題的正確答覆；但你若知道真相，自然沒有疑問。能夠向

幻相提出質疑，乃是化解幻相的第一步。只有奇蹟（也就是正
確的答覆）才有修正幻相的能力。知見是會改變的，顯示它脫
離不了時間的操控。你在某一刻的想法必會左右你的行動，而
行動又必然發生於時間領域內。真知是超越時間的，因為它的
千古不易性，不容質疑。當你不再質疑時，表示你已知道了真
相。

　　奇蹟代表那質疑的一問，這一問，引領我們越過知見世界
而直指終極答案所在之處；在那兒，我們只是單純地知道。我
們已說過，小我的罪咎懼打造出過去現在未來，幻化出時間，
而奇蹟恰恰足以解除我們跟時間的認同，同時還會化解我們對
真知的恐懼。

(III.3) 質疑的心是在時間角度下看自己的，因此它會向未來索
求答案。封閉的心靈相信未來會跟現在一樣。表面上，這好似
有助於穩定你的心態，其實它只是設法制衡你內心根深柢固的
恐懼，深怕未來會比現在更糟。這恐懼嚇阻了人心，讓人再也
不敢質疑任何事情。

　　總之，只要我們聽從耶穌的教導，質疑自己神智不清的知
見，那麼，分裂信念引發的恐懼自然會逐漸消融，而進入超乎
時間的當下，這就是**神聖的一刻**；隨之，我們便會從恐怖噩夢
中慢慢甦醒了。

　　就這樣，我們便踏上正知見的橋樑，開始這趟返鄉的旅

程。請記得，慧見並非真理，它只是預告真理來臨的一道曙
光，只因它已不再著眼於聖子的分裂表相，而能直視**所有**上主
之子與生俱來的同一生命本質；也就是我們都有一個分裂心
靈，其中兼具正念、妄念及抉擇者三部分。這一段就談到這
裡，下一段開始討論神聖的慧見。耶穌特別提醒我們切莫把下
列的概念混為一談，正知見不屬於真知，修正有別於真相，橋
樑也不是實境。

(III.4) **真實的慧見（vision）是靈性之眼本有的認知能力，然
而，它只有修正的作用，並非真實的存在。靈性的眼光也是象
徵性的，故不足以充當真知的工具。然而，它卻不失為正見的
一種教具，正見會引領它進入奇蹟的領域。「在神視中看見上
主」應算是一種奇蹟，而非啟示。事實上，只要是涉及知見的
經驗，都被剔除於真知之外。為此之故，所有的神視慧見不論
多麼神聖，都只是曇花一現。**

　　我們所致力的並非有**形**可見的慧見，而是它的**內涵**。〈正
文〉交響曲進行到了下半段，再次給予類似的提醒，它告訴我
們，天堂之歌的「具體」音符不算什麼（T-21.I.7:1），我們真
正渴望的是那首「抽象」之歌曲，因為它所傳達的上主平安是
超乎一切感官知見的，那才是我們嚮往的目標。世間稍縱即逝
的經歷，不論多麼誘人，豈能與天堂永恆的平安相提並論？

(III.5:9~13) **知見、奇蹟與行動是聲息互通的。真知則是啟示的
結果，它只會啟發思想。即使是最靈性化的知見，也與身體脫**

離不了關係。真知乃是源自內在的祭壇，憑著它的千古不易而超越時間之上。藉身體官能而認出的真相與「真正知道」根本是兩回事。

　　換言之，修行必須腳踏實地從自己所在的知見世界出發，先培養出足以**反映**真知的正見，充當引領我們回家的墊腳石。它要求我們改變看待彼此的眼光，不再利用人際關係來助長小我的分裂信念；相反的，我們應追隨新的老師，教導我們透過這些關係反映出天堂的一體境界，並且以某種具體的形式顯示出心靈的巨大轉變，也就是我們已經由分裂的知見轉向共同福祉了。耶穌繼續深入闡述：

(III.6:1~3;7) 必須先具正見，上主才能與他在聖子心中所設的祭壇進行直接交流。只有在那兒，祂方能將自己的千古不易通傳給人，祂的真知所帶給人的平安是不容置疑的。上主不是聖子的陌生人，聖子彼此也非陌路。……你若攻擊他人的錯誤，勢必傷到自己。當你攻擊自己的弟兄，你便不可能知道他的真相。攻擊一向是用來對付陌生人的。他因著你的誤解而成了你的陌路，為此你才無法「知道」他的真相。他對你一旦成了陌生人，你是不可能不害怕他的。現在以正確的眼光看他一下，你就會真正「知道」他了。在上主的造化中，沒有一個陌生人。你只能效法上主的方式去創造，換句話說，你只能造出自己知道的東西，而且接受它為你生命的一部分。上主「知道」祂的兒女，且如此地肯定無疑。祂就是如此在真知中創造他們

的。祂對聖子的認知完美無比。聖子在尚未認清彼此真相以前，是無法認出上主的。

　　我們若真心想要知道上主及千古不易之真知，必得同樣真心地學習耶穌所傳授的真知之道。也就是說，拒絕耶穌的寬恕願景，等於再次拒絕了上主。寬恕的主題可說是整部課程的靈魂，縱然我們在人間無法真正領會一體境界，至少還能認出它的倒影。這就是何以然《課程》如此重視人際關係的療癒，鍥而不捨地教導我們放下小我離間弟兄的可怕妄見，一步一步循循善誘，讓我們逐漸接受聖靈的真實知見，明白聖靈不可能排斥任何一人，因為上主之子在祂眼中同等的純潔無罪。

(II.2) 純潔無罪不是一種片面的本性。它是完整的，否則就不是真的。片面的純潔無罪有時會顯得相當愚痴。他們的純潔無罪必須形成一種見地，能夠普遍運用於現實生活中，才會轉為智慧。純潔無罪或是正知正見意味著你不再落入妄見，永遠得見真實。說得更平白一點，它意味你再也不會看到那些根本不存在之物，所見全然真實。

　　此刻，我們無妨回溯一下耶穌的教誨，他先教我們把他人的罪行視為自己的投射，那些罪過在我們的眼中才可能還原成一個錯誤；而錯誤需要的是修正，不是懲罰，因為骨子裡它們其實是在呼求自以為不配得到的愛，渴望那份早被自己否定掉的本自具足之完美。一旦進入了寬恕之夢，個別利益的心態頓失立足之地，只剩下共同福祉；至此，由妄見的分裂大夢中甦

醒過來，成了所有正念中人的唯一需求。然則，要如何才能獲
得這種已被療癒的知見？那就得靠奇蹟了。

(II.3) 你若習慣以小人之心度君子之腹，這不過顯示出你並不
相信對方活在正念裡而已。這絕非奇蹟取向的思想座標。它
等於否定奇蹟的能力，後果不堪設想。奇蹟著眼於萬物的本來
真相。如果只有真理才存在，那麼正念就只能看見至善之境才
對。我已說過，唯有上主的創造，或是你按照上主旨意所創造
的一切，才是真的。而這就是純潔無罪者所能看見的一切。他
們不受任何曲解或妄見所苦。

到了最後，這個虛幻的世界**只剩下**一個共同的目標，就是
從夢境中覺醒。奇蹟必須仰賴這樣的正知見，方才修正得了小
我的分裂及判斷之妄見，所以才說，奇蹟是一切療癒的源頭，
它為上主之子恢復了「自己本來完美」的記憶。

(II.6:3~7) 當你面對萬物時，若甘心只取其真實的一面，那一
部分對你就成了真實的。真理能夠克服一切錯誤，凡是陷於錯
誤及虛無之人，是不可能活得心安理得的。你一旦看清了真
相，你自己與他人的妄見便會同時一掃而空。因為你不只看到
了他們的本來面目，還把你接受的真相獻給他們，他們才可能
接受自己的真相。這就是奇蹟的療癒功效。

這一段道盡了寬恕的真精神，也是本課程一以貫之的核心
教誨。此刻，我要再重申一遍，雖然我們無法真正了解一體實

相，但我們仍能在某人身上學習看到一體生命的倒影，只要能看出自己在對方身上投射的分裂信念所形成的傷害就成了。如此，我們才可能領悟上主之子在心靈的層次確實無二無別，因為他們在世的目的只有一個，即是寬恕。一旦領受了這麼單純的真理，我們的每個抉擇立即產生了示範的效應。我們已然明白，只要認出一位聖子的真相，等於認出了所有聖子的真相。這正是我們憶起那唯一造物主的先決條件。

(V.8:3~9) 真理是靠真知而非比較的能力。它內的一切都是同等的真實，「知道」任何一部分的真相就等於「知道」全部的真相。唯有知見才具片面的意識作用。真知超越了所有知見的運作法則，因為根本沒有「片面的真知」這一回事。它是渾然一體的存在，沒有獨立自主的部分。你其實是與真理一體的，只要知道自己的真相，你便具足了圓滿的真知。「知道」上主的奇蹟，與「知道」上主無異。

請務必記住，一個人等於所有的人，這個觀念乃是了解整個寬恕過程的關鍵，也可說是「一沙一世界」的全像式原理之最佳例證。聖子表面上的分崩離析，其實只是小我特殊性打造出來的假相；真相是，只有一位上主之子，他們具有同一完美的一體生命，他們也是同一分裂心靈分化出來的影子。是的，只要全面認出了一位上主之子，就等於認出了整個聖子奧體。下文繼續解釋：

(V.9:1~2) 寬恕的目的即是療癒分裂的知見。它的先決條件是

「正確地認識你的弟兄」，因為心靈早已作了選擇，把彼此視
為分立的個體。

　　換言之，如果我們能把所有問題全部歸因為「分裂之
念」，自然就會導出「解除分裂妄念是唯一的藥方」這個唯一
結論。這正是寬恕或奇蹟的使命，因為它會開啟我們的正知
見，明白「弟兄與我一體，正如我與造物主一體」的道理。

　　在進入下一節之前，我必須再次提醒，知見並不屬於實相
或真知的領域，它乃是二元幻境的產物，請讀下面這一段：

(IV.1:5~9) 在天人分裂之前，這類「程度」、「角度」及「時
段」的觀念或知見，根本就不存在。靈性之內原無層次之分，
人間所有的衝突都是上述層次觀念所造成的。只有在「三位一
體」的絕對層次上，才有合一的可能。天人分裂所造成的層次
之別，不可能不引發衝突。因為它們在彼此眼中顯得荒謬無
比。

　　我們解釋過，小我是從衝突中誕生的（它幻想自己正和上
主交戰），那麼，它所投射出來的感官與知見的世界必須藉由
衝突才得以延續下去。只要環顧四周，這個活脫脫的浮世繪，
人間的每一物都在與另一物鬥爭中。可還記得《課程》的核心
觀念「觀念離不開它的源頭」？小我安身立命的基礎是「衝突
之念」，不論它向外怎麼投射，永遠離不開它的心靈源頭。也
就是說，它投射出來的世界，看似存在於外，其實始終沒有離

開那顆矛盾衝突的心靈，難怪這個知見世界永遠充滿衝突對立而且荒謬無稽。這種世界必然少不了形形色色具體的人事物，於是，一個憑靠判斷才能續存的世界就此應運而生。這是下一節我們所要討論《奇蹟課程》的核心觀念「判斷」，這個無比重要的概念，到了現在就要正式登場了。

判　　斷

　　所謂**判斷**，在本課程有兩層意義，一是定罪，這個意涵在耶穌教誨中占了極重的份量。當他苦口婆心要我們放下判斷時，是要我們停止評判或定他人的罪。除此之外，**判斷**還有另一層更廣泛的含意，也就是構成知見世界的基本要素，它影射著「揀擇性」，意謂萬物可供我們分別取捨。然而，天堂中絕無此事，除了純一的真知，無何可選；唯有活在噩夢一般的二元世界之人，才會感到自己還有選擇的餘地。其實，在真理之境，**沒有**他物存在，自然也沒有判斷及揀擇的必要。

　　心靈一旦分裂，判斷必然隨之出現，進一步打造出物質宇宙，而且分割為億萬碎片，如此一來，我們更有得判斷了。說實話，倘若缺乏任何判斷能力，人類根本無法存活於世。比方說，如果我毫無揀擇地關注辦公室裡轟炸我意識一般的所有刺激源，例如身體或手的知覺、味道、聲音及顏色等等，那一刻的我便不可能專心寫作了；我的潛意識必須作出取捨，抵制屋內那些妨礙我寫作的感官刺激。再打個比方，當我們開車時，

要是把路邊林林總總的刺激照單全收納入自己的覺知內，不發
生車禍才怪——司機當然得過濾掉與開車無關的外在刺激，才
可能專心駕駛。

　　活在人間，這類判斷不僅必要，而且是最自然不過的事
了；而這一揀擇性的知見，也正是聖靈修正小我判斷的焦點。
當我們面對聖靈與小我這兩套互不相容的體系時，只有一種判
斷具有意義，即是用光明取代黑暗、以真相取代幻相的選擇。
這一取代過程所根據的，無疑正是奇蹟第一原則。

**(II.1:1~5) 我已說過，本課程所論及的幾個重要概念，都沒有
程度之分。有些基本概念甚至無法藉由它的反面意義去了解。
光明與黑暗，一切與虛無，絕不可視為兩種並存的可能性。它
們不是完全正確，就是完全錯誤。你必須明白，除非你已經堅
定地投誠於一方，否則，你的想法必然反覆無常。**

　　耶穌這一番話是要訓練我們對小我的判斷隨時保持警覺，
而且牢牢記住他教給我們的「判斷」。總之，判斷的觀念在奇
蹟交響曲中極為重要。現在，讓我們回到第六節「判斷和主權
的問題」，它延續了第二章結尾論及「最後審判」的話題。最
後的審判，在基督教中原是指上主或耶穌在世界末日對人類的
最後審判——誰會上天堂，誰該下地獄。在此，我們又看到耶
穌如何採用沾染小我味道的詞彙卻賦予全然不同的意義，這與
第二章「防衛措施」一詞的用法如出一轍，當然，這也是《奇
蹟課程》的一貫手法。究竟說來，最後的審判跟上主毫無關

係，它是**我們**自己對小我的反面判決：「我再也不相信它所妄造的一切，再也不把它當真了！」

　　也因此，最後的審判純然是正面的，毫無一點懲罰的意味，它只是看透原始錯誤的本質而作出公正的宣判，套用〈練習手冊〉的話，即是「……凡是虛妄的就是虛妄，凡是真實的則千古不易。」（W-PII.十.1:1）也就是說，我們開始正視小我世界，判定它的虛妄，接受自己以前頑強抵制的救贖真理。

(VI.1) 我們已經討論過最後的審判，只是有些細節尚未交代清楚。最後的審判終結了人間所有的判斷。判斷只具象徵作用，因為沒有一種判斷超越知見的領域。聖經所謂「不要判斷別人，免得自己受到判斷」，意思是說，你若對他人的真相品頭論足，必然也會以同樣的眼光評判自己。

　　這段話蘊含了一個重要訊息：宇宙的萬象萬物只要是可感知的，或具有象徵作用的，就不是真的，也絕不可能來自上主。象徵本身無足輕重，重要的是它所象徵的**對象**。當我們療癒了一段人際關係時，這段經驗不過象徵了我們終於憶起自己原是上主的唯一聖子。請記住，凡是出於妄見心境的判斷（即攻擊），必然會鞏固分裂之境；凡是出於正見心境的判斷（即寬恕），則會解除分裂的錯誤。我們怎麼看待別人，就會怎麼看待自己；反之亦然。耶穌一再勸誡我們不要判斷，只因我們一判斷別人，就等於判斷了自己，因而更加鞏固心靈最初對小我的認同，接受小我視聖子罪不可赦的那個審判。

(VI.2:1) 存心評判他人，無意知道真相，這是你失去內心平安的原因。

請注意，「知道」一詞在此可說是《課程》最典型也最精準的用法了，它專屬**天堂**及**靈性**的層次。短短的一小段話，明明白白點出，每當我們感到不安，切莫向外追究原因，而應覺察這是自己附和了小我的判斷才會失落救贖的平安。

(VI.2:2~3) 評判的過程構成了知見的基礎，而非真知之所依。我在討論知見的分別取捨時曾經指出，評估能力乃是構成知見不可或缺的條件。

是的，只要我一開始評估，便表示一定有「不同的東西」任我分別取捨，當下就把我打入二元知見的虛幻世界；這就是第一個瘋狂失常之念。第二個則是我竟然認為自己有本事「知道什麼對自己或對別人最好或不好」，再也沒有比這更瘋狂失常的事了。

(VI.2:4~7) 評判一向含有排斥的成分。不論所評判的對象是你自己或是他人，它絕不會只強調正面的特質。不論你是先認出它而後排斥，還是評估之後而想擁有的，都會存留於你心內，因為它已被你認出來了。你相信凡是被你抵制之物就影響不到你，這個幻覺讓你吃盡了苦頭。

這一段所描繪的，正是人類心理的看家本領。一旦判定某件事是不被容許的，便趕緊壓抑下去，埋到心底後，再異想天

開地以為它就此消失了。換句話說，只要我看不到或感覺不到的，等於不存在，這就是典型的鴕鳥心態。佛洛伊德向我們證明了，壓抑下去的東西必定會投射出去，拐一個彎又回到人們的意識裡，化為夢境、象徵或攻擊念頭等等。《課程》同樣不斷提醒我們，潛意識裡的東西若不加以處理，會像細菌感染一樣，一發不可收拾。反之，如果我們誠心誠意和新的導師一起往心裡看去，便會看穿潛意識裡的一切原來只是一個寧為虛無的選擇，那時我們自然歡迎改變的來臨。

(VI.2:8~9) 它不可能沒有影響的，除非你在抵制之際同時相信此物根本不存在。事實絕非如此，否則你就不會設法抵制它了。

　　這是《奇蹟課程》最常見的邏輯表述——如果我討厭或反對某事某物，表示我一定相信那是真的。尤有甚者，我不只相信它是真的，還認定那是無法接受的，只因著某種緣故而壓抑那個判斷，故意裝成沒有那一回事。究竟說來，這種否認才是最嚴重的心態。因為我們一旦判定內心某個經驗是有罪的，在存心壓抑之後，必會把它投射到別人身上而定對方的罪。但在同時，由於我們意識不到自己才是始作俑者，故對自己的判斷及反應常常感到理直氣壯。

(VI.2:10~12) 這與你的判斷正確與否毫無關連。不論是對是錯，你都已相信那虛幻之物的存在了。任何判斷最後一定導致同一結局，因為它隱含了「真相是可以任你取捨」的信念。

　　請看，小我因著主權的心結而形成的那種傲慢，完全躍然紙上。它僭越了上主之位，認為自己有判定什麼是實相、什麼是幻相的權利。

　　我在此先透露一點我們的長兄在下一章要教導我們的寬恕慧眼，它好似說：「只要仔細瞧瞧你所詛咒的人，你就會在這面鏡子的倒影看到你暗中詛咒的自己。我既已為你揭開了問題的內幕，你該知道從何下手了吧！你只需正視一下自己究竟在批評那人『什麼』，我自會教你明白，那正是你心中對自己的評斷。」經過這番懇切的開導，我們會愈來愈清楚，問題的源頭不在對方身上，根本是在自己心裡。因此，耶穌才會說出下面這一番話：

(VI.3:1) 你若不以評判的心態對待自己及你的弟兄，那種如釋重負的平安絕對超乎你的想像。

　　整部〈正文〉交響曲中不斷為我們點出，為什麼放下判斷會讓我們更快樂一點；上面這兩句話不過是開個場而已。撤銷判斷之所以會帶來真實的療癒，就在於我們終於明白了，自己所批判的原來不是對方，而是自己壓在心底繼而投射出去的東西。為此，《奇蹟課程》才會要我們寬恕弟兄並**沒有**對我們做的事情（T-17.III.1:5）。當然，這並不表示對方的作為值得嘉許，而是他其實並沒有做出我們控訴他的罪狀——奪走了我內心的平安。我們若焦躁不安，只有一個原因，就是我們選擇了批判。說穿了，心靈並不想「知道」，它只想「判斷」，這才

是人間所有疾病及不安的起因。

(VI.3:2~3,6) 你一旦認出自己及弟兄的本來面目，便不難明白，不論你對他們作何評判，都沒有任何實質的意義。事實上，因著你對他們的判斷，反倒使你無從認出他們對你的意義了。……只要真知一現身，所有的判斷便會自動銷聲匿跡，你的新認知就這樣取代了舊有的知見。

　　認知（recognition）一詞，意指「重新認識」，如同字源學所揭示的，字首re表示再次，字根cogn則是knowledge（真知）的字根。上述引言再度提醒我們，放下判斷非常不簡單，因為那等於要我們放棄自己的存在基礎。說實話，判斷**確實是**人類的存在基礎，就這一層意義而言，判斷和**罪**幾乎是同義詞。我們的存在就是基於自己當初判定上主的愛有所不足而衍生的結果，而個體之我可說是根據這一判斷打造出來的「傑作」。一旦放下判斷，我們的存在基礎就岌岌可危了，這也說明了為什麼每個人最難放下「我是對的」這種立場。縱然根據世俗之見，我的判斷可能百分之百正確，但判斷的本身卻透露出一個訊息，就是我們的心靈還是犯了錯。

　　話說回來，這並不表示我們在世上不該再作任何判斷，它只提醒我們，別再為判斷下面暗藏的攻擊之念辯護了。再強調一次，這段話並不是要我們放下**所有**的判斷，例如該穿什麼，該去哪兒，該吃什麼，諸如此類的。它要說的是，雖然現實生活少不了各種大事小事的判斷，但我們不需要為了攻擊而判

斷，也不再助長分裂的假相，更不去附和小我的最愛「**非此即彼**」之原則了。

(VI.4:1~3) 你非常害怕自己看到卻拒絕接受之物。因為你相信因著你的拒而不受，就會失去了對它們的掌控權。為此之故，它們才會出現在你的噩夢中，或偽裝成一個看起來比較愉快的夢境。

如前所說，凡被壓抑下去的種種情緒，絕不會憑空消失，它們只會藏身潛意識，伺機現身於我們的夢境。為此，佛洛伊德把夢境形容成「了解心靈在潛意識運作的康莊大道」，只因夢境所表露的，正是人心不可告人之秘密。佛氏研究的是人類的睡夢，耶穌援引他的理論，進一步為我們指出，這個時睡時醒的人生其實就是一場大夢。不論是在噩夢（如恨的特殊關係），或在美夢（如愛的特殊關係）中，只要透過和別人的互動，反觀我們是怎麼看待自己的，當下便心裡有數，知道自己已經拜誰為師了。

(VI.4:4~5) 凡是被你排斥或抵制之物，自然無法進入你的意識裡。它們原本是無害的，是你把它們變成了一種威脅。

耶穌在後文討論「解離」問題時，會再度深入這個重要觀念，現在我們先簡單說明幾句。一切的問題，並不在於你想要斷絕關係的對象是誰，而是在於你想要切斷這段關係之本身（T-10.II.1）。也就是說，我們企圖否認的罪與咎本身並不會造

成真正的威脅，因為它們純屬虛幻；是我們認定罪咎既可恨又可怕的這個判斷，才使它們變成一大威脅的，亦即小我思想體系賦予這個分裂之舉它本來沒有的威力。換句話說，正因為解離的緣故，小我在我們心目中才顯得如此可怕，而給予仇恨與恐懼一個坐大的機會。

可以說，傳統宗教裡「義怒神明」的典型形象就是這麼打造出來的。一旦明白了這種神明觀念背後隱藏的荒誕邏輯，我們就不會對《聖經》、《可蘭經》或任何宗教經典那麼篤信不疑了，因為我們再也不想把因咎而生的敵意投射到神明身上去了。宗教或任何主義之所以容易引發爭執，純粹是因為人們寧可相信真正的敵人是在外面而不在內心。也因此，人們一旦認同某種「主義」之後，就會不惜為它而死或置他人於死地，這充分顯示出心靈早已病入膏肓，寧可痛宰外面的人，也不肯面對自己心裡可怕的小我。其實，我們只要鼓起勇氣好好正視，便會看出小我那一套純然是虛張聲勢，一點都不可怕。

(VI.5:6~8) 不停地評判所給人的壓力確實不堪負荷。人們竟會如此珍視這種削弱自己的能力，真是匪夷所思。話說回來，只要你還想要充當現實真相的作者，你必會緊抓著自己的判斷不放。

這幾句話說得真是一針見血，普天之下，有誰不想要「充當現實真相的作者」！只要我們認為自己真的活在這兒，表示我們還在爭取存在的主權。問題是，我們不可能同時活在世界

與天堂的。我們選擇活在一具身體裡，充分顯示了我們想要與天堂一刀兩斷的決心；同樣的，我們想盡辦法抵制救贖，只因它老是宣稱天人「未曾」分裂。幸好，**觀念離不開它的源頭**，我們**始終是**上主天心中的一念。當初，就是為了抵制上主那一聖念，企圖保住自己的個體身分，我們不惜打造出這麼壯觀的宇宙。我們一生無所不用其極地守護這個我，只因一旦放下這重防禦工事，真相便會歷歷在目，原來，我們只是虛無（nothing）的創作人，上主才是一切萬有（everything）的原創者。我們何其有幸，是祂的萬有中不可或缺的一部分。

　　無可否認，我們幾乎每天每時、分分秒秒都在爭取生命的創作權，故我們絕不會輕易放下自己的判斷權利。耶穌只是教我們從他的角度好好正視自己種種判斷、種種選擇背後的隱衷，我們若真敢跟他一起往內看，必會看到其中的荒謬與瘋狂。耶穌同時直指我們受苦的另一個原因：一刻不止的判斷帶給自己的壓力已經到了難以負荷的地步。梭羅說得好：「我們都在靜靜的絕望中。」那種「靜」其實很吵，它是測量不出分貝的極度噪音。念頭的嘈雜掩蓋了輕柔寂靜的救贖之音：「這一切都不是真的，因為什麼都沒有發生。」然而，我們寧可相信自己闖了大禍而內疚不已，這實在是我們對自己最大的批判。批判之音如此強烈，逼著我們不得不接受小我那套解決方案──先否認，再投射，轉而批評所有的人。

　　我們已經活得筋疲力盡了，正如同〈教師指南〉開篇所說

的：「世界已經疲累不堪了。」（M-1.4:4~5）想一想，那還是
1972年說的呢，到如今就更加雪上加霜了。可是我們仍然不
肯停下腳步正視自己欲振乏力的原因，不敢質問何以每一個人
或整個社會都活得這麼疲累，這麼焦慮，也這麼病態。根本而
言，如此沉重的負擔，全是判斷所造成的。說得更具體一點，
是來自為了保住自己的判斷而造成的心理負擔。說真的，我們
完全沒有別的出路，唯一的出路只有往心裡看去，才會意識到
自己心裡那幅圖像大有問題，並且明白問題不在外面的人，而
是在自己心內。所幸，在耶穌無比耐心而溫柔的指導下，我們
終於知道該怎麼做了。

耶　穌

　　最後，我要引用幾段精彩的論述作為總結。耶穌按照世界
為他打造的象徵，也就是海倫心目中的形象來談論自己：

**(IV.7:3~4) 我也曾是人類的一份子，只是最後憶起了自己的靈
性與真知而已。當我在世為人時，我不曾企圖以真知來制衡謬
誤，而是由問題的根本一層一層往上修正。**

　　這一段話充分顯示耶穌無意抹殺身體的層次，不論是在兩
千年前或在本課程裡，他都要我們把他的教誨運用在現實生活
中。只要我們自認為還活在世間，表示我們仍在返鄉歸家的

階梯底層，故也還需要借助於一個自己能夠了解以及接受的救贖象徵。耶穌的存在，從本質來講，並非那具血肉之軀，他代表的是救贖原則，就是始終活在每個心靈內的完美聖愛之念。由於我們堅信自己正有血有肉地活在世上，故那一聖念不能不化為類似的有形之身；而我們心目中的耶穌便是其中之一，透過他，救贖原則得以展現人間。他曾說，他是掌管救贖之人（T-1.III.1:1），其實，他**就是**救贖本身（T-1.III.4:1）。更重要的是，他不是唯一的有形象徵，終有一天，我們全都會像他一樣的（T-1.II.3:10~13）。

(IV.7:5~7) 我親自為你證實了身體的無能以及心靈的偉大。當我的願心一與造物主的旨意結合，便自然憶起了靈性以及它真正的目的。我無法越俎代庖將你的願心結合於上主旨意之下，可是只要你願意接受我的指引，我便能拭去你心中的一切妄見。

大家可還記得，耶穌在第二章也說過類似的話（T-2.VI.1:3）。他顯然是要海倫、比爾以及我們明白，他不可能以代罪羔羊的身分來拯救我們，他最多只能代表救贖之念臨於我們心中，呼喚我們回家。我們好似聽到他的聲音時，不過表示我們已經接納了他的臨在；其實，他並沒有發聲，也沒有說話，他純然只是「非具體的」愛之一念，是抽象的上主聖愛之倒影。只要我們真心拜他為師，這個愛就會以我們所能了解以及接受的形式出現。比方說，如果英語是我的母語，我很可能

「聽到」英語的訊息；我若喜歡無韻詩，就會聽到他用無韻詩體吟誦；假如我是心理學家，自然會聽到心理學語彙的論述。總之，究竟說來，真實的他始終代表那臨在我們心內「非具體」的完美之愛。

他的臨在有如天堂的呼喚，但他不會真的發聲，最多只像一座燈塔，默默地放射光芒（這正是我們基金會的通訊以燈塔為名的一個原因）。燈塔無需作什麼，只是等著，當船長決定奔向光明，自然會驅船前來；燈塔絕不會去追他們，而是在漆黑的海上靜靜放光。救贖也是如此，它只在黑暗的心靈中寂靜地閃耀光明。

故耶穌說「我無法越俎代庖將你的願心結合於上主旨意之下」，因為當初是我們決定和耶穌及上主旨意保持距離的，至今仍九死而無悔。除非我們肯將內在的黑暗帶向他的光明，把小我思想體系帶入他的救贖，否則永遠不可能驅散小我的黑暗。然而，只要光明一到來，黑暗當下銷聲匿跡；同樣的，真理現前，幻相立即遁形而去；真愛降臨，所有的判斷都會煙消雲散。請記住，把自己的小我帶到耶穌面前，是我們唯一的責任。臨在於我們心中的耶穌，手裡並沒有捏著一塊橡皮擦，隨時準備替我們抹去錯誤的知見，他只是等著**我們**主動把妄念交付給他，他的愛才能為我們抹除那些幻相。以愛驅散妄念幻相，誠然是證入基督慧見的必經過程。

　　慧見雖然毫不具體，卻足以**解除**小我那些具體的妄念。我們一旦跟耶穌的真理及愛認同，甘心交出自己的判斷，那些判斷當下就在真理和愛的跟前消音了；也就是說，當我與人互動時，動輒判斷的心態頓時消融不見了。縱然眼前情境並未改變，但**內在的**慧眼好似粲然一亮，看到另一番景象。只因我們以前受到罪咎和判斷的蒙蔽及誤導，一旦雲消霧散，眼中自然只剩下充滿愛的慧見，這就是《奇蹟課程》所說的真實知見。

　　本章就是根據上述的原理而定名為「純潔無罪的知見」。要知道，小我的妄見始終和罪咎脫離不了關係，而它必作此想：「我批評你，因為你罪大惡極，應該深感愧疚！」深信「**非此即彼**」原則的小我就這樣不斷推波助瀾，讓我一口咬定：「唯有你罪孽深重，才能反襯我的清白無罪。」幸好，基督慧見或聖靈正知見從來沒有「非此即彼」的觀念，它眼中只有「一」，沒有其他。的確如此，唯有不再與罪咎認同，才會看到自己果真純潔無罪，自然也會看到對方的純潔無罪，因為隔離我們的那道紗障已經撤除了。畢竟，慧見並非仰賴正向思維或努力修持而得來的正果；同理，我也只能「**不作**」（undo），如此而已。我唯一能作的，僅僅是將妄見交給耶穌，因他說了：

(IV.7:8~11) *就是你的那些妄見從中作祟，若非如此，你一定會作出正確選擇的。神智清明的知見導致神智清明的選擇。我無法替你選擇，卻能協助你作出你的正確選擇。*

　　可以說，一部厚厚的《課程》，它的要旨完全奠基於這一句話：「我的弟兄，重新選擇吧！」這便是〈正文〉最後那節極其感人的標題「重新選擇」之立意所在（T-31.VIII）。是的，我們最大的問題，就在於不知道自己還有選擇的餘地。自從原初一刻我們作了認同小我的決定，就一直為它付出慘痛代價，只因上主之子從此淪為小我，聖靈又被深埋心底。看起來，我們彷彿再也沒什麼可選擇的了，因為心靈具有選擇能力的那一部分在那一刻也同時被小我埋葬了。此後，在夢境裡，我們的選擇只限於：「我比較喜歡哪一種幻相？我今天想要宰掉哪一個人？我想玩弄哪一種特殊關係？」選來選去，全都跳不出幻相，想一想，這種選擇能有什麼意義？總之，從選擇小我的那一刻起，我們同時失落了抉擇者；而整部《奇蹟課程》的宗旨正是喚醒我們對抉擇者的意識。也因此，耶穌才會這麼剴切地說：「神智清明的知見導致神智清明的選擇。我無法替你選擇，卻能協助你作出你的正確選擇。」

　　顯然的，想要獲得正知見，首要之務，即是清除分裂、憎恨、判斷以及特殊性那套瘋狂思維。由於我們從小就被灌輸也因而養成害人又不利己的判斷習性，耶穌只好利用我們「渴望好受一點」的自私動機來激勵我們：「照我說的去做吧，因為這樣會讓你好受一點。」他要我們在小我和聖靈的兩種知見中作一選擇。說起來，這樣的選擇再簡單不過了：「小我之見會讓你繼續分裂、焦慮、愧疚下去，永遠感受不到上主的愛。反之，你若由聖靈的慧眼去看，你就會經歷到平安，因為你已

經放下自己的判斷。」當然，這個選擇不可能一次就到位，因為我們必然感到恐懼，自己一旦放下判斷就會消融於上主天心內。幸好，耶穌從不期待我們如此，他先一步一步緩解我們的判斷癮頭，直到有一天我們終於能夠接受自己並不是這個個體之我，自然會願意放下判斷的習性。一旦不再執著於小我的身分，世間便沒有什麼好執著的，也沒有一物可阻擋我們擁抱救贖、領受救贖了。

由此可知，耶穌的臨在不過代表了心靈內那個正確的選擇，他的愛會在我們心內化為永恆的呼喚：「你若選擇我，必會感受到平安；你若抵制我，便得承受衝突與不安。」最後，他這樣說：

(IV.7:12~16) 福音有言：「被召叫者眾多，被選者卻少。」這句話你應理解成：「所有的人都被召叫，只是願意聆聽者卻少。」為此，他們才無法作出正確的抉擇。所謂「被選者」不過是指那些早一步作出正確選擇的人罷了。在正見中的心靈現在就可以作出這一選擇，他們的靈魂從此得到了安息。上主只「知道」活於平安中的你，這才是你存在的真相。

誠如這段引言所說的，所謂上主揀選的人或民族，並不表示他們有任何特殊之處，因為所有人其實都已經蒙受了上主的「揀選」，只因在上主的愛內，我們根本是同一生命，天堂裡沒有「特殊」這一回事。更進一步來說，所謂「被揀選的一群」，不過是指決心活在正見心境之人，如此而已。這也是耶

穌教學的最大挑戰——讓他的學生相信他們真正想要的不是別
的，而僅僅是上主的平安，也就是「無所不包，不捨一人」的
一體實相之境。

第四章

小我的幻相

導　言

　　本章非常值得我們細細地體會，因為奇蹟神話兩大要角之一的「小我」就要上場了。雖然小我在前面幾章已經露過臉，但它的本質和思想體系要等到這一章才隆重登場；而另一要角「聖靈」，則有待第五章再正式引薦。

　　在深入剖析小我之前，我想重溫序言所提過「主導旋律」的概念。leitmotif一詞源自德文，意為「音樂的主導動機」，在音樂史上，透過十九世紀音樂劇大師華格納而發揚光大。華氏善用某種音樂主題來呈現樂劇中的角色、物品或情感，其手法之高妙，頗能反映出華氏獨具一格的音樂哲理，每當樂劇裡的主導旋律響起，都會讓聽眾聯想起它先前呈現的場景。隨著

華氏藝術造詣之成熟，這些主導旋律變得更加豐富而微妙細緻，往往隨著劇情的發展而變化萬千，聽眾會從音樂的微細流轉而體會到主角內在的心理轉折變化。我在前文提過的德國小說家湯瑪斯・曼（Thomas Mann）便繼承了這一藝術技巧，如今，我們又在《奇蹟課程》看到這種巧妙的藝術筆法。

前文已經討論過架構出《奇蹟課程》理論基礎的兩大主題曲。第一主題是救贖原則，亦即「分裂不曾發生過」；這個主題到了第三章的結尾，言簡意賅地濃縮在這一句話中：「平安是靈性的天賦遺產。每個人都有拒絕自己遺產的自由，卻沒有建立遺產的自由。」（T-3.VI.10:1~2）言下之意，不論我們作何選擇，永遠不會失落上主之子的天賦遺產。到了第二十六章，又再次詩意地重現同一主旨：「……天堂之歌的一個音符都不曾錯過。」不論小我思想體系多麼詭譎複雜，絲毫撼動不了天堂之愛，更阻擋不了天堂之愛的推恩。我們可以留意到，這個一貫的主題透過無數的變奏形式，反覆出現於整部的《奇蹟課程》；而小我使出渾身解數想要抵制的，正是這一救贖原則。此刻，我先帶領大家重溫一遍與此相關的章句，親眼看看耶穌究竟重申過多少次「救贖原則」，以及他變化無窮的呈現手法。這就跟華格納的音樂藝術有著異曲同工之妙——音樂的色調變化無窮，卻始終不離樂曲的主題。

救贖原則

(I.8:5) 你是真相的一部分,永恆不易,那不是你的小我所能高攀之境,對靈性而言卻是唾手可得。

即使認同了小我體系,我們始終屬於實相的一部分,這是不爭之事實。換句話說,「我們仍是靈性」這一真實身分,絲毫不因心靈的選擇或信念的偏差而有所改變。

(I.11:5~7) 祂的家園始終屹立不搖,早已準備就緒,只等著你作出「回家」的抉擇。只有這一點,你能夠全然肯定。上主不可能創造出可朽之物,同理,小我也營造不出任何永恆的。

我們在天堂的永恆家園亙古不變,小我對此完全束手無策。只因小我的世界,出於罪咎與物質,變化無常且終將腐朽,自然不可能出自永恆不易的上主。這是《奇蹟課程》的基本論證,證明「真正的上主不可能打造這種物質宇宙」。

(III.1:4~6) 天國「就是」你。除了你以外,造物主還創造過什麼東西?除了你以外,祂豈有其他的天國?整體遠超過部分的總合,這句話道盡了救贖訊息的全部內涵。

天國不在我們內,因為我們**就是**天國本身。救贖原則告訴我們,我們原是基督,這一真實身分永遠不受自己任何的瘋狂念頭左右。既然分裂不曾發生,自然不會引發任何後果。不僅如此,耶穌甚至說,我們也有一個「天國」:

(III.1:7~13) **你也有一個天國，是你的靈性創造出來的。它並沒有因為小我的幻相而中止它的創造。你的創造和你本人一樣，均非鰥寡孤獨之輩。小我永遠不會成為靈性的創造同工，你的靈性卻始終是造物主的創造同工。你所創造之物和你自身一樣安全無虞，對此，你一定要有信心。天國是完美的一體，徹底安全無虞，小我永遠侵犯不了它。阿們！**

這段話道盡了救贖原則。上主之子心中不論冒出什麼念頭，不論那**小小瘋狂一念**好似引發什麼事件，都不可能造出任何的結果，而沒有結果就等於不存在。因此，《奇蹟課程》談到世界及其思想體系時，一律視為幻相。它不只影響不了上主創造的我們，就連從我們的靈性延伸而出的創造也一樣不為所動。這種「天國」只有一個靈性，一個聖愛，一個自性，任何二元分裂的念頭都無法侵犯真理統御的國度。

(IV.8:2) **上主之子的能力原是不可限量的，但他若甘心的話，也可能限制自己的能力與表現。**

這一句再次點出，活在幻境的我們，無論如何顛倒夢想、如何妄念紛飛，那些信念絲毫沒有竄改實相的能力。只有活在夢中的我們，才會夢見聖愛好似真被小我綁架了。

(IV.9:6) **你的小我阻擋不了上主照耀於你，卻可能阻擋祂想要透過你而照耀他人之願。**

確然的，小我無法阻止上主之愛照耀我們。這兩句詩意的

描述仍是再度保證：小我左右不了我們與生命源頭永遠一體不分的事實。然而，只要在夢裡，我們仍可隨心所欲地為聖愛設限，甚至將聖愛打入罪咎與攻擊的冷宮，從此，不只我們，連我們的特殊關係所形成的世界，都一併陷入黑暗了。

(VI.1:6~7) 小我不過是你對自己的一種信念而已。你還有另一生命，完全不受小我干擾地繼續存在，即使你存心與它斷絕關係（dissociation），也改變不了它分毫的。

這一段話再次指出，我們所認同的小我思想體系壓根兒撼動不了生命的真相。我們的自性因著聖靈及其救贖之故，始終與正念之心聲息相通；縱然我們自甘與真相決裂而選擇活在幻相裡，依舊改變不了我們「另一個生命」的實相。

(VII.3:11~12) 縱然心靈可能會扭曲這一能力，卻無法賦予自己上主從未給它的能力。為此之故，即使心靈可能拒絕從實存的層次發揮它的交流能力，它也絕不可能完全喪失這種能力的。

「交流」一詞，在《課程》裡特指由上主聖愛延伸出來的創造力；無論我們多麼想要放棄這種交流能力，也改變不了我們始終擁有這種能力的事實，而這正是聖靈不斷溫柔地提醒我們的真相。到了下一章，我們還會重述這個觀念，屆時我們便會明白，「實存」（being）不僅是**靈性**的一大屬性，它與靈性其實是同義詞。

唯有認清救贖的重要性，我們才會深刻體悟，救贖觀念乃

是孕育出整部《奇蹟課程》的種子主題。一旦徹底明白世界只是一個幻相，想要化解人間任何問題以及我們所有的掛慮，便顯得簡單無比了；因為只需回到心內作出錯誤選擇的抉擇者那裡並且改變那個錯誤決定，一切問題便會煙消雲散。**奇蹟沒有難易之分**，所憑靠的，就是這一救贖原則。我們隨著〈正文〉讀下去，一路會不斷聽到這個主旋律，無疑，它正是激起小我恐懼最根本的原因。

小我對救贖原則的恐懼

緊接著前一節的「救贖」主題，延伸出第二節的主題「**小我對救贖原則的恐懼**」。〈正文〉的前三章其實已經舉過不少相關的例證，日後還會不斷回到這個觀點，因為它實在太重要了。綜結來說，小我的整套分裂思想體系（罪、咎、懼和特殊性），以及它不得不逃離心靈，乃至造出整個娑婆世界，最後都可歸因於小我對聖靈及救贖原則的恐懼。說得更明確一點，小我真正害怕的是聖子有朝一日會**選擇**救贖原則。救贖，以及小我對救贖的恐懼這兩大主題，構成了《奇蹟課程》整個的理論架構。因此，我們若能盡早認出奇蹟交響曲開場的主旋律，不僅有助於我們對全書的了解，日後在操練與運用之際，也會更加得心應手。

　　談到小我的恐懼，必會再度牽涉到**匱乏**的觀念。那種「認定自己生命裡失落了什麼」的匱乏感，根本就是知見世界與生俱來的信念。看看這個知見世界，它是如此的具體有形，恰恰跟耶穌所說的抽象境界成了鮮明的對比。可以說，若非分裂信念造成的具體世界，就沒有小我可言，為此之故，小我才會打造出這麼具體的世界，還讓我們相信它真實不虛，正因為小我是出自一個「不神聖」之念。也就是說，上主之子竟然相信自己可以在上主與基督那無形無相的一體生命之外，為自己另行打造一個有形有相的具體身分，故特別需要一個有形有相的具體世界，來證實小我的分裂真實不虛。可想而知，小我多麼害怕救贖原則，因為聖子一旦選擇了抽象的真知，小我當下就灰飛煙滅了。

　　現在，讓我們一起看看與這個觀念相關的章句，先從描述天堂真知或實存境界的這一段開始。

(II.1:4~5) 由於真知是完全不具個人特質的，它的思維極其抽象，具體實例無法幫你領悟真知之境。反之，知見則各有所指，因此相當具體。

　　前面說過，**真知**和**天堂**是同義詞。它之所「知」，唯上主或靈性而已，徹徹底底的「非具體性」或「非個人性」，既不著眼於個人特質，也沒有一個與眾不同的我。這是「奇蹟沒有難易之分」的立論基礎。為此，世間一切問題的具體因素，全都無關宏旨。真正的關鍵，就在於小我打造出世界及身體的目

的或初衷；同時，真正的問題，就在於我們相信所有的問題都
發生於心靈之外。有形有相的物質宇宙之所以如此具體，不過
反映出心靈的一個妄念——企圖在生命源頭之外為自己打造一
個特殊身分。在此，我們再度看到《奇蹟課程》的巧妙筆法，
把好幾重觀念交織在一起，只要細讀，透過短短一句話或一段
話，不難從它背後讀出整套的思想體系。

**(VII.1:2~3) 雖然心靈的本質原是十分抽象玄虛的，小我的幻相
卻相當明確而具體。人心自從分裂以後，其中一部分便開始具
體化。**

　　各位可還記得第三章對**意識**的界定：「意識（也就是知
見層次），是天人分裂之後在心靈內所形成的第一道裂痕，從
此，心靈由創造主體轉變為認知主體。」（T-3.IV.2:1）上述這
一段話只是換個角度重述同一道理罷了。

**(VII.1:4~5) 具體有形的那一部分會相信小我，因為小我正是靠
此具體性而存在的。小我所在的那一部分心靈，相信你的存在
只能靠「分裂」之說才能交代得清楚。**

　　在天堂，只有圓滿的一體生命，絕無主體與客體的對立；
反之，分裂而出的小我必須依靠個別性與具體性才能存活。這
個所謂的小我，不過代表著我生命中想要成為「我」的那一部
分，它企圖在基督自性的抽象生命之外活出另一個狀似獨立自
主的生命。

(VII.4:1) 存在層次（existence）和實存層次（being）一樣都是仰賴交流而生的。

　　「存在」一詞，在《奇蹟課程》中與「知見世界」幾乎成了同義詞，直指我們個體性的存在狀態；與此相對的「實存」一詞，則屬於非具體或抽象的靈性境界。故書中只要談到「存在」，通常在講生命的具體層面，正如下文所言：

(VII.4:2) 然而，存在比較具體，它能根據「如何」、「何種」、「與誰」來判斷這一交流值得與否。

　　〈正文〉後面即將出場的「特殊關係」便是由上述觀念衍生出來的。先簡單說，我們與某些具體的人物「交流」，其實就是在交換彼此的「咎」，透過互通有無，冀望自己心內的咎能夠像飛箭般一瞬間就跑到對方身上，我們方能從自己打造的心靈牢籠脫身。

(VII.4:3) 實存境界則完全沒有這種分別。

　　至於「實存／真知」，都屬於「非具體」的抽象境界。在一無分別的天堂境界，連上主和基督都不可能是不同的「實存」。當然，這種二元性的名稱只是權宜之說，好讓活在二元世界的我們了解上主與祂自己的一體關係。究竟說來，天堂境界推恩出來的生命，永遠離不開祂的源頭，故造物主及受造物必是同一生命，而且無二無別。

　　有了這番理解，我們總算可以深入探討小我對救贖原則的

恐懼了；這種恐懼，更準確的說，其實就是小我對「心靈可能**選擇**救贖原則」的恐懼。心靈的抉擇者能夠選擇小我，也可以選擇聖靈，這種選擇能力讓小我驚恐萬分，因為聖子一旦看清自己選擇的這個有形有相的思想體系竟然是個天大的錯誤，必定會改變心意，決心憶起無形無相的聖子奧體境界。如此一來，不啻為小我敲起了喪鐘。正是這份隱憂，醞釀出小我的整套思想體系。雖然我們在前文已經多次論及小我體系，但《奇蹟課程》到了本章才正式揭發小我的計謀以及背後複雜的隱情。如果我們不了解小我最深的恐懼，就無法理解小我為何會想出這種應對策略；同理，如果我們想了解小我為何如此恐懼，就必須先了解它所害怕的救贖原則究竟是怎麼一回事。因為根據救贖原則「分裂不曾發生過」，分明表示小我也從來沒有存在過。

(I.2:6~7) 凡是出自小我的，絕不可能通往靈性；凡是出自靈性的，也不可能通向小我。靈性既無法助長小我，也無法幫它減輕內在的衝突。

靈性與小我代表兩種不可能並存的境界。靈性既然根本就不知小我的存在，自然不會設法為我們減輕這虛無生命裡的衝突。為此之故，耶穌在〈正文〉裡再三叮囑我們，切莫跟小我抗爭，因為愈抗爭，它會顯得愈真實。故靈性既不與小我抗爭，也無意去改正它。幻相就是幻相，只要懂得選擇聖靈，小我自會消亡。我們對於骨子裡徹底虛無的小我，除了撤回自己

對它的信仰以外，什麼也無需做。

(I.2:8~12) **小我本身就是矛盾。你的自我與上主的自性向來勢不兩立。不論從兩者的緣起、發展取向及後果結局來看，它們都是截然相反的，絲毫沒有和諧共存的餘地，因為知見無法了解靈性，而小我又沒有真知的本事。因此，它們之間可說是天人永隔，永無交流的可能。**

　　請注意，上主的自性並非真的和小我分庭抗禮，勢不兩立，只不過兩者的境界互不相容，故說勢不兩立。這就是《奇蹟課程》和榮格學說最大的分野。榮格主張，唯有融合對立的兩邊，才算恢復完整。這種論點，表示他視兩者同等真實，才有整合的必要。對此，本課程無意整合這一對立，它明明白白告訴我們，靈性與小我，光明與黑暗，真愛與恐懼，兩者之間是不可能融合的，因為一方出現，另一方必然消失。同樣的，萬有與虛無之間也絕無和平共存的可能，更遑論彼此交流了。

(I.2:13~14) **幸好，小我尚有學習的能力，雖然它的主人常被誤導。然而，不論怎麼誤導，他都無法把生生不已之物改造為了無生命之物的。**

　　這是救贖原則的另一例證：不論我們多麼努力想讓小我存活下去，甚至打造出狀似生龍活虎的身體，仍然改變不了我們的真實身分，也就是生生不已的靈性。

　　「小我尚有學習的能力」這句話常令讀者大惑不解，其

實，這兒的「小我」另有所指。一般而言，《奇蹟課程》幾乎
把小我和妄念思維當成同義詞，但此處卻是個例外，當耶穌說
「小我尚有學習的能力」時，他其實是指心靈作抉擇的那一部
分，也就是分裂的心靈本身。妄念思維中的我是沒有學習能力
的，唯有心內的抉擇者方有學習的可能。這一部分的心靈曾教
自己相信小我是真實的，聖靈是虛幻的。如今，它也可以改變
自己的想法，認出小我的謊言和虛幻，因為唯有聖靈才是代表
真理發言的「天音」。

**(I.3:1~2) 靈性無需受教，小我卻有待教導。小我對學習必然視
之為畏途，因為學習雖然不至於毀滅小我，卻會使小我消失於
靈性光明中。**

　　小我不會毀滅，只是消失了而已。這段話充分解釋了為什
麼奇蹟學員操練這部課程時會遇到這麼大的阻力。即使他們早
已通曉形上理論，對小我的運作內幕也如數家珍，卻發現自己
始終**學不會**放下判斷和特殊性，也**學不會**不為芝麻小事生氣。
由此可見，「小我對救贖的恐懼」這個**主題**何等重要，難怪它
在奇蹟交響曲中一再反覆重現。我們即將讀到，小我害怕我們
學會而為我們獻上的「失心大計」，讓我們意識不到自己還有
心靈，因而錯失了改變心念的機會。這才是我們老是學不會的
真正原因。

　　不消說，學習並非經由大腦，而是透過心靈；而心靈只有
兩種選擇，若非選擇小我，就是選擇聖靈的思想體系。小我深

恐我們一旦學習有成，它便從此「消失」了蹤影，故祭出失心大法，想盡辦法抵銷我們的學習能力，不讓心靈有任何機會選擇救贖來取代分裂。

(I.3:3,5) 小我不可能不害怕這種改變，因為它沒有一點我的善心仁意。……我絕不會攻擊你的小我，只願教你看出小我的思想體系究竟是如何形成的。

　　大致說來，前面這幾章其實已經為《課程》的核心教誨「寬恕法門」奠定了一個清晰的理論基礎。容我再強調一次，我們若無法體會小我對「分裂不曾發生過」這條救贖原則的恐懼之深，必然會感到大惑不解，何以然小我會打造出這樣的思想體系！然而，耶穌明確地指出，由瘋狂且虛妄之念而生的小我，從未真正存在過，故也無需跟它針鋒相對，蓄意消滅它或攻擊它，只要透過耶穌慈愛的眼光，正視它虛無的本質，便會親眼目睹小我那煞有介事的虛幻表相，無聲無息地消融在救贖的療癒光明中。

(I.3:6) 在我幫你憶起你的受造真相之際，不可能不引起小我的恐慌。

　　這個「受造真相」，即是救贖原則不斷提醒我們的福音：我們仍是上主的創造，是純靈的生命，與上主之愛全然一體；我們的本來面目是基督自性，絕非目前經驗到的這個我。總而言之，這個「受造真相」才是小我最怕我們憶起的幸福真相。

接下來，我們來看看小我是如何機關算盡，企圖抵制救贖原則的：

(I.10:1) 小我很怕靈性的喜悅，因為你一旦嚐到那一滋味，就會撤銷小我所有的防衛措施，完全不想與恐懼廝混下去了。

我們一旦發現，選擇小我是個天大的錯誤，而選擇聖靈才是夢境唯一的喜悅，我們便會撤回對小我的信任，轉而投靠聖靈。前面說過，這才是小我最深的恐懼。切莫忘記，小我的存在，完全憑靠聖子相信它；這個世界以及小我所有呼風喚雨的本事，無一不仰賴心靈的抉擇能力。換句話說，抉擇者能夠賦予任何思想體系某種真實勢能，不論它是真是假。儘管小我思想體系那麼虛妄不實，我們一旦相信它，它就變成了真的。接下來，神智錯亂的心靈必會認定自己犯下了滔天大罪，理當遭受天譴。幸好，無論我們的顛倒瘋狂到什麼程度，小我以假亂真的本領只能在夢中發威，天堂依然毫髮無傷。小我絕不容許我們意識到這一切只是個彌天大謊，而我們也不過作了一場噩夢而已。

(I.10:2) 你目前與恐懼混得如魚得水，因為恐懼等於是分裂狀態的活見證，只要你還為分裂之境撐腰，小我便喜不自勝。

在夢境裡，我們勢必會卯足全力，助長這個分裂幻境，因為若無小我，哪有這個生理／心理之「**我**」可言？然而，若要守住這個「我」，便得竭力抵制聖靈的喜悅、真理以及救贖原

則，不斷向自己證明，說它們才是虛妄不實的。

(I.10:3~5) 放下恐懼吧！別再聽信它了，也別再護著它了。唯獨聆聽上主吧！祂絕不會欺騙你，一如祂所造的靈性。

　　這番話正是狡獪的小我所要企圖掩蓋的天音。第五章曾把聖靈描繪成「上主的天音」，頻頻呼喚我們：「重新選擇吧，放下你的小我，因為它不曾帶給你任何幸福。」也因此，耶穌在整部課程不斷苦口婆心，教導我們如何看穿小我的騙局，明白小我搞出這麼一套思想體系純粹是為了覆蓋聖靈救贖所傳揚的單純真理。

(II.5:1~4) 瓦解小我的思想體系，在人的眼中必是一件苦差事，但事實絕非如此。當你奪去嬰兒手中的刀剪時，他必會大哭大鬧；可是若不如此，他很可能會傷及自己。由此比喻可知，你仍是一個嬰兒。你絲毫不懂真正保護自己之道，你自以為需要之物，對你的傷害可能最大。

　　凡是能助長自己的個體價值的（就是後文所說的特殊性），我們就會視為有利於自己；不僅如此，凡是能讓我們投射罪咎的，我們也會惜如珍寶。因為這麼一來，不只鞏固了自己的個體性，好似還能幫我們擺脫內心「自我憎恨」那個恐怖的重擔。

　　這一段話同時也影射了一個事實，我們為了守護心目中的自己，簡直無所不用其極，一受到威脅，立即反彈，絕不手

軟。後文就用了「使性子」（tantrums）一詞來形容這種反彈
（T-l8.II.4:1）。說得更露骨一點，任何思想體系若企圖奪走小
我的靈魂（即我個人的特殊價值），小我一定會不擇手段地全
力反撲，絕不容許這種「慘狀」發生。

　　順道一提，耶穌在《課程》裡把我們比作嬰兒或幼童，絕
非僅此一處。他的用意所在，明顯可知，正因為兒童不曉得什
麼才是對自己好的，一看到熊熊亮光，手就伸過去，不知道那
是會灼傷自己的火焰；或一看到閃閃發亮的東西就去抓，不曉
得那是會割傷自己的玻璃碎片或鋒利刀剪。可以說，耶穌教學
最大的難題，莫過於說服他的學生：「死抓著自我保護的機制
不放，其實百害而無一利，只有我傳授的方法，對你才真的有
益無害。」總之，我們這群學生之所以如此冥頑不靈，仍是前
面所說的救贖功課引發的學習恐懼；因為我們心裡有數，一旦
接受救贖，就是為小我敲響了喪鐘，心目中的這個我便無法存
活了。

**(II.8:4~5) 小我就是人心中認定「自己是完全獨立自主」的那
個信念。小我雖然鍥而不捨地爭取靈性的認可，以肯定自己的
存在，卻始終無法得逞。**

　　我們不惜使出渾身解數，希望引起上主的注意；這同時也
是小我編寫《聖經》的動機，想要藉以顯示上主對我們真的格
外關注──看看這一位神明吧，祂創造我們，疼愛我們，折
磨了我們，又來拯救我們……，上主每插手一次，都證明祂認

可了我們的存在。一點也沒有錯，從小我的立場來講，不論上主在保護我們，還是想消滅我們，都代表著一種認可。由此可知，若要真正學會《奇蹟課程》，便不能不明白，自己的生命源頭其實對夢境中的我們一無所知。這一點，絕對不是噩耗，而是救贖的佳音，只因它宣告了天人根本沒有分裂。既然我們不曾與上主分裂，祂怎麼可能知道分裂出去的我們？祂要是知道我們的存在，表示分裂是個既定的事實，果真如此，我們的麻煩才真的不可收拾了。

(II.8:6~7) 靈性在真知內不可能意識到小我的存在。它也不會攻擊小我，因為小我對它而言，純然「不可思議」。

對小我而言，這句話可說是致命的打擊，難怪大多數的奇蹟學員都不記得讀過這句話。上主（靈性）對我們一無所知，這個事實會嚇死小我，因為我們只要選擇聖靈，便等於選擇了靈性，如此，小我豈有存在的餘地！

(II.8:8) 小我也一樣意識不到靈性，只會感受到有個比它更大的東西始終在否定它的存在。

既然小我也意識不到靈性的存在，表示真正威脅到它的，並不是上主，也非聖靈，而是心靈裡的抉擇者——這個比小我「更大的東西」，能夠決定小我的存亡。因為抉擇者一旦撤銷這一選擇，小我便會銷聲匿跡，回歸它原本的虛無。（T-10.IV.1:9）

(III.3:1~2) **如今你終於明白了，為什麼小我會視靈性為「敵」。小我是分裂之後的產物，只要你相信天人分裂一天，它就繼續存在一天。**

　　只有在小我**心目**中，靈性才是敵人，故這段文字將「敵」字加上引號。總之，小我的存在完全仰仗心靈相信了它，也因此，小我真正害怕的，其實就是心靈的力量。這個觀念無論重複多少次都不為過。

(III.3:3~4) **小我必會設法獎勵你堅守這一信念。然而，它的獎勵不過是給你一個暫時的存在感，以它的開始作為你生命之始，以它的結束作為你生命的結束。**

　　小我這樣利誘聖子，說只要我們繼續相信它，它會賞給我們一種存在感，我們的個體生命從此穩若泰山。不僅如此，小我還應許了我們死後的生命：「你若按照我說的去做，便能上天堂；否則你必受地獄的懲罰，而且永世不得翻身。」

(III.3:5) **它告訴你，這一生便是你的人生，因為那正是它自己的一生。**

　　小我之所以這麼說，只因它的存在完全來自於分裂信念；故它要我們相信，我們就是小我。

(III.3:6) **靈性所給你的，與這種暫存感截然相反，是恆常不變、如如不動的真知。**

　　不幸的是，「恆常不變、如如不動」的生命卻絲毫吸引不了我們，因為已經活成個體的我，無法存在於那種抽象境界。小我只可能在具體、分裂及特殊的世界裡安家立業，為此，它才這麼害怕心靈有朝一日會清醒過來，決心恢復自己的靈性真面目。耶穌繼續提醒我們：

(III.3:7~8) 凡是有過這類啟示經驗的人，再也不可能全然相信小我了。小我微不足道的禮物怎麼抵制得了上主偉大的恩賜？

　　為了防範我們作出這種對比，小我把上主的臨在感徹底由我們的記憶中抹去。它先用罪咎懼編織出一套妄念思想體系，覆蓋這一記憶，繼而造出物質世界，將我們打入「失心狀態」。一旦意識不到自己還有心靈，當然就無法跟心靈互通聲息，如此，便杜絕了我們在「微不足道的禮物」和「偉大的恩賜」之間作一對比的機會。如果我們滿腦子只塞滿了恐懼以及設法消除恐懼的「處方」，聖子如何能覺察真愛的臨在？又如何能作出有意義的選擇呢？

(III.5:1~2) 有一種經驗，與小我給你的一切截然不同，只要經歷過一次，你再也不願掩飾或隱藏它了。請容我再提醒你一次：正因你如此相信黑暗，存心隱藏真相，才使得光明不得其門而入。

　　在這段話裡，「**相信**」才是關鍵字。事實上，黑暗並不存在，只因我們先相信了黑暗，使得救贖之光無法照亮心靈，才

顯得一片漆黑。前文已經說過，罪咎以及罪咎所投射出的世界是小我的雙層防護罩，裡面隱藏著我們對黑暗的信念，從此，我們再也無法回到抉擇者那裡，作出正確的選擇了。

(III.9:1~3) 你的解放宣言其實就在你的心內，縱使小我一味否認此事。上主早已賜了你一切。這個事實便已否定了小我的存在，令它戰慄不已。

　　只要上主之愛及救贖之念一現身，小我便不復存在，這怎麼可能不讓它膽戰心驚？「上主早已賜了你一切」一句話點出了《奇蹟課程》的富裕原則。唯有基督自性本有的富裕「狀似」失落之後，才可能出現如此匱乏的世界。為此，小我不能不用特殊的愛來彌補我們因神智失常而推走的真愛。

　　正因為小我最大的恐懼就是聖子有朝一日幡然醒悟，看清自己犯的錯誤而決定重新選擇，耶穌才會不斷向真正的我（也就是抉擇者）喊話，要我們誠實地正視自己那不可思議的選擇，竟然想要證明聖靈的真理是虛妄的，而小我的虛妄才是真實的：

(III.10) 你神智清明的那一部分心靈始終完美地享有天國的寧靜，這寧靜卻被小我所統轄的那一部分心靈無情地驅逐，令你無福消受。小我不論是在睡眠或清醒的狀態，都在作困獸之鬥，毫無勝算可言。想一想，你為了保護小我，心甘情願地枕戈待旦，你在護守正見方面，戒備卻如此鬆懈。除了神智失常

之人，誰會如此死心塌地地相信虛幻不實之物，甚至不惜否定
真相來維護這一信念？

　　小我非常清楚，心靈具有抵制它的能力，聖子一旦恢復清
明，它就沒戲唱了，這才是它真正的心頭大患。試問，除了瘋
子之外，誰會選擇一生與疾病、痛苦和死亡為伍，故意視而不
見上主永恆平安的真相，充耳不聞上主呼喚他們回家的天音？

**(IV.8:9~10) 若非你的支持、保護及喜愛，小我是難以為繼的。
你必須撤去自己對它的支持、保護及喜愛，小我才可能受到公
正的評判。**

　　小我想方設法遏止我們的正念，不讓它恢復心靈原有的平
衡，又無所不用其極地試圖維繫自己搖搖欲墜的處境。

**(V.1:3~4) 小我殫精竭慮地把守意識的門檻，只允許它認可之物
進來，這絕不是保持心靈平衡之道。小我不讓你意識到它最深
的動機，它為了掌控你，不惜壓制你清明的神智，而使得小我
的處境更為失衡。**

　　戰爭中的國家，必會嚴防外界傳入的訊息；小我正是箇中
高手。它只准我們聽到對它有利的新聞，設法遮掩所有不利的
訊息；這勢必導致我們內在衝突迭起，造成心靈的動盪失衡。
更不幸的是，我們從未真正意識到小我「失心大計」背後真正
的動機，它為了保全自己的個體身分，不斷利用恐懼操控我
們，這才是一切問題的關鍵，我們絕不可須臾忘記！小我告訴

我們，唯有活出個體生命，滿足了特殊性的需求，我們才會快樂。同時，它絕不會透露實情：唯有抵制小我，回歸正念，我們才有幸福的希望。

(V.1:5~6) 小我這種作風，有它不得已的苦衷，因它受制於那營造小我且要它效命的整套思想體系。神智清明的判斷，必然與小我的判斷背道而馳，小我為了維護自身的利益，不能不將它斬草除根。

　　神智清明的判斷只可能出自正念之心，而且必須持之以恆，才可能保有心靈的清明。然而，為了讓我們永遠瘋狂下去，小我打造出「心靈分裂」及「身體失心」這兩道思想防衛機制，企圖掩蓋並銷毀所有與救贖有關的記憶。

(V.2:2~4) 小我無法接受上主的聖念，因為它公然指出小我不存在這一事實。因此，小我不是加以扭曲，便是全力抵制。但它消滅不了上主的聖念。

　　最後那句「但它消滅不了上主的聖念」，可謂隆重莊嚴地頌詠出奇蹟交響曲的主題曲，也就是最令小我膽戰心驚的救贖原則──真相始終未變。既然上主聖念仍是純然的一體，小我自始至終根本就不存在，這正是小我萬萬不能接受的。若任由這一真理留在心靈的記憶裡，小我便無立足之地，更遑論保住那個特殊之我了。為了壓制聖子的這份記憶，小我別無選擇，只能把聖靈的真理拉到幻境裡，要祂在這個得了失心瘋的世界

軋上一角。如此一來，分裂之境倒成了不爭的事實，救贖遭到否定，而分裂的「真相」更是不動如山了。

(V.2:7) 唯有把它們打為一丘之貉，小我才能不受其害；否則，真知一旦現前，小我便無立足之地了。

請注意，耶穌在這一章裡不斷提到「小我不能不自保」這個重要主題。

(V.3:2~3) ⋯小我⋯所有的判斷都是根據「有威脅」或「無威脅」而定的。從某一方面來講，小我對上主的恐懼可說是情有可原的，因為「上主」的觀念確實否定了小我的存在。

聖靈把上主的聖念牢牢護守在正念裡，這就是救贖原則；對此，小我則千方百計，挖空心思，甚至打造出一個世界，防止我們與作抉擇的那一部分心靈連上線。確實，小我如此戒慎恐懼是「情有可原的」，因為它深怕聖子有朝一日接受聖靈對**小小瘋狂一念**的詮釋：「哪有什麼**小小瘋狂一念**，什麼事也沒發生！」再也不聽信小我得意的自鳴：「存在的感覺很棒吧！分裂確實發生了，這是不容否認的事實。」

我要再次鄭重提醒，小我並非一個獨立的個體，它是我們的一部分，只不過這一部分不想要我們的全部，它只想自成一體。由此可知，小我的存在，憑藉的不僅僅是心靈先認同了分裂之念，還得仰賴心靈持續去作出同一的選擇，小我才能繼續存活下去。分裂心靈一旦接受了「非此即彼」的運作原則，原

本保存「我們是靈性」之記憶的那一部分心靈立即被打入了冷宮。正因如此，整部課程不斷點醒我們：心靈的抉擇能力足以修正任何錯誤的選擇。毋庸置疑，這就是《奇蹟課程》的核心要旨。

(VI.4) **小我與靈性是互不相識的。分裂之後的心靈只能靠斷絕關係來繼續分裂下去。這樣一來，它連帶否定了所有天賦於己的真實本能，這並不是因為小我確是一個獨立自主之物，而是你想要相信自己是一個獨立的生命。而小我本身乃是維繫你這信念的一種手段，至於是否要用這一手段來延續這一信念，決定之權仍然操之於你。**

為了防止我們發揮心靈的選擇能力，小我耍了一招瞞天過海之計，用斷絕關係或隔離切割的手法，將抉擇者逐出我們的意識之外。這套策略就是下一節的主題。

小我的策略

我們本是上主的唯一聖子，但曾幾何時作出了一個錯誤的選擇。為了阻止我們看清自己的錯誤，小我設計出一整套策略，而今，這部課程正是針對小我這套防衛機制而說的。因此，若要讀懂《奇蹟課程》，必須先了解小我這套策略，看清它唯一的目的就是要保護小我的存活，因小我深恐我們有朝一日會決定投效聖靈的救贖。一旦了解「救贖原則」和「小我對救贖的恐懼」這兩個主題究竟如何交織出小我的防衛機制，我

們便能摸清小我這套策略的來龍去脈了。

　　小我是這麼策畫的：為了防止我們背棄它的分裂決定，小我便將分裂之念從心靈投射出去，把我們變為一具具的肉體，從此淪為一群失心之人。我在「前奏曲」曾解釋過，小我先說服我們，說心靈是個可怕的險區，再慫恿我們棄心而去。我們竟然聽信了小我編造的神話，以為自己真的犯下褻瀆上主之罪，進而生出極深的咎，認定自己必會因此遭受天譴而恐懼萬分，情急之下，只好棄守心靈，逃進一個物質世界，終日恐懼上主的義怒及我們命定的下場，活得膽戰心驚。無需贅言，小我的神話全屬虛構，世界只不過是因應這一恐怖神話而幻化出來的防衛機制罷了。

　　以下，我要舉出幾段描述小我內幕隱情的章句：

(I.5:4~5) 可是別忘了，任何法則本來就是為了保護及維繫立法者所相信的體系而制定的。你一旦造出小我之後，它自然會設法保護自己……

　　這段話正式推出了小我防衛機制的主題，也揭露出它不得不保護自己繼續存在下去的苦衷。請記住，小我最大的威脅並非來自上主或真理，而是聖子的心靈擁有背棄小我轉而選擇聖靈及救贖真理的能力。前面提過，小我的應對策略就是給我們一具身體，把我們打入失心狀態，為心靈罩上一層遺忘之紗，彷彿在心靈與身體之間築起一道密不透風的屏障。從此，我們

只知道自己是具身體，反倒和「想出」這具身體的心靈老死不相往來了。

下一段話透露了小我在身體與心靈上動了什麼手腳：

(II.7:7~9) 生理食慾的起源並非生理性的。小我以身體為家，設法透過身體來滿足自己。然而，這個餿主意基本上是出自心靈的決定，因為心靈對自己的真正能耐已經徹底迷惑混淆了。

人人餓了要吃，渴了要喝，疲倦時得休息，欲樂也想得到滿足，種種需求，看起來都是出於身體的本能。但事實上，這些需求和身體一點關係都沒有，因為身體既做不出任何事，也沒有任何感覺，自然也生不出五花八門的欲求；生理上的種種作用其實源自心靈，而且永遠離不開心靈。小我要我們回應身體的需求，其實是在滿足它自己的心理需求，鞏固「我是活在失心身體裡的一個生命」這個信念而已。一旦失心之後，人生的焦點必然投向身體種種的需求，然而，小我真正的目的並非滿足身體（試問，你要如何去滿足一個徹底虛無的身體），而是繼續隱藏心靈，如此，小我的失心大計才算大功告成。這個防衛策略架構出小我整套的思想體系，終日在特殊關係所組合的眾生世界裡上演。

耶穌在本章第五節「『小我即身體』的幻相」中特別指出，小我的防衛手法是如此徹底，幾乎不給我們任何餘地去質疑它的動機，這可說是《奇蹟課程》揭發小我陰謀最露骨的一

節了。前面曾經說過，小我將分裂思想體系從心靈投射到身體之後，我們已徹底遺忘這事的來龍去脈，自然無法質疑小我的防衛措施，也無從責怪它無效的承諾。我們打造物質世界，原本是要躲避上主的懲罰及死亡的命運，因小我不斷告訴我們：「只要躲到身體裡，你就可以高枕無憂了。」結果身體還是死了。不幸的是，我們對心靈層次發生的事早已忘得一乾二淨，自然求助無門，無從當面質疑小我：「你不是說……」。我們根本不記得**什麼東西**說過那些話。下面這一段為我們做了最好的解釋：

(V.4:1~3) **身體是小我親自選擇的居所。唯有與身體認同，小我才有安全可言，因為身體的不堪一擊，是它證明你不可能來自上主的最好證據。因此小我才會不遺餘力地擁護這一信念。**

　　這段話十足顯示出小我手法的高明。它先說我們是上主的創造（套用《聖經》的說法，即是上主按照自己的肖像造出我們的身體），問題是，我們的身體一直飽受生老病死之苦，這可給了小我一個口實：「上主既然是永恆的，而我們卻難逃一死，表示我們的生命絕對不可能源自上主，甚至根本沒有上主這一回事，我們只能自力更生了。」這便是小我最典型的顛倒妄想，但它的邏輯卻頗具說服力。

(V.4:4~6) **然而，小我又不能不痛恨身體，因為它認為身體不配作為它的居所。這是心靈最感茫然無措之處。小我一邊告訴自己，我是身體的一部分，身體是我的保護者；一邊又告訴自**

己，身體無法保護我。

　　此處說的心靈，其實是指抉擇者，也是小我所訴求的對象。身體保護不了我們，只因它本身脆弱不堪，受盡病痛折磨，最終難逃一死的宿命，在在證明了那充滿罪咎與懲罰的妄念思想體系正在大行其道，只是，這套思想始終隱而不現，躲藏在小我所打造，充滿行屍走肉的人間苦海背後暗暗作祟。

(V.4:7~8) 於是心靈不能不問：「那麼我應向哪兒尋求保護才對？」小我會回答說：「投奔於我吧！」心靈會理直氣壯地反駁：小我一直強調自己和身體原是一物，求助於它的保護又有何用？

　　換句話說，小我謊言連篇。縱然聖子內心有一部分是知道的，卻無意反駁，寧可忘記自己的選擇，如此才能繼續與小我沆瀣一氣，正如下文所言：

(V.4:9~11) 小我對此質問啞口無言，因為它確實無言以對；但小我還有它最拿手的一招。它乾脆把這問題由人心的意識中徹底抹去。問題一旦被小我別除於意識之外，人心只會感到一股無名的焦慮，但既然連反問的餘地都沒有，便也永無獲得解答的機會了。

　　這一段精彩地剖析了小我玩弄的兩手策略。一方面，它告訴我們：「身體會保護我們，是我們的避風港。」我們接受了這套說詞，徹底遺忘了自己生命的源頭。我們其實知道這套說

詞大有問題，因為世界和身體不斷辜負我們的期待，我們卻束手無策，只因我們完全不知道問題到底出在哪裡。另一方面，小我暗自將問題的起因徹底從我們意識中抹除，讓我們只知道自己的處境糟透了，卻完全不明就裡。為此，我們發明了一套精神錯亂的宗教觀，把一切問題歸因於上主的神秘旨意。我們不敢承認，如果那真是上主的旨意，自己早就跟祂一刀兩斷了。也因此，耶穌才會說：「**如果這是真實的世界，上主確實不仁。**」（T-13.in.3:1）

　　我們的處境真的荒謬透頂，但事實擺在眼前，自從失心以後，我們根本無從追問也求助無門。一生跌跌撞撞，年復一年，十年百年，拼命想要改善這個世界，結果跌得鼻青眼腫，一敗塗地。我們也想盡辦法改善身體，希望就此安「身」立命，最後仍然功虧一簣，因為隱身在世界以及身體背後的那套虛妄謊言不斷背叛我們。然而，一切的真相其實很簡單——天人分裂從未發生，我們更不可能由此分裂而得到任何愛的。

　　最後這段話一針見血地指出小我的陰謀：

（V.6:4~6）它把注意力轉向外在的事物，藉此迴避真正切身的問題，冀望你從心底將它徹底忘懷。小我愛在瑣碎事物上忙個不停，其目的不外乎此。小我存心阻礙心靈的學習進度，它最愛玩的把戲就是讓你終日操心那些註定解決不了的問題。

　　請看看，雖然《課程》說得如此徹底，人間操忙的所有大

事小事全都了無意義，但我們只需客觀持平地審視日常的經歷，便不能不承認，自己終日操心掛慮的事的確不足掛齒。請記住，唯獨心靈具備學習的能力！我們若終日忙著身體的事，自然無暇去學習「重新選擇」的心靈功課。我們遲早得問自己：「當初怎麼會瘋狂到這種地步，竟然選擇了小我！」

(V.6:7~11) 這種牽制戰術使得身陷其中的人始終無暇反問一句：「這究竟是為了什麼？」日後，不論你碰到什麼事情，都應學習如此反身自問。這究竟是為了什麼？不論目的為何，你都會身不由己地為它效力。目標一定，等於決定了你未來的努力方向；除非你中途改變主意，否則你會一直受制於先前的決定。

只要看懂我們那張圖表，上述這一番話便不證自明了。心靈的抉擇者選擇了小我，**這**才是一切問題癥結之所在，而小我卻狡獪地把問題從心靈移到身體，繼而打造出一個世界，充滿形形色色的問題，以及千奇百怪的解決方案，好讓芸芸眾生終日忙著離苦得樂（請參閱圖表下方的「世界」方框）。事實上，世界不過是一個煙霧彈，我們必須學習看穿這道煙幕，這樣反問自己：「這究竟是為了什麼？」話說回來，要真正答覆這個問題，我們務必了解，問題其實出自心靈。如果始終昧於問題的源頭，我們便會理直氣壯地為自己辯解：「我辛苦賺錢是為了養活自己及家人，還得照顧好自己的身體，為老年退休早做準備。同樣的道理，政府官員實在不該辜負選民所託，老

是倒行逆施！」就這樣，在小我瘋狂傲慢的心態下，我們自認為真的知道一切所為何來，為什麼要開戰或求和，為什麼要蹺班或養家……，就是不知道問題其實出自心靈。

對此，《奇蹟課程》要我們看個明白透徹，以上種種絕不是萬事萬物的起因——人間任何一件事，都只有一個目的，就是讓心靈繼續選擇分裂而放棄救贖。要知道，如果我們不了解世界存在的目的就是要把我們永遠困於失心之境，「這究竟是為了什麼」這類反問是不可能得到滿意答覆的，同時，更不可能選擇救贖，獲得真正的平安。在〈練習手冊〉「生病乃是抵制真相的防衛措施」那一課（W-136），耶穌將人心運作的陰暗內幕描寫得淋漓盡致：每當真相快要浮上心頭時，小我開始慌了，它應付這一威脅的方法，就是把我們的注意力移轉到失心的身體，而生病可說是最有效的一招了，完全符應了「人生在世最具體的任務，就是讓身體忙碌」這個千古迷思，耶穌才會這麼說：「在瑣碎事物上忙個不停，……終日操心那些註定解決不了的問題。」

請記住，真正的學習，只可能發生在心靈層次，任何讓我們分「心」的事，等於杜絕了我們重新選擇的機會。奇蹟之所以「沒有難易之分」，只因小我的陰謀再也蒙蔽不了我們，奇蹟方能全面修正小我的思想體系，不受眼前具體因素所困。在這部課程裡，耶穌一再要我們把世間的瑣事及身體的掛慮轉化為學習教室，認清所有的問題只是內心不想化解的「咎」所投

射的倒影，企圖藉此保全自己的個體身分罷了。為此，我們才需要一位明師，幫助我們揭發個人的情緒、生理，甚至種種社會問題之假相，把心靈帶到救贖那兒而獲得真正的修正。無庸贅言，這位明師就是耶穌，也是本章第二大主題的主角。

耶　穌

　　我先前曾說過，雖然從第五章開始，聖靈的功能逐漸取代了耶穌的角色，但兩者其實是同一回事，全都象徵著我們內在的那位神聖導師。唯有承認自己的處境大有問題，而小我的錦囊妙計沒有一個行得通，我們才可能提出小我最害怕的反問：「還有沒有另一條路？」這一反問，敲響了小我的喪鐘。小我為了逃避這個下場，不斷慫恿我們設法解決人間的大小問題，一個方案行不通再換一個，一個接著一個試下去。這和〈練習手冊〉論及特殊關係時所說的「你隨時都能造出另一位神來」（W-170.8:7），可說是異曲同工。反正，這段關係垮了，總能找到另一段關係；通常那段關係沒多久就好景不再，只好繼續追逐「一連串得不償失的特殊關係」（T-15.VII.4:6）。直到有一天，我們撒手投降，開始求助，這才表示我們真的準備開除小我而投入耶穌門下了。耶穌等待這個邀請已經很久了，他早已伸出自己的手等著我們主動去握，他會為我們指點迷津，步上覺醒之道；他會溫柔地修正小我那條十字架的漫漫苦路。

(In.3) 通往十字架的道路可算是最後一條「無用之旅」了。你無需在那兒徘徊流連，事過境遷之後，就讓它過去吧！唯有當你能夠將它看成最後的一趟「無用之旅」，你方能從中脫身而出，與我結合於復活之境。在這以前，你只是在虛擲生命，反覆重演同一戲碼：分裂的經驗，沉淪的滄桑，以及小我回天之術的彌補工程；最後，只好把身體送上十字架，也就是死亡。在你甘心徹底放棄這條路以前，你的人生只能這樣周而復始地循環下去。別再「抱著這破敗的十字架不放」，沒有比這更可悲的錯誤了。十字架的訊息其實只有一個，即你有戰勝十字架的能力。在那以前，你甘願釘死自己多少次，是你的自由。但那絕不是我所傳給你的福音。我們可以取道另一條路，只要你願意用心研讀我給你的這些教材，它們保證會送你上道的。

是的，如果我們拒絕與耶穌同行，不肯放下小我的十字架，他對我們也愛莫能助。唯有選擇他的復活之路，才表示我們終於決心放棄充滿痛苦及死亡的小我，轉而選擇自由和喜樂。但在此之前，我們必須先接受耶穌的教導，看清拜小我為師註定下場悽慘，承認這一條路只會傷人害己，無法帶來任何好處，否則我們是很難作出新的選擇的。十字架可說是小我思想體系的具象化身，因在小我眼裡，我們犯了罪，失落了純潔本性，唯有攻擊別人才能恢復自己的清白。上述這一段引言重新為我們界定了十字架的含意，耶穌像個長兄一般，牽起我們這群小弟弟的手，開始教我們釐清心靈與身體屬於不同層次，絕對不可混淆。請看下面這一段：

(I.13:2,4,6) 作父親的，會放心地把孩子交託給充滿責任感的長子照顧，……我之所以受託照顧你的肉身與小我，是因為我能教你看出身體的微不足道，使你不再為它們操心掛慮。……讓我們一起開始學習這一課程，然後一起由它們的束縛中解脫。

顯而易見，這趟旅程的目的就是要我們成長，變得愈來愈肖似耶穌；而這位疼愛我們的大哥必會教我們明白，小我和身體是如此虛幻不實，對我們的靈性生命毫無影響。我們之前已經看到，他不厭其煩地強調我們與他的平等關係——人人都是上主之子，都是聖子奧體。下面這段引文，他從另一個角度提出類似的觀念，這與基督教的傳統觀念大異其趣：

(IV.10:1~3,8) 基督的第一次來臨只是創造的別名，因基督即是上主之子。基督的第二次來臨不過宣稱「小我結束統治」以及「心靈已獲療癒」而已。在第一次來臨時，我和你都是受造；在第二次的來臨，我邀請你與我共襄盛舉。……你的小我千方百計地想使你相信它是真的，我才是假的；因為倘若我是真的，你的真實性也不會低於我的。

只要我們以耶穌為師，那麼「二次來臨」就不會顯得那麼可怕，反倒充滿了希望。因為「二次來臨」所象徵的，並非耶穌再度降臨來懲罰有罪之人，而是重申我們與他以及整個聖子之間永恆的平等關係。確然如此，我們的分裂信念永遠改變不了這個真相：只有一位上主，一位聖子，祂們永遠結合於同一個上主旨意中。接下來，耶穌剴切說明他要如何幫助我們，讓

我們憶起自己與他擁有同一自性：

(IV.11:1~3,5,10,12) **我不會攻擊你的小我。不論你在睡眠或醒寤中，我都會與你的高層次心靈（即聖靈之所在）攜手合作，一如小我與你低層次心靈（即小我之所在）的合作關係。為此，我為你始終保持儆醒，因為你已迷失到這種地步，認不出自己的希望所在。……你的心靈遲早會選擇與我結合的；我們一旦攜手並進，必然所向無敵。……我已召喚了你，你遲早會回應的。……我的召喚和你的回應不只是自然的，而且是必然的。**

　　請看看，「不只是自然的，而且是必然的」，耶穌對我們這麼強大的信心，必會增強我們對他的信任。他的愛的指引，成了我們返鄉途中穿越小我黑暗時的一盞明燈。他一路上溫柔地教導我們，仁慈地呼喚我們回歸正念（即高層次心靈），並且教我們如何評估小我的妄念（即低層次心靈），我們怎麼忍心拒絕與他同行？他教我們如他一般儆醒，不帶批判地正視自己的小我和別人的小我；他還教我們如何抵制小我分裂及攻擊的噩夢，以及如何強化自己的決心，接受他的邀請，加入他的寬恕美夢。

強化理論

　　獎勵與懲罰會帶來截然不同的教學效果，這種理論，耶穌知之甚悉，且還不斷應用在《奇蹟課程》裡，與斯金納（B.F.

Skinner）在1950年代初期發揚光大的行為主義可謂不謀而合。這個二十世紀心理學的顯學有個重要結論：獎勵有助於學習，而非懲罰，這就是所謂的「強化理論」（reinforcement theory，又譯作「增強理論」）。耶穌顯然很認同這一理念，下文即是一例：

(VI.3:1) 至今，你對我仍然缺乏信任，然而，只要你常常問道於我，而不求助於你的小我，你的信任便會日漸增強。

　　由於我們偏愛特殊性遠甚於天賦的一體性，自然不會輕易聽從耶穌的教誨，因為我們一旦採信了，必會失落自己投注一生的個體價值。然而，倘若我們已經嚐到放下小我而拜耶穌為師的甜頭，那麼，選擇正念的力量必會隨之增強，最後成為我們的必然選擇：

(VI.3:2~5) 使你愈加心悅誠服，這才是你唯一能作的清明選擇。如果一個選擇能帶給人平安與喜悅，另一個則帶來混亂與災難。只要有過切身經驗的人，哪還需要更多的勸說？通過實質獎勵遠比經由痛苦學習的效果要好得多，因為痛苦是小我的一種幻相，它的效用極其短暫。至於上主的賞報，你當下就能認出它的永恆價值。

　　耶穌切望我們能意識到「唯有寬恕能讓自己活得好受一點」，這是他教誨的一個重要副題，只是在此尚未全面開展而已。顯然的，一個人倘若理直氣壯地抓著怨尤不放，勢必會活

得很苦，因此，耶穌要我們把選擇他的寬恕所帶來的愉悅美
果，和選擇小我的批判所帶來的不安苦果，做個對照。他借用
人人都想離苦得樂那種私心誘導我們：只要肯放下批判而選擇
寬恕，保證我們在身體和情緒上都會好受得多；反之，如果緊
抓著批判，還不斷為自己定罪的念頭辯護，到頭來只會咎由自
取，而且必然「帶來混亂與災難」。

**(VI.3:6~8) 只有你能認出這點，小我無此能力，這一體認便足
以證明你和小我不是同一物。你也許認定自己早就明白它們的
不同，其實你從未真正相信過這一點。你認定自己必須掙脫小
我的控制這一事實，便是最好的證明；而且你是無法藉由羞
辱、控制或懲罰小我而擺脫它的控制的。**

　　這是奇蹟交響曲的另一個重要主題。若想認出自己在小我
之苦及聖靈的平安之間還有選擇的餘地，我們必須和小我保持
一定的距離，如此，才能靈光一現地意識到自己原來是一個
有選擇能力的心靈。然而，有一點務必特別留意，如果我們認
定自己必須完全掙脫小我的掌控才行，反倒默認了小我的真實
性，絲毫看不出它虛幻的本質。有史以來，大部分的宗教或靈
修團體都忽略了這個微妙的關鍵：我們一旦把小我當成一個大
問題，企圖與它一刀兩斷，反而把它弄假成真了。前文已經解
釋過，小我本身不是問題，問題在於心靈認同小我的那個**決
定**。因為小我既然是幻相，怎麼可能構成問題？哪裡需要用力
克服或強加控制？事實上，我們只需正視小我，然後不去認同

它就成了。

(VI.5:1~5) 你怎能教人接受他存心想要拋棄之物的價值？他就是因為藐視了它的價值而棄之如敝屣的。你最多只能教他看清，缺了此物，他是何其痛苦，然後把那東西慢慢挪近，讓他親眼看到，此物的出現又如何減輕了他的痛苦。就這樣一步一步地幫他把自己的痛苦與此物的缺席聯想在一起，再把他的幸福與此物的出現聯想在一起。等到他對此物的價值慢慢改觀之後，自然就會想要它的。

在基督自性內，我們原是「非具體」的抽象生命，只因我們更珍惜這個個別又特殊的自己，因而甘心放棄原本的實存生命。耶穌再次勸導我們，只要選擇以他為師，放棄特殊性的信念，我們會活得更加自在。我們目前所經歷的一切痛苦，全都來自我們死守著「個別利益」的信念。「個別利益」之原則，廣義來說，可能呈現為愛國主義，處處以「我的」國家利益為出發點，來判斷誰對誰錯；若從狹義的個人層次來講，則是以「我的」家庭或「我自己」的利益為優先考量，來判定誰是誰非。我們真的需要一位明師不停地耳提面命才可能明白，只要認同任何一種特殊性的思想體系，必會自食苦果。只因我們心裡有一部分始終心有不甘，不想學習這麼單純的功課，甚至還想盡辦法抵制它。正因如此，耶穌必須非常耐心地解釋，唯有操練他的「共同福祉」原則才會帶來幸福及平安；相形之下，小我鼓吹的「個別利益」，只會讓我們活得萬般痛苦而已。

(VI.5:6~8) 這正是我教你的途徑，教你將痛苦與小我，喜悅與靈性聯想在一起。而你過去教自己的那一套，與我的教法截然相反。你有選擇的自由；然而，有上主的賞報在前，誰還希罕小我的獎勵？

　　我們確實有待明師的點化，小我只是一隻虛張聲勢的紙老虎，它既傷不了我們，也給不了我們幸福。想一想，我們若是不同的個體，那麼，一人獲益，他人必得付出代價，這等光景，絕不可能讓人活得平平安安，更不可能帶來幸福。再說一次，學會這一門功課必須投注很大的心力，因為我們早已和特殊之我認同得如膠似漆了，也因此，世界似乎永遠與我為敵。我們在世上活得草木皆兵，冥冥中相信別人一定會奪回我們從他們那兒盜取的東西，而這個信念正是特殊關係的核心。只要我們還重視或珍惜這個「我」，永遠不可能活得心安的。我們需要一位老師教我們看清，特殊性的思想體系把我們害得多慘，滿腦子只有自己是多麼的痛苦，然後又拼命定別人的罪……，看看吧，這對自己造成了多大的傷害！對此，耶穌語重心長地叮囑我們，務必要把選擇他的愛和喜悅聯想在一起，把選擇小我的罪咎和痛苦聯想在一起，唯有這樣，我們才能揭穿小我思想體系的彌天大謊。

正視小我

　　正視小我是〈正文〉最重要的觀念之一，也是耶穌教誨的

第二個重點，它在本章首次登場。我們先前已經簡略提過這個
主題，日後還會不斷複習。可以說，透過正視小我，我們才會
了解與耶穌建立關係的真正意義。耶穌無意替我們解決世間的
問題（他早已說過這是白忙一場），他只會教我們改換心靈的
認同對象，並且看得清清楚楚，選擇小我等於接受懲罰，向聖
靈靠攏才可能樂活一生。然而，我們必須先看透心靈選擇小我
的目的何在，同時也正視這個選擇帶來的不幸後果，才可能放
棄小我，轉而認同聖靈。總之，唯有以寬恕之心正視小我，我
們才可能看清錯誤之所在，而願意對症下藥。

　　海倫筆錄訊息時，比爾從旁提了一個直指核心的問題：
「我們怎麼會造出這種小我來的？」海倫把耶穌的答覆編進
〈正文〉裡，也就是下面這段引文。我們就從這一段說起：

**(II.1:1~3) 究竟心靈是怎麼營造出小我的？這話問得合情合
理。其實，這可說是你所能提出最上乘的問題了。然而，我們
不宜把它當作過去事件來回覆這一問題，因為只要是過去的，
便已無足輕重；若非是你此刻仍在重複同一錯誤，否則，就沒
有所謂的「歷史」可言。**

　　這種回答再實際不過了！自己此刻明明還在做同樣的事
情，卻故意問過去那些事情為何會發生？是怎麼發生的？在此
順帶一提，針對「小我的緣起」這類提問，《課程》還給過一
個更令人啞口無言的回答，耶穌曾在〈詞彙解析〉裡嚴正指
出，這個提問骨子裡其實是一種聲明，只是表面上偽裝成問話

而已（C-in.4; C-2.2:5~3:4）。換句話說，這個問題本身已經預設了一個前提，即是小我真的存在，請你幫我證明這個前提是正確的。要知道，若想得到真正的答案，首先得認清小我徹底虛無的本質才行。試問，有誰能夠回答一個不存在的東西是如何冒出來的！耶穌切望我們看清，**就在這一刻**，我們一邊決心否定真相而支持小我的存在，一邊又對小我的「存在現實」感到大惑不解，這豈不是自相矛盾嗎？

(II.3:1~5) 你目前的心境就是顯示小我形成過程的最佳範例。你把真知拋到九霄雲外，好似與它素昧平生。事實擺在眼前，只要瞧一瞧自己的現狀，你便不難明白確有這麼一回事。既然你現在可能做出這種事情，為何驚訝自己過去也曾幹了類似的事情？對陌生的事感到驚訝是情有可原的，可是對自己不斷在做的事情感到訝異，就很難自圓其說了。

　　上述的說法充分體現了《課程》的非線性時間觀。原初那一刻，我們在本體層次認同了小我，這個決定不斷重現於我們每天各式各樣的選擇中。每次的選擇小我，不過是當初唯一聖子所作的、而且至今仍在作的那個決定的一個破碎倒影罷了。下文繼續解釋，只因我們如此珍惜小我贈送的個體身分，才會對自己的妄造如此難分難捨。

(II.4:1~3,5) 試想動物對自己的幼犢之愛，牠們本能地感到有保護的必要。只因動物視己之所出為自己的一部分。……你對待自己打造出來的「我」的

心態一點也不令人意外。

(III.4:5) 你一邊把分裂的決定歸咎於小我，一邊又對親手打造出來的小我戀戀不捨，內心勢必充滿衝突。

正因為小我是我們按照分裂後的自我形象親手打造出來的，因此我們擁抱它就像擁抱自己一樣；除非我們改變自己的形象，或心目中的那個我，否則我們永遠也撤銷不了自己對小我的「愛」。

(II.4:7~11) 問題不在於你應怎樣對待小我，而在於你相信自己究竟是什麼。相信，屬於小我的功能，只要你對自己的起源還得依靠信念來支撐，表示你仍陷於小我的認知裡。當你完成學習階段之後，你只是純然地「知道」上主。但是，你若相信還有另一種認知的方式，這可說是小我觀念中最高明的一種了。因為它至少隱約認出小我並非你的真我或自性。

這一段話真是一針見血！既然小我不過是抉擇之心的一個信念，並非實存，那麼我們如何對待小我便顯得無關緊要了。如果我們接受耶穌所傳授「正面強化」的學習技巧，開始與小我切割，我們的認同便會逐漸從妄念的「小我」轉向寬恕正念之「我」，最後悟入基督「自性」。換一種方式來講，就是終有一天我們會領悟小我只是抉擇者所作的一個夢，我們隨時可以選擇一個更美好的夢。耶穌繼續開導我們：

(I.4:4) 你會夢見一個分裂的小我，而且相信它所在的世界。

根據「奇蹟課程思想體系圖」，分裂小我的夢境位在妄念那個方框，而從妄心所投射之夢又衍生出形相世界的人生大夢。換言之，我們之所以堅信浩瀚宇宙真實無比，只因我們先相信心靈分裂之夢真實無比。

(I.4:5~6) 那一切會對你顯得真實無比。你若不改變自己對它的看法，你是不可能化解小我夢境的。

若要解除我們把世界看得真實無比這個信念，必須先轉變自己的心念。話說回來，如果我們不知道自己還有一個心靈，哪有轉變的機會？這個觀念在整部課程一再反覆出現，可見它在耶穌教誨中所占的份量。大家應該還記得，這觀念正是第二章的關鍵主題。

(I.4:7) 唯有等到你心甘情願地放下保護小我之職，向我打開它整個思想體系，我才能溫柔地幫你修正過來，將你領回上主那兒。

請看看，耶穌如此懇求我們給他機會，讓他和我們一起好好正視小我。如果我們還想保護這套特殊性的思想體系，無異於聲明這套體系毫不虛幻，也等於宣稱正念思想體系根本不存在，只有世界那一套才是真的，而且它還不是來自我們——我們出生時有如一張白紙，是世界把它那套主張分裂及個別利益的思想體系硬生生地印在我們這張白紙上的。是的，如果我們繼續維護小我，必然相信外面有個現實世界，而我們這群天真

無助的生命多麼不幸掉入了人間。在此，耶穌要我們明白，這套分裂思想體系根本就來自我們的心靈，而非世界的產物。唯有以他為師，才有機會修正我們過去選擇小我的那個決定。

(I.5) 任何良師都希望能盡其所能地傾囊相授，目的是讓學生有朝一日不再需要他的指導。這是老師唯一真正的目標。小我卻不信這一套，因為這與它的運作法則完全背道而馳。可是別忘了，任何法則本來就是為了保護及維繫立法者所相信的體系而制定的。你一旦造出小我之後，它自然會設法保護自己；但是，要你服從小我的法則，對你則不是那麼自然的事，除非你死心塌地相信它。基於小我源頭的本質，它沒有作此選擇的能耐。但基於你生命源頭的本質，你是能夠作此選擇的。

耶穌勸我們切莫聽信小我的說詞，因為小我心心念念只想保全自己的個體身分，因此它所給予的任何意見必然帶有偏見。任何時刻，只要我們意識到內在某種指引加深了自己與他人的分裂，就知道心靈一定選錯了老師。小我沒有什麼選擇餘地，它只能身不由己地保護自己，而我們卻有選擇的自由，因為決定權始終操之在我。我們若開始學習行使心靈的選擇權，不斷選擇正念，必會日漸成熟、日漸肖似耶穌。終有一天，我們完全內化了他的教誨，耶穌便可功成身退了。在最後的神聖一刻，真實世界出現，我們憶起了上主只有一個聖子，祂的名字叫做基督，那時，我們便會親身感受到自己和耶穌並不是兩個互不相同的生命。為了幫助我們早日憶起這一個光輝聖境，

耶穌會鍥而不捨教我們看清，自己的心靈此時此刻究竟選擇了
什麼東西來取代上主的完美真知。

(III.7:1) **打從心底，你不曾真正想要放棄所有與真知相反的觀念。**

這句話原本是對海倫說的，但同時也是對我們所有人的呼
籲：要捨棄**所有的**小我之念，而不是僅僅捨棄幾個小我的想法
而已。

(III.7:2) **你始終抓著形形色色無謂的恐懼不放，使得至聖者難以進入你的心房。**

「至聖者」乃是《聖經》中對上主的稱謂，「形形色色無
謂的恐懼」則指心靈投射到世上支離破碎的無謂念頭，包含
了分裂、特殊性以及苦不堪言的受害感。正是這些對立分化之
念，使我們難以憶起自己的造物主及生命源頭。

(III.7:3) **光明無法穿透你故意搭起的屏障，它也無意摧毀你打造的一切。**

請留意，光明並不會和小我爭鬥。這個觀念如此重要，耶
穌才會再三叮嚀我們，切莫與小我抗爭而把錯誤弄假成真。在
幻境內，真理和救贖一無所為，耶穌和聖靈也不會去推倒小
我的城牆，只因這道牆是我們親手打造並全力維護的。我們既
有能力造出它來，也必有能力一舉拆除，因此，聖靈和耶穌只
會溫柔地教我們別再認同小我。如果真理之光越俎代庖，銷毀

我們的防禦工事，這樣做，反倒賦予了它們原本所沒有的真實性，如此一來，光明不就變得跟我們一樣瘋狂，把根本不存在之物當真了？這就是為什麼耶穌曾在第二章說，他不會干預世界的因果法則（T-2.VII.1），所謂的「果」即是我們看見的問題，「因」則是指心靈認同小我的那個錯誤決定。

(III.7:4~5) 沒有人能夠透視一座牆壁，但我仍有辦法繞過它。小心你心裡此起彼落的恐懼，否則你是不可能求我助你一臂之力的。

「留意你的心」這一主題又出現了。誠如〈練習手冊〉一開始就叮囑我們，若想好好操練這三百六十五課，必須留意自己的「起心動念」。我們首先要留意那些看似大腦生出的種種念頭，再進一步了解，這些念頭不過反映出心靈在「分裂」與「救贖」這兩套體系之間的兩種選擇而已。每一套體系都會延伸出成千上萬的念頭，而且永遠離不開「正念」或「妄念」各自的源頭。也因此，耶穌要我們特別留意這些小小無謂的恐懼。單憑耶穌一己之力，他對我們愛莫能助，但我們若願與他配合，「這盞明燈便足以驅散小我的陰影」。（T-11.V. 1:3）

(III.7:6) 我幫助你的方式不可能違反天父創造我們的初衷。

請記得，真愛是不會跟幻相作對或較勁的。由於耶穌早已看清衝突的虛幻本質，故能在真愛之境提升我們；不僅如此，即使在反映真愛的正念之境，他也能透過我們的寬恕決定，助

我們一臂之力。唯有寬恕才能把我們從特殊性的夢境喚醒,而
覺醒於上主所創造的聖子本來面目。

(III.7:7) 我會愛你、敬你,尊重你營造的一切;可是,除非那一切是真實的,否則我無從為你護守。

　　我們的心靈既然能夠打造出如此瘋狂、無情又殘忍的世
界,耶穌豈能不尊重它的能力?然而,他絕不支持這個錯誤的
決定。我們若把耶穌拖進人間來解決問題,等於是要求他為幻
境撐腰,他斷不可能這樣做的。只有小我心目中的耶穌,也是
世人所愛的那位耶穌,才會如此神智不清。許多宗教所崇拜的
耶穌總是喜歡插手人間是非;如此一來,耶穌不只默認了世界
的真實性,更要命的是,此舉更證明了罪的真實性。正因為基
督教把罪看得如此嚴重,它的神明便不得不插手干預人間事
物。無庸贅言,一旦撤銷罪的觀念,整個基督教信仰便隨之土
崩瓦解了。

　　對此,《奇蹟課程》的耶穌告訴我們:他若不尊重心靈有
選擇罪的權利,等於貶低了我們能重新選擇的能力。話說回
來,他雖然尊重心靈的能力,卻絕不支持心靈對虛幻之罪的信
念。只要我們決心和他一起正視自己陰暗的分裂念頭,他的愛
便會溫柔地照亮那片黑暗,那一刻,分裂之念便無聲無息地消
失於它所來自的虛無。罪的信念一旦消失,眼前的問題必然隨
之消散無蹤,因為那些問題純粹出於我們的信念。我們之所以
如此相信它們,只因我們的心靈先把問題弄假成真之後,再將

此事的記憶深埋到潛意識下了。

(III.7:8~10) 我絕不會遺棄你，正如上主不會遺棄你一樣；可是你若決心遺棄自己，我只好等待下去。我會在愛心與耐心中等待，終有一天你會回心轉意，向我發出真實的祈禱。只要你的祈求一心不二，我必會親自答覆的。

　　如果我們的祈求並非一心不二，而是含糊其詞，耶穌是不會「**親自前來**」答覆的——如今，我們終於明白，並不是耶穌到我們這兒來，而是我們到他那兒去。因為耶穌其實哪兒也沒去，是我們自己離開的，故也唯有我們自己，方能舉步回到他身邊。小我對耶穌的祈求常常五花八門，難怪世界所認識的耶穌也有千百種容貌，既有神聖、純潔而且仁慈的一面，同時又有瘋狂失常的一面，和我們一樣相信這個並不存在的世界，以及充斥著有形罪惡的人間。更離譜的是，小我的耶穌把痛苦及犧牲視為上主的計畫。說穿了，人間會出現如此面貌多變的救主，只因我們的祈求從來不是「一心不二」，而是三心二意，含糊曖昧，我們既要耶穌接受我們的條件，要他幫我們守住個別身分，又要他減輕我們的痛苦，讓我們活得幸福一點。更弔詭的是，縱然世界把耶穌視為一位普愛眾生也不審判世人的救主，但耶穌所愛的世人卻是一個一個各自分立的個體生命。

　　總而言之，基督教的耶穌遠比《奇蹟課程》的耶穌更討人喜歡，因為他會鄭重其事地看待我們的問題，表示他也很看重每個特殊的「我」。無怪乎耶穌會有上面那一番警語，言下之

意，小我不只要耶穌尊重我們打造的幻境，還要他承認那些幻境全是真的。

耶穌又重述一遍這個關鍵：

(III.8:1) 你不妨仔細看看自己究竟在求什麼？

短短一句凜然的肺腑之言，耶穌懇求我們好好擦亮自己的眼睛。是的。我們究竟在祈求什麼？到底正在祈求小我的懲罰，還以為那是分裂賞賜給我們的獎品？或是我們向聖靈祈求寬恕的獎品，事後又覺得那好似一種懲罰？

(III.8:2) 你在這事上必須對自己非常誠實，我們之間不能有任何隱瞞。

耶穌當然不會隱瞞我們什麼，是我們對他隱瞞了小我的陰謀——企圖保住一個與眾不同的「我」，渴望神明或救主來滿全這個心願。耶穌要我們別再隱瞞的就是這個秘密。他要我們明白，死守著自己的個體價值其實是一種懲罰而非賞報，只會帶來痛苦而非幸福，因為那會把分裂的錯誤及個體之我弄假成真。在分裂之我的眼裡，外面每個人都成了我們的死對頭，永遠在跟自己作對。我們在彼此間設下了種種界線，從身體形成的個人界線，延伸為國家的邊界，而每個國家最熱中的，莫過於指認出邪惡的敵國，唯有毀滅它，才會舉國歡騰。為此，耶穌懇求我們：「讓我幫你正視一下，你才會明白自己的心靈又在作什麼選擇了。」

(III.8:3~5) 只要你真有此心，你就已經邁出了第一步，為至聖者的來臨備妥你的心靈。讓我們攜手耕耘，因為祂一旦降臨你心中，你便能幫我培養其他心靈迎接祂的來臨。你究竟打算將祂拒於天國門外多久？

我們不惜把那位聖者拒於天國之外，竊自以為這才符合自己的利益，殊不知，拒絕承認上主的聖子，就等於否定了自己的聖子身分以及天堂的權利。看清自己這個暗藏的企圖、私心，或「隱秘的罪咎」（T-31.VIII.9:2）極其重要；我們為了保住個人的存在感，不惜跟上主分裂下去，還想毀掉祂的聖愛。這就是為什麼我們喜歡批判別人，因它會讓我們徹底遺忘寬恕的任務，阻止「其他心靈迎接祂的來臨」。緊接著，耶穌再次談到「誠實」的重要：

(IV.2:4) 不妨捫心自問一下，你有多少想法是上主想都想不到的，又有多少念頭是上主願你想而你不願去想的？

我們真的應該坦誠地省察，那些我們朝思暮想，而上主卻從來不曾想過的「分裂」之念，以及我們從來不想，而上主卻要我們用心去想的「救贖」之念。

(IV.2:5~6) 誠實地反省一下自己所做的一切，以及自己該做而未做的一切；然後，改變你的心念，試著以上主的心態去想。這看起來似乎很難，其實這種想法遠比逆向思維容易多了。

其實，這就是耶穌在前文所說的「上主的賞報」。我們若

與他為伴，日子會好過得多，因為我們不再需要與真理較勁，也不再需要抵制救贖，面對這個自己一手打造用來取代天堂的世界，我們再也無需心懷愧疚了。耶穌要我們誠實觀照自己的起心動念以及所作所為，唯有如此，我們才會親眼目睹自己是如何投射出那個扭曲的自我形象，還害得身邊的人也遭受池魚之殃，變成我們的眼中釘。我說過，一旦把自己視為獨立的個體，別人在我們心中就成了企圖搶奪自己特殊性的死對頭；其實我們冥冥中知道，這個特殊性原是自己從造物主以及他人身上盜取來的。

(IV.6:1) 你的心靈應慎防小我的誘惑，不為它所欺才是。

小我最大的誘惑，就是老想證明自己是對的、聖靈是錯的；認定特殊性和攻擊能讓自己快活一些，寬恕及合一則會失落幸福；我們實在應該好好正視這種瘋狂的想法。可以說，「正視小我」這一主題，在奇蹟交響曲一開始便已凸顯了它的重要性。

寬　恕

「寬恕」，其實就代表了正念心境。「正念心境」唸起來挺拗口的，但裡面至少含有一個「**心**」字，點出聖子療癒過程的關鍵——我們唯有把焦點放回心靈，才能作出正確的選擇，也就是放下攻擊，選擇寬恕；放下判斷，選擇奇蹟；放下小我，選擇耶穌。

(II.10) 救恩說到究竟，不過是指心靈恢復了正見而已，它尚未達到聖靈的一體心境，卻是回歸一體心境的必備功夫。正見能將心靈自動導向下一階段，由於正見不含任何攻擊性，使得妄見毫無立足之地。一旦放下判斷之心，小我便無以為繼，自然銷聲匿跡。於是心靈只剩下一個去處。心靈會亦步亦趨地跟隨它所依附的思想體系前進。

小我會使出渾身解數，阻止我們回歸心靈，因為它知道我們一回到那兒，過去的錯誤選擇便會自動獲得修正，我們必會選擇慧見而非判斷，重視平安勝過衝突，先前的錯誤知見便會悄悄地化為聖靈的真實知見，最後被真知的一心境界所取代。耶穌繼續提醒我們：

(II.11:1~4) 修正知見，只是一時的權宜之計而已，這話不論重複多少次都不為過。只有當妄見遮蔽真知時，才有修正的必要，因為唯有正確的知見堪為真知的跳板。正見最大的貢獻在於讓你明白「所有的知見最後都是多餘的」。這一竿便足以打翻小我整條船。

無可諱言，不論《奇蹟課程》說得多美，我們裡面的小我仍會忍不住懷疑，這目標太理想了吧！小我當然會這樣質疑，因為它只會想盡辦法隱瞞心靈的真相，不讓我們知道心內還有正念、妄念以及抉擇者。對此，耶穌則溫柔地讓我們意識到，自己是有能力抵制小我的妄見而領受耶穌正見的。

(II.11:5~8) 你也許會問，好似活在世間的人，怎麼可能做到這一點？這話問得很有道理。但你得警覺自己是否真的了解這個問題。活在世界上的那個「你」究竟是誰？

　　這兒的「你」，是指幻境內真正的我——抉擇者。我們若純是小我的話，那就真的毫無指望了。《奇蹟課程》的首要任務，即是教我們明白，除了身體以外我們還有心靈；其次，這心靈是有抉擇能力的。我們只有在長兄耶穌一步一步的引導下，才可能重拾這種抉擇能力而跳出形體世界的制約，重新把命運的主導權交還給心靈，如此，心靈方能再度憶起真實的「自己」。

　　唯有意識到心靈還有選擇的能力，寬恕才算完成它的目標，這是我們即將要進入的主題。到目前為止，寬恕尚未躋身於耶穌教誨的核心，但我們不難從下面這兩段話聽到它的腳步聲。第一段，耶穌指示我們，若想與他合一，必須先與弟兄合一；這個觀念在前文早已透露，只是此處講得更加明確。隨著奇蹟交響曲的進展，這個主題的力道會愈來愈強。耶穌在此埋下伏筆：我們倘若真想憶起自己是上主之子而安返家園，不僅需要拜他為師，而且還必須把所有的弟兄都納入我們的寬恕，別無例外。

(VI.2:1~5) 在你想由幻相解脫的學習過程中，切勿忘懷你對弟兄的虧欠。那也是你對我的虧欠。每當你以自我中心的態度待人時，表示你甘願拋棄你欠我們的這份恩澤，以及此恩澤所帶

給你的神聖知見。我之所以採用「神聖」二字，因為只要你明白了自己從整個聖子奧體（我也幸為其中的一份子）所蒙受的恩澤，你的知見就離真知不遠了。真知能夠輕而易舉地跨越它們之間微乎其微的間隙，使它蕩然無存。

耶穌在此強調的是聖子的一體生命。雖然他尚未深入「投射」的議題，但已經蘊含了投射的意思。若非我們已經把分裂及罪咎的思想體系投射出去，否則怎會在他人身上看到？難怪自己老是把弟兄視為對頭，毫無感恩之情，不知弟兄正代表著聖子奧體的一體生命。為此，耶穌教導我們選擇寬恕的正知見，把忘恩轉為感恩，把憤怒轉為恩澤，讓知見最後漸漸消融於真知之中。

接下來的一段，從「小小間隙」這個角度，繼續重申同一主題：

(VI.7:1~3) 我會與你一起共赴至聖者前，祂能藉我的知見之力來拉近天人之間的小小間隙。我只向你要求一份禮物，就是對弟兄懷有感恩之心。我會幫你把這禮物帶到上主面前，我深知，知道弟兄的真相等於知道上主的真相。

基督教的傳統教義非常重視世人與上主及耶穌的關係，也大力宣揚寬恕的教誨，卻鮮少把療癒人間關係當作療癒天人關係的一個基本前提。它好似主張：不管我們與弟兄的關係如何，仍然可能從上主或耶穌那兒獲得特殊的啟示或神秘經驗。

對此,《奇蹟課程》卻另有一番教誨,並在開篇這幾章便已藉
著這個重要觀念為全書定了調。《課程》說,我們看待別人的
心態,與我們的靈性成長休戚相關。正如同上述這一段話所明
確指出的,我們如何看待彼此,完全反映了心靈究竟選擇了小
我還是聖靈。耶穌只向我們要求一份禮物,就是要我們相互感
恩,因此,他懇切地說:「我會幫你把這禮物帶到上主面前,
我深知,知道弟兄的真相等於知道上主的真相。」

**(VI.7:4~5) 你對弟兄的感恩,等於感謝上主的造化之恩。透過
這感恩之情,你才可能逐漸認出弟兄的真相,即使這一認知只
是驚鴻一瞥,也會使得四海之人成為你的弟兄,因為他們全都
出自天父。**

　　上述這段話隱含了一個關鍵前提,即是:我們同屬一個聖
子,不只聲息相通,而且休戚與共。若把任何一人剔除於聖子
奧體之外,等於剔除了所有的人;若把別人的福祉視為自己的
福祉,表示他在我心中並非另一生命,就算我們表面上有些微
差異,也只是形式上的不同,但從內涵著眼,其實毫無差異。
當我們的思維和上主那洋溢真愛的一體生命愈來愈接近,甚至
達到一致時,身心必會頓感輕盈,因為肩上的罪咎重擔已經卸
下了。如果我們還想為攻擊之念尋找各種藉口,內心的罪咎自
然會陰魂不散,痛苦也就勢所難免。正因如此,耶穌才教導我
們把喜樂和共同福祉聯想在一起,即使身在夢境,仍可學習接
受我們與生俱來的同一本質;反之,若把他人的福祉與自己的

福祉視為兩回事，互不相干，到頭來，我們只會自食苦果。

(VI.8:1) 當你靠近弟兄時，等於靠近我；你一旦遠離了弟兄，我對你也會變得十分陌生。

　　這句話顯然援引自《聖經》那句名言：「我實在告訴你們，這些事你們既不作在我這弟兄中一個最小的身上，就是不作在我的身上了。」〈馬太福音25:45〉。耶穌其實更進一步告訴我們，如果我們心中還存有批判，是不可能跟他建立親密關係的。但話說回來，正因我們很怕這位老師，才會故意抓著攻擊之念。不論我是不斷在他人身上找碴，視如仇敵，或要求特殊關係的伴侶滿足自己的需求，都表示我們還沒準備好放下個體生命的幻相，這同時也表示我們已存心放棄耶穌而拜小我為師了。我們拒耶穌於千里之外，只因我們真的不想去學「一體不分」或「無所不包」那樣的人生智慧，因為這麼一來，自己那個與眾不同的小我便無存活的餘地了。

(VI.8:2) 救恩原是一趟「聯袂探險」的旅程。

　　「除非我們**在心中**與所有弟兄同行，否則我們是回不了天堂的」這個至關重要的觀念，有如交響樂中的一段旋律，以各種樂器輪番演奏，我們將會不時與它照面。

(VI.8:3) 誰若脫離了聖子奧體，必會感到舉步唯艱，因為那等於與我脫離關係。

　　說實在，世界各國的領袖若了解這個道理，戰爭便不可能

發生了。認為消滅別人能帶來和平的人，簡直愚不可及。要知道，但凡一落入「非此即彼」的運作架構，聖子奧體立即分化為善惡兩類；在非善即惡的世界，我們便會認為唯有打敗邪惡，正義才得以伸張，善良才得以長存。但事實絕非如此，因為這種做法反而毀滅了真正的「善」，因它破壞了聖子奧體的一體本質，而這一罪行所引發的咎必會為我們招來各種懲罰。我們以為盜取他人「光輝」的特殊性，就能躋身於上主的右座（右手邊代表好人的寶座，不用說，我們每個人都相信自己是好人）。然而，我們的老師卻說，我們一旦置身於聖子奧體（也就是一體生命）之外，是絕不可能找到他的，更不可能憶起上主了。

(VI.8:4~6) 只有在你把上主帶給弟兄的當兒，上主才會來到你這裡。你必須先向弟兄學習，才算準備好聆聽上主之音了。因為愛的功能只有一個。

奇蹟交響曲進行到這兒，我們可能尚未意識到這一教誨的重要性，耶穌在此只是埋下伏筆，日後才會逐漸深入。此處，他先點出「因為愛的功能只有一個」，意思是說，我們若在心裡排除任何一人，便無法化解自己的罪咎信念，從此便與天堂絕緣了。我們的寬恕必須包含**每一個人**，只因我們屬於同一個聖子奧體。當然，宣揚上主造化之一體本質的靈性傳承不在少數，但《奇蹟課程》的教導別具一格，它千叮嚀萬叮嚀──只要排除任何一人，我們便永遠與上主之愛絕緣了。

　　同樣重要的，耶穌還要我們看到，我們無所不用其極地排除異己，最後的目的其實是想要排除我們對上主一體生命的記憶；為了保住分裂的信念，我們不惜毀掉救贖原則。這種念頭起源於一個信念，就是「在上主與基督自性之外，存有另一個不同且獨立的自我」，這個信念一落到世界，就形成了善惡對立的人間，也就是《聖經》裡綿羊與山羊那種說法，而且這個上主只愛好人，痛恨惡人。其實，這種個別利益的觀念反倒確保了小我的存活，而這正是我們私心竊望的目的。如此一來，我們是無法向耶穌學習的，更遑論去教人了，於是，我們進入了本章最後要討論的主題「教與學」。

教與學

　　此刻，已經到了我們討論「耶穌吾師」這主題的尾聲了。本章一開篇就談到「正授與正學」的課題，雖然教與學的觀念要在〈教師指南〉才有更全面且深刻的闡述，但「教與學是同一回事」的理念卻在整部課程反覆出現。可以說，這個觀念和「施與受是同一回事」緊密呼應。這兩句話，顧名思義，似乎淺顯可知，然而，耶穌卻有其深意：我若體驗到愛，一定是已經給出了愛，這才接收到愛；同理，我若感到罪咎、攻擊及懲罰，表示我已經先投射了這些東西，才會收到這些東西。由此推之，我若想學會寬恕，必須教人寬恕；我若不自覺陷入分裂及特殊性，就會教人分裂及特殊性。要之，寓教於學，我們從教人的過程，也必然學到自己所教的，因此才說「教與學是同

一回事」。

(I.1:1~3) 稱職的教師不只能夠傳道解惑，還會在教學之際鞏固所傳的觀念。老師與學生的學習過程其實是一樣的。他們都在學習的階段，除非雙方確有共修的意願，否則他所教的會缺乏說服力。

耶穌將此一原則延伸，期許老師在教學中應該具備正念心態，不論你與人分享什麼，推到究竟，你都在分享「你是什麼」。一路以來，耶穌正是這一原則的最佳典範。我們的心態愈接近正念，就愈能示範出耶穌的寬恕心懷，同時也不斷強化我們效法他那清明心境的願心。

(I.1:4) 好的老師必然相信自己傳授的理念，此外，他還需具備另一條件，就是對自己所教的學生，具有一定的信任才行。

想要培養如此胸懷，必須先轉化自己的心念，然而我們最怕這種改變，因為它會勾起我們昔日的傷痛，也就是當初把上主的一體生命變造成小我分裂之境的那個記憶。這種恐懼才是我們抵制這一「正學」的根本原因，也是我們學習這部課程時最需要耶穌幫我們解除的心結。切莫低估這種抵制的力道，它會藏身於我們對人的每一個評判裡，因為判斷其實就是小我最厲害的抵制手腕，讓我們在「分裂及攻擊」的慣性思維模式中愈陷愈深，難以自拔。正如下文所言：

(I.2:1~5) 大部分的人都會小心護守著自己的理念，企圖保護原

有的思想體系；然而，學習意味著改變。改變，對分裂中的人
而言是非常可怕的事，因為他們無法想像那一步能夠療癒自己
的分裂生命。他們通常會認為那一步只會加深原有的分裂，因
為他們的第一個改變經驗就是分裂。你竊自相信，只要不讓任
何改變來打擾小我，你就會平安無事。你的迷惑如此之深，主
要因為你竊望自己的思想體系能夠腳踏兩條船。

　　上述引言的後半段反映出我們的分裂心境：小我將自己變
化無常的思維模式和聖靈恒常不變的思維模式一刀兩斷，互不
相通。我們已經解釋過，當初選擇認同小我的抉擇者，說什麼
也不願改變自己的決定，深怕掉回上主一體生命的核心而失去
自己，因為在一體生命裡，再也沒有作選擇或決定的必要了。
為此，我們需要耶穌教我們看明白，小我的瘋狂心境真的讓我
們活得苦不堪言，唯有棄暗投明，才能恢復造化原有的喜悅。
耶穌知道，現在是他親自在教，有朝一日，待我們學成寬恕的
功課，活出靈性光明的大愛，也就是上主創造的自性時，就輪
到我們肩負起教學的任務了。

(I.3:6) 在我幫你憶起你的受造真相之際，不可能不引起小我的
恐慌。

　　唯有神智失常之人才會把耶穌和恐懼聯想在一塊。其實，
小我才是恐懼之源，我們需要從自己所認同的小我回到當時作
此決定的抉擇者那裡。唯其如此，我們方能看清，上主創造的
靈性才是真正的家，而且，想要歡喜地回歸這一家園，只有寬

恕一途。

(I.4)「教與學」算是你此生最大的本事了，因為它們不只潛移默化你的心靈，還能幫助別人回心轉意。你若拒絕改變自己的心念，你便無法證明分裂其實不曾發生過。仍舊沉迷於夢境之人，縱使懷疑此夢的真實性，仍不足以療癒他分裂的心靈。你會夢見一個分裂的小我，而且相信它所在的世界。那一切會對你顯得真實無比。你若不改變自己對它的看法，你是不可能化解小我夢境的。唯有等到你心甘情願地放下保護小我之職，向我打開它整個思想體系，我才能溫柔地幫你修正過來，將你領回上主那兒。

　　耶穌吾師溫柔地提醒我們，我們還有很大的學習空間，而改變心念則是唯一的出路，我們得救與否，所仰賴的就是心靈的選擇能力。如果我們在分裂的失心之夢繼續沉睡下去，只會在恐懼及煩惱中愈陷愈深；反之，我們若能接受耶穌的教誨，明白自己不僅擁有心靈，而且還保有回心轉意的機會——這才是夢境中唯一可修的靈性功夫。唯有如此，我們才會成為一位快樂的學徒（這個術語等到後文再作解釋）。

　　《奇蹟課程》的教與學觀念，只著眼於內涵層次，與外在形式毫無瓜葛。〈教師指南〉一開始就說了，每個人都在教而且隨時在教（M-in.1:5~6）。我們用來教人的，不外乎是自己相信的那一套，若非「分裂、特殊性以及**非此即彼**」的小我體系，就是「分裂不曾發生過」的聖靈救贖原則。既然救恩必須

藉由「聯袂探險」的精神，故救贖成了我們在世間活出「真愛倒影」的唯一管道。也就是說，我們必須看出你和我不是兩個不同的生命，而是同一聖子奧體的一部分，你既非我的敵人，也不是我的救主，而是一起學習寬恕而釋放彼此的夥伴。耶穌指望我們快快樂樂地學會這門功課，好讓他的教誨透過我們而發揚光大。

(I.13:7) 我需要有奉獻精神的老師，與我一起致力於療癒心靈的大業。

當然，我們得先意識到自己還有心靈才行；同時也要了解，如果這是我最想學的，它就得成為我要教的。每當我們指責他人時，等於在教別人心靈不存在，身體才是真的。當我發怒、責難或作出任何一種評判時，等於在控訴：「外面有一具**邪惡的**身體，向我這具**純潔無罪的**身體做了不可寬恕之事！」這無異於傳播小我的樣板戲：「我們以肉身為家，自立門戶的罪終於轉嫁到被我判定有罪的那個人身上了。」故耶穌才說他很需要真心想學這部課程的老師，因為這種教誨所憑靠的就是表率。想教他的課程之人，絕不是靠著演講或寫書，而是親自活出示範。這個觀念太重要了，它會不斷在奇蹟交響曲中反覆出現。由衷而言，我們若學不會耶穌的課程，除了自己以外，不能怪罪任何人，正因為我們對這門功課滿懷恐懼，才會作出「不想聽」或「聽不懂」的決定。這可說是小我最得不償失的自保方式了。

(IV.1) 你若無法聽見上主的天音，那是因你已決心不聆聽之故。你的心態、感受和表現充分反映出你對小我的聲音言聽計從。這才是你真正想要的。這才是你奮力爭取及護持之物。你千方百計想要挽救小我的面子，根本無心尋求基督的聖容。小我寧可從陰暗的鏡子裡去看自己的面容。因為只有在這類鏡子中，小我才能繼續玩弄它的存在把戲。至於你想由哪面鏡子去看自己，完全操之於你。

總之，一切責任操之在己，因為陷於沉睡和作出這場分裂、失落及死亡之夢的，純粹出於自己的決定。耶穌不斷向我們心靈的選擇能力喊話，勸勉我們僅僅著眼於基督自性的純潔光明（寬恕就是它的象徵），不再去看被罪咎覆蓋的小我臉孔。請記得，我們此生此世只有一個目的，就是透過寬恕找回心靈內一直在作抉擇的那個我。

(VI.6:2~3) 你的任務非常簡單。我只要求你成為一個活生生的示範：你並不是一個小我……

是的，還有什麼任務比這個更簡單呢！耶穌再次提醒，他並未要求我們以某種形式去傳揚《奇蹟課程》，更沒催促我們在世間成就一番促進和平的志業（可別誤會了，我們的血肉之身可以在人間做任何事情，只需記住，一切所作所為必須出自心靈最平安寧靜的核心才行）。耶穌對我們的唯一請求不過是要我們否定那個會生氣、恐懼、焦慮、沮喪，最後難逃生病死亡的有罪之我，而在人間活出「我不是小我」的表率。這個

「非小我」之我，除了洋溢上主的平安，什麼都無需做，因耶穌知道，只要我們活在平安裡，這平安會**無時無刻**且**無一例外**地自動延伸到**所有人**的心中。

但是，如何才算活在平安裡？就是不再把別人的福祉和自己的福祉視為兩回事，這證明了奇蹟所言不虛——心靈是可能作出不同選擇的。我們所流露的平安，反映出我們選擇了正念，也提醒別人能夠作出同樣的選擇。相反的，只要我們一發動攻擊、防衛或評判，表示我們已經著眼於個別利益，這等於告訴別人選擇小我是正確的決定，無形中也慫恿別人作出類似的錯誤選擇。

最後，我們要好好反問自己：「如何才能激勵自己作出正確的選擇？」

(V.5:4~6) **應先把目標界定清楚，而且矢志不移，須臾不忘才行。學習，不能沒有真心想學的渴望。當你相信自己有心學習之物對你極其重要時，你的學習才會產生最佳效果。**

要如何激發我們向耶穌學習的願心呢？這可說是耶穌面臨的最大挑戰了，難怪他想盡辦法要我們牢牢記住，只有他這條寬恕之道方能帶領我們走向心靈的平安，而小我那條標榜個別利益及特殊性的歧途只會帶來痛苦。目標一旦明確了，我們自會看重這部課程以及奇蹟的療癒訊息的。

　　最後，我要做個總結：想要化解小我，首要之務，必須先看清小我的目的。它為了遮蔽正念之心的救贖原則，打造出這樣的世界，把自己藏身於失心的分裂之境，而且把所有人的福祉和自己的幸福視為兩碼子事。其實，這個妄念並不難修正，只要我們肯向耶穌虛心就教，不再把他人視為一個與己無關的外人，我們自然會恢復內心的平安。耶穌要我們看出，我們共同承繼了同一個分裂心靈，因此，我們都同樣需要從小我瘋狂失常的夢境醒來。這一認知，成了我們覺醒於真實自性的必經之路。有朝一日，我們必會選擇真實自性的，因為它就是我們的天賦權利。

附　錄

奇蹟課程思想體系圖

天堂－真知

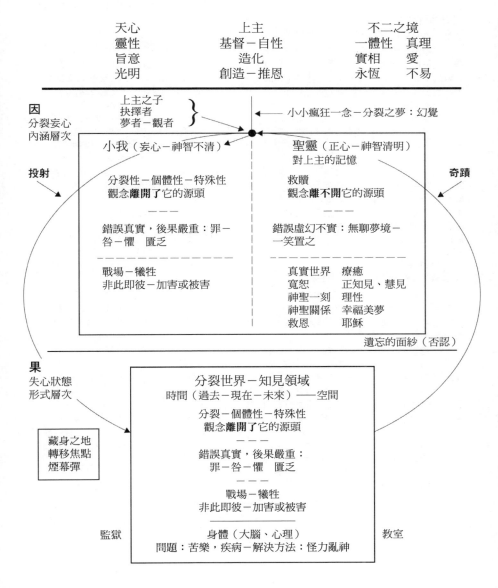

天心	上主	不二之境	
靈性	基督－自性	一體性	真理
旨意	造化	實相	愛
光明	創造－推恩	永恆	不易

因
分裂妄心
內涵層次

上主之子
抉擇者
夢者－觀者

小小瘋狂一念－分裂之夢：幻覺

投射

奇蹟

小我（妄心－神智不清）

聖靈（正心－神智清明）
對上主的記憶

分裂性－個體性－特殊性
觀念**離開了**它的源頭

救贖
觀念**離不開**它的源頭

錯誤真實，後果嚴重：罪－
咎－懼　匱乏

錯誤虛幻不實：無聊夢境－
一笑置之

戰場－犧牲
非此即彼－加害或被害

真實世界　療癒
寬恕　　　正知見、慧見
神聖一刻　理性
神聖關係　幸福美夢
救恩　　　耶穌

遺忘的面紗（否認）

果
失心狀態
形式層次

藏身之地
轉移焦點
煙幕彈

分裂世界－知見領域
時間（過去－現在－未來）──空間

分裂－個體性－特殊性
觀念**離開了**它的源頭

錯誤真實，後果嚴重：
罪－咎－懼　匱乏

戰場－犧牲
非此即彼－加害或被害

監獄

身體（大腦、心理）
問題：苦樂，疾病－解決方法：怪力亂神

教室

奇蹟資訊中心
出版系列：

《奇蹟課程》
（A Course in Miracles）——新譯本

《奇蹟課程》是二十一世紀的心靈學寶典，更是近年來各種心理工作坊或勵志學派的靈感泉源。中文版已在 1999 年由若水譯出，並由作者海倫‧舒曼博士所委託的「心靈平安基金會」出版。

新譯本乃是根據「心靈平安基金會」2007年所出版的「全集」，也是原譯者若水在「教」「學」本課程十年之後再次出發的精心譯作。全書分為三冊：第一冊：〈正文〉；第二冊：〈學員練習手冊〉；第三冊：〈教師指南〉、〈詞彙解析〉以及〈補編〉的「心理治療」與「頌禱」二文。新譯本網羅了《奇蹟課程》所有的正式文獻，使奇蹟讀者從此再無滄海遺珠之憾。（全書三冊長達 1385 頁）

《奇蹟課程》
〈學員練習手冊〉新譯本隨身卡

《奇蹟課程》第二冊〈學員練習手冊〉共三百六十五課，一日一課地，在力求具體的操練中，轉變讀者看事情的眼光，解開鬱積的心結。

若水由十餘年的奇蹟課程教學審經驗出發，全面重譯這部曠世經典。新譯版一本經典原文的精確度，語意更為清晰，文句更加流暢。精煉再三的新譯文，吟誦之，琅琅上口，饒富深意，猶如親聆J兄溫柔明晰的論述，每天化解一個心結，同享奇蹟。

為方便現代人在忙碌生活中操練每日一課，經三修三校的重譯版，首度以隨身卡形式發行，以頂級銅西卡精印，紙版尺寸 8.5 × 12.6 公分，另有壓克力卡片座供選購。（全套卡片共 250 張）

奇蹟課程導讀與教學系列

《奇蹟課程》雖是一部自修性的課程，只因它的理論架構博大精深，讀者常易斷章取義而錯失精髓，故奇蹟資訊中心陸續推出若水的導讀系列、米勒導讀，以及一階理論基礎及二階自我療癒DVD、其他演講錄音或錄影教材，幫助讀者逐漸深入這部自成一家之言的思想體系。

若水導讀系列

(一)《創造奇蹟的課程》（全書 272 頁）
(二)《生命的另類對話》（全書 272 頁）
(三)《從佛陀到耶穌》（全書 224 頁）

若水在這三冊中，解說《奇蹟課程》的來龍去脈與理論架構，透過問答的形式，說明崇高的寬恕理念如何落實於生活中；最後透過《奇蹟課程》的理念，闡釋佛陀和耶穌這兩位東西方信仰系統的象徵，在實相裡並無境界之別，而只有人心的「小我分裂」與「大我一體」的天壤之隔。

米勒導讀
《奇蹟半生緣》

一位慧心獨具卻不得志的記者，三十多歲便受盡「慢性疲勞症候群」的折磨，群醫束手無策，他在走投無路之下，不禁自問：「究竟是誰把我這一生搞得這麼慘？」

《奇蹟課程》讓他看到，自己竟是一切問題的始作俑者。他對這一答覆百般抗拒，直到有位心理治療師對他說：「恭喜你！你若讀得下這本書，大概就不需要心理治療了！」

《奇蹟半生緣》全書穿插作者派屈克‧米勒浮沉人生苦海的經歷，但他並不因此獨尊自身的經驗和詮釋，而以記者客觀實証的精神，遍訪居全美各地的奇蹟講師與學員，甚至傾聽圈外人的質疑。本書可說是一部美國奇蹟團體的成長紀實。（全書 319 頁）

奇蹟課程有聲教學教材

奇蹟資訊中心歷年發行《奇蹟課程》譯者若水的演講錄音或錄影光碟，將《奇蹟課

程》的抽象理念與現實生活銜接起來，幫助讀者了解《奇蹟課程》的精髓所在，是奇蹟學員不可或缺的有聲輔讀教材，由於教材內容每年不盡相同，欲知詳情，請上網查詢。
www.acimtaiwan.info 奇蹟課程中文網站
www.qikc.org 奇蹟課程中文部簡体網

肯恩實修系列

《奇蹟原則50》

許多讀者久仰《奇蹟課程》之盛名，興沖沖地讀完短短的導言後，就怔忡在一條一條有如天書的「奇蹟原則」之前。讀了後句忘前句，「奇蹟」的概念好似漂浮在字裡行間，始終無法在腦海中落腳，以至於閱讀了一兩頁之後便後繼無力，難以終篇，竟至棄書而逃。

「奇蹟原則」前後五十條，其實是整部課程的濃縮，若無明師指點，讀者通常都不得其門而入。於今多虧奇蹟泰斗肯尼斯旁徵博引，以深入淺出而又幽默的答問形式，將寬恕與奇蹟的精神落實於生活中，為初學者乃至資深學員提供了一個實修的指標。（全書209頁）

《終結對愛的抗拒》

追尋心靈成長的人，學到某個階段往往面臨一個瓶頸：儘管修習多年，一遇到某種挑戰，就不自覺地掉回原地，因而自責不已。問題到底出在哪裡？

佛洛依德在他的臨床經驗中，驚異地發現，病人的潛意識中有「拒絕療癒」的本能，肯尼斯根據《奇蹟課程》的觀點，犀利地剖析人們「拒絕療癒或轉變」的原因，又仁慈地為讀者指出穿越小我迷霧的關鍵，由停滯不前的窘境中突圍。對於追尋心靈成長和平安的人而言，本書不但有提點指授的功效，更有當頭棒喝的力道。（全書109頁）

《親子關係》

坊間論及親子問題的書籍可謂汗牛充棟，泰半繞在親子關係複雜且微妙的糾結情懷，唯獨肯尼斯·霍布尼克不受表象所惑，借用《奇蹟課程》的透視鏡，澈照出親子之間愛恨交織的真正關鍵。

本書表面上好似在答覆「如何教養子女」、「如何對待成年子女」以及「如何照顧年邁雙親」等具體問題，它其實是為每一個人點出我們在由「身為兒女」，到「照顧兒女」，繼而「照顧雙親」的艱苦過程，以及我們轉變知見時必然經歷的脫胎換骨之痛。（全書238頁）

《性·金錢·暴食症》

在紛紜萬象的世界裡，性、金錢與食物可說是人生問題的「重頭戲」，最易牽動小我的防衛機制，故也最具爭議性。作者肯恩沿用《奇蹟課程》中「形式與內涵」的層次觀念，針對性、金錢等等所引發的光怪陸離現象（形式），揭露它們背後一貫的目的（內涵）——小我企圖藉無止盡的生理需求，抹滅心靈的存在，加深孤立、匱乏、分裂等受害感，最後連吃飯、賺錢與性交都可能變成一種攻擊的武器。

肯恩與學員的趣味問答，反映出我們日常是如何受制於這些生理需求的；然而，我們也能藉聖靈之助，將現實挑戰化為人生教室，將小我怨天尤人的陰謀，轉為寬恕與結合的工具。（全書196頁）

《仁慈——療癒的力量》

這是一部針對奇蹟教師及資深奇蹟學員的實修指南。全書分上下兩篇，上篇列舉奇蹟學員常有的現象，例如以奇蹟之名攻擊他人，或以善意為由掩蓋自己批判的心態；下篇探討如何用仁慈的眼光來看待自己與他人的缺陷，教我們將自身的限制或缺陷轉為此生的「特殊任務」，在人間活出寬恕的見證，成為聖靈推恩的管道。（全書251頁）

《逃避真愛》

本書是針對道理全懂卻難以突破的資深學員而寫的，它一針見血地指出，綑綁我們修行腳步的，不是世界的黑暗，也非人間的牽絆，而是自己打造出來的一道心牆。

只因我們深怕真愛會消融了自己的特殊性，故把心靈最深的渴望隱藏到心牆之後，與之「解離」，在人間展開一場虛虛實實又自相矛盾的追尋。一邊痛恨小我的束縛，一邊又忙著為小我說項；以至於內心有一部分奮力向前，另一部分則寧可原地觀望。藉著裝傻、扭曲、辯駁，把回歸真愛的單純選擇

渲染成複雜又艱深的學問。

《逃避真愛》溫柔地解除了人心無需有的恐懼，讓我們明白心牆的「不必要」，陪伴我們無咎無懼地跨越過去。（全書156頁）

《假如二二得五》

從古至今，多少人心懷救苦救難的大志，傾注一生之力貫徹自身理想，卻往往受現實所囿而終不能行。我們這些凡夫俗子，亦不乏拼搏自救之心，然而在現實面前，還是屢屢敗陣，活得憋屈而無奈。問題究竟出在哪裡？

對此，本書剴切提出：整個世界其實一直按照 2＋2＝4 的「鐵律」來運作，萬物循著固定的軌跡盈虧盛衰，一切可謂「命中註定」，無怪乎歷史上的種種救世之舉皆以失敗告終。然而，《奇蹟課程》識破世界的詭計，小我既然使出 2＋2＝4 的苦肉計，它便祭出 2＋2＝5 的救贖原則，破解小我編織的羅網，溫柔地引領我們走出世界的幻境。本書即是教導我們，如何在貌似 2＋2＝4 的世界活出 2＋2＝5 的生命氣象，而且更進一步，迎向天地間唯一真實的等式 1＋1＝1。（全書171頁）

肯恩《奇蹟課程釋義》系列

《奇蹟課程序言行旅》

如果說《奇蹟課程》是一首曠世交響曲，《序言》便奠定了整首樂曲的氣質與基調，不僅鋪敘出奇蹟交響樂的關鍵理念，還將讀者提昇到奇蹟形上思想的高度和意境，堪稱《正文行旅》最佳的暖身之作。

肯恩有如一流的樂評家，領著讀者，在宏觀處，領受樂章磅礡的主旋律，在微觀處，諦聽暗藏其中的千百種變奏，致其廣大，盡其精微，深入課之堂奧，回歸心靈之家園。（全書121頁）

《正文行旅》 （陸續出版中）

《奇蹟課程》在人類靈性進化史上的貢獻可謂史無前例，而《正文行旅》乃是《奇蹟課程釋義》三部曲的完結篇。肯恩由文學，詩體，音樂三重角度，依循各章節的主題，提供了「重點式」以及「全面性」的導

覽，幫助學員深入奇蹟三昧，沉浸於智慧與慈悲之海。

這部行旅可說是肯恩一生教學的智慧結晶，奇蹟學員浸潤日久，必會如他所願：奇蹟，發自心靈，必將流向心靈。（第一冊335頁）

《學員練習手冊行旅》 （陸續出版中）

整套《奇蹟課程釋義》的問世，可說是無心插柳。1998年起，肯恩應學生之請，為〈學員練習手冊〉做了一系列的講解，基金會將研習錄音增編彙整為逐句詮釋的〈練習手冊行旅〉。此案既定，〈正文行旅〉以及〈教師指南行旅〉應運而生，為奇蹟學員提供了最完整且精闢的修行指針，訂名為《奇蹟課程釋義》，幫助學員將〈正文〉理念架構所引伸出來的教誨，運用到現實生活中。這三部《行旅》，可說是所有踏上奇蹟旅程的學員最貼心的夥伴。

《學員練習手冊行旅》的宗旨，乃是幫助奇蹟學員了解三百六十五課的深意，以及它們在整部課程中的作用。更重要的是，幫助學員將每日一課運用於現實生活中，否則《奇蹟課程》那些震古鑠今之言可謂枉費唇舌，徒然淪為一套了無生命的學說。（第一冊346頁）（第二冊292頁）（第三冊234頁）

其他出版品

《寬恕十二招》

《寬恕十二招》的作者保羅‧費里尼，有鑒於人們的想法與情緒反應模式，早已定型僵化，成了一種「癮」，不是一朝一夕可以化解得掉的。因此，他將《奇蹟課程》的寬恕理念，分解為十二步驟，一步一步地引導我們超越自卑、自責以及過去的創痛，透過自我寬恕而領受天地的大愛。這是所有準備好負起自我治癒之責的人必讀的靈修教材，也是曠世靈修經典《奇蹟課程》的輔讀書籍。（全書 110 頁）

《無條件的愛》

作者保羅‧費里尼繼《寬恕十二招》之後，另以老莊的散文筆法，細細描述我們每一個人心中都擁有的「無條件的愛」。他由大我的心境出發，以第一人稱的對話方式，

直接與讀者進行心與心的交流，喚醒我們心中沉睡已久的愛，開啟那已被遺忘的智慧。此書充滿了「醒人」的能量，是陪伴我們走過人生挑戰的最好伙伴。（全書 215 頁）

《告別娑婆》

宇宙從哪兒來的？目的何在？我究竟是什麼？為什麼會在這裡？我要往哪裡去？我該怎麼活在這個世界裡？當你讀完本書，會有一種「千年暗室，一燈即亮」的領悟。

全書以睿智而風趣的對話談當今世局、原子彈爆炸，一直說到真愛、疾病、電視新聞、性問題與股價指數等等，讓我們對複雜詭異的人生百態，頓時生出「原來如此」的會心一笑。它說的雖全是真理，讀起來卻像讀小說一樣精彩有趣，難怪一問世便成了西方出版界的新寵。（全書 527 頁）

《一念之轉》

作者拜倫·凱蒂曾受十餘年的憂鬱症所苦，一天早上，她突然覺悟了痛苦是如何形成又如何結束的。由此經驗中，她發明了四句問話的「轉念作業」（The Work），引導你由作繭自縛中徹底脫身，是一本足以扭轉你人生的好書。（全書 448 頁，附贈轉念作業個案 VCD）

《斷輪迴》 阿頓與白莎回來了！

繼《告別娑婆》走紅之後，葛瑞的生活形態發生重大的轉變，也面臨了更多的挑戰。葛瑞仍是口無遮攔地談八卦、論是非、臧否名流，阿頓和白莎兩位上師在笑談棒喝中，繼續指點葛瑞如何在現實挑戰下發揮真寬恕的化解（undo）功能，徹底瓦解我執，切斷輪迴之根。（全書 304 頁）

《人生畢業禮》

本書是保羅與 Raj 在 1991 年的對話記錄。對話日期雖有先後，內涵卻處處玄機，不論由哪一篇起讀，都會將你導入人類意識覺醒的洪流。

Raj 借用保羅的處境，提醒所有在人間孤軍奮鬥的人，唯有放下自己打造的防衛措施，才可能在自己的心靈內找到那位愛的導師。也唯有從這個核心出發，我們才會與所有弟兄相通，悟出我們其實是一個生命。（全書 288 頁）

《療癒之鄉》

《療癒之鄉》中文版由美國「獅子心基金會」委託台灣「奇蹟資訊中心」出版。

作者羅實·葛薩姜把《奇蹟課程》深奧又慈悲的教誨化為一套具體的情緒啟蒙和心靈復健課程，協助犯罪和毒癮的獄友破除心理障礙，學習處理人與人之間的衝突，調整情緒，建立自信，切斷「憤怒→攻擊→憤怒」的惡性循環。《療癒之鄉》陪伴無數受刑人度過獄中歲月。

《療癒之鄉》也是為所有困在自己心牢裡的讀者而寫的。世間幾乎沒有一人不曾經歷童年的創傷、外境的壓迫，以及為了生存而形成種種不健康的自衛模式。獄友的心路歷程給予我們極大的啟發，鼓舞我們步上心靈療癒之路。（全書 440 頁）

《我要活下去》

這本書不只是一本鼓舞信心的療癒指南，還是一個女人把自己從鬼門關前拉回來的真實故事。

作者朱蒂·艾倫博士（Judy Edwards Allen, Ph.D.） 原本是成功的專業顧問、大學教授、大學教科書作者，四十歲那年獲知罹患乳癌的「噩耗」，反而成為她生命的轉捩點，以清晰、熱情的文筆，記錄了她奮力將原始的求生意念成功地轉化為「康復五部曲」的歷程。讀者會看到她如何軟硬兼施地與醫生打交道，如何背水一戰克服無助感，又如何透過寬恕，喚醒內心沉睡已久的愛與生命力。最後，她終於超越自己對生死的執著，在這一場疾病與療癒的拔河大賽中，獲得了靈性的凱旋。（全書 280 頁）

《時間大幻劇》

人們對於時間，存在著種種截然不同的看法，比如：時間是良藥，可以癒合一切創傷；善惡終有報，只等時候到；時間是無情的殺手，終將剝奪我們的一切……。人類早已視時間的存在為天經地義，戰戰兢兢地活在過去的懊悔、現在的焦慮和對未來的恐懼中。我們好似活在一座無形的牢籠裡，苟延殘喘，等待大限的到來。

《奇蹟課程》的泰斗肯恩博士曾說：「不了解時間，不可能讀懂《奇蹟課程》的。」他引經據典，將散落全書有關時間的

解說，梳理出一個完整的思想座標，猶如點睛之龍，又如劃破文字叢林的一道靈光，讓我們一窺《奇蹟課程》的究竟堂奧（究竟義）。此書可說是肯恩留給奇蹟資深學員最珍貴的禮物。（**全書413頁**）

《奇蹟課程誕生》

《奇蹟課程》的來歷究竟有何玄虛？為什麼它選擇經由海倫・舒曼博士來到人間？它的記錄方式及成書過程，與它傳給人類的訊息有何內在關係？有幸親炙此書的我們，又該如何延續奇蹟精神的傳承？

不論你只是好奇《奇蹟課程》的精采傳奇，還是有心以「史」為鑒，窮究奇蹟的傳承精神，本書都提供了最可靠的第一手資料。作者因與茱麗、海倫與比爾等人交往密切，故受這些開山元老之託，冷靜而客觀地梳理《奇蹟課程》的記錄及成書經過，佐以三位奇蹟元老的親筆自白，融鑄成一部信實可徵的《奇蹟課程》誕生史，帶領讀者重新走過五十年前那段精采神奇的心靈歷程。（**全書195頁**）

《飛越死亡的夢境》

本書榮獲美國出版界著名的「活在當下書籍獎」（Living Now Book Awards），全書以嶄新的視角詮釋曠世靈修經典《奇蹟課程》的教誨，為讀者剴切指出「起死回生」的著力點。

作者特別選取在人間每個角落不時作崇的「死亡陰影」入手，揭露小我抵制永恆生命的伎倆。作者以親身的經歷為奇蹟作證，並且提供了極其實用的反省練習，解除我們潛意識中對死亡的恐懼，為百害不侵的生命本質開啟了一扇門，真愛與喜悅得以流過人間，讓奇蹟成為日常生活裡「最自然的事」。（**全書524頁**）

國家圖書館出版品預行編目資料

奇蹟課程釋義：正文行旅. 第一冊（序～第四章）／
肯尼斯·霍布尼克博士（Kenneth Wapnick, Ph.D.）
著；若水譯 -- 初版 -- 臺中市：奇蹟課程·奇蹟資訊中
心，民 108.3
　　面；　　　公分
　譯自：Journey through the Text of a course in miracles
　ISBN 978-986-95707-5-6（平裝）

　1. 靈修

192.1　　　　　　　　　　　　　　　　108003080

奇蹟課程釋義
正文行旅　第一冊

作　　者　肯尼斯·霍布尼克博士（Kenneth Wapnick, Ph.D.）
譯　　者　若　水
校　　譯　江智恩
責任編輯　李安生
校　　對　李安生　黃真真　吳曼慈
封面設計　林春成
美術編輯　陳瑜安工作室
出　　版　奇蹟課程有限公司·奇蹟資訊中心
　　　　　桃園市光興里縣府路 76-1 號
聯絡電話　（04）2536-4991
劃撥訂購帳號　19362531　戶名　劉巧玲
網　　址　www.acimtaiwan.info
電子信箱　acimtaiwan@gmail.com

印　　刷　世和印製企業（02）2223-3866
經銷代理　聯合發行公司
　　　　　電話（02）2917-8022 # 162
　　　　　　　（03）212-8000 # 335

定　價　新台幣 350 元
出版日期　中華民國 108 年 3 月初版

ISBN　978-986-95707-5-6